분노 중독

ALL THE RAGE

Copyright ⓒ Josh Cohen 2024

All rights reserved.

Korean translation copyright ⓒ 2025 by Woongjin Think Big Co., Ltd.

Korean translation rights arranged with PEW Literary Agency Limited
through EYA Co., Ltd.

이 책의 한국어판 저작권은 에릭양 에이전시를 통한 저작권사와의 독점 계약으로 ㈜웅진씽크빅에 있습니다. 저작권법에 의해 한국 내에서 보호를 받는 저작물이므로 무단 전재와 무단 복제를 금합니다.

분노 중독
왜 세상은 분노에 휘둘리는가

ALL THE RAGE

조시 코언 지음 | 노승영 옮김

웅진 지식하우스

추천의 글

분노를 없애거나 통제하라는 호소는 쉽게 만날 수 있지만, 이 책처럼 분노 자체에 대해 깊이 생각하고 탐구한 사례는 드물다. 자신의 분노를 정당화하고 인정받으려는 욕망에 휩싸일 때, 분노의 부정적 영향은 심화된다. 반대로 자신의 취약함을 끌어안고 타인에 대한 호기심을 품을 때, 분노는 사랑과 정의를 증진하는 통로가 될 수 있다. 저자는 정신분석학 이론과 내담 경험을 토대로 분노의 작동 원리를 입체적으로 들여다보면서, 이 감정에 대한 더 나은 접근 방식이 가능하다는 희망을 보여준다.

_ 김찬호(성공회대학교 교양학부 교수, 『모멸감』 『유머니즘』 저자)

이 책은 분노에 휘둘리는 사회에서, 성난 자아와 어떻게 살아갈 것인가에 관하여 다방면의 통찰을 보여준다. 기후위기의 불안, 불평등이 만든 사회 균열, 자기계발 경쟁, 냉소와 포퓰리즘, 음모론과 독재 등에 이르기까지 현시대의 가장 긴급하고 본질적인 문제들이 분노와 얽혀 있는 점을 정신분석학자의 시선으로 면밀히 분석한다. 특히, 이 책의 미덕은 학술적 개념에 갇히지 않고, 다양한 사례를 통해 우리 삶의 구체적인 순간들과 맞닿은 이야기를 풀어낸다는 점이다. 분노가 지배하는 시대에 정확하게 세상을 통찰하고, 삶의 면면을 살피며, 자아를 현명하게 다루고 싶은 모든 이들에게 꼭 필요한 책이다.

_ 정지우(문화평론가, 『분노사회』『인스타그램에는 절망이 없다』저자)

분노라는 감정이 우리 삶에서 얼마나 중요한지, 그리고 오늘날 만연한 분노가 사회와 정치에 어떤 영향을 미치는지 훌륭하게 보여준다.

_ 레나타 살레츨
(런던대학교 버크벡 로스쿨 교수, 『알고 싶지 않은 마음』저자)

날카롭고, 미묘하며, 다층적이다. 이 책에서 당신은 인간의 마음이 지닌 모든 경이롭고 추악한 차원을 그 어느 때보다 더 잘 이해할 수 있다.

_ 마리나 벤저민(『나의 친애하는 불면증』저자)

이 책을 읽기 전까지 분노에 대해 조금은 알고 있다고 생각했다. 하지만 디오게네스에서 셰익스피어, 헐크에서 트럼프까지 포괄적으로 탐구하는 이 책은 분노에 대한 새로운 시각을 열어준다.   _ 리사 아피냐네시(소설가)

내 인생 최고로 강렬하고 보람찬 독서. 마치 롤러코스터를 탄 것처럼 가장 강력한 감정이 솟구치는 순간을 통과한 뒤 새롭게 태어나는 듯한 경험이었다.   _ 피터 포메란체프(저널리스트·작가)

● 일러두기

– **저자의 일러두기**
- 이 책에서 논의하는 사례들은 비밀 유지 의무의 준수를 위해 나 자신의 진료와 내 임상 수련의들의 진료에서 발췌하여 조합했다.

– **편집부 일러두기**
- 단행본은 겹낫표(『 』)로, 논문·기사·단편·시·장절 등의 제목은 낫표(「 」)로, 신문·잡지 등 정기간행물은 겹꺾쇠(《 》), 영화·음악·미술 등 예술 작품의 제목은 홑꺾쇠(〈 〉)로 표기했다.
- 원서에서 이탤릭체로 강조한 단어를 이 책에서는 굵은 글자로 표시했다.
- 본문 중 각주는 옮긴이의 것이며 저자의 각주는 '원주'로 표시했다.

아버지 에드워드 코언을 기리며

차례

추천의 글 4

서론
분노가 지배한다
심리적 기원, 판타지, 집단적 격앙　　　　　　　　　　　11

분노의 시대 • 분노란 무엇인가 • 분노는 어떻게 생겨나는가 • 신적 분노에 대한 환상 • 무력한 개인과 성난 사회

1장
의로운 분노
괴물, 혁명가, 질투하는 남편　　　　　　　　　　　　　61

화낼 이유는 한번 생기면 영영 간다 • 초록 괴물 • '팩트 신봉자' 빅터 • 나의 분노는 좋고 너의 분노는 나쁘다 • 질투하는 남편의 광기 • 혁명가와 공포정치 • 옳음이라는 갑옷을 벗어던질 용기

2장
실패한 분노
긍정적 사고 전도사, 분노 관리자, 저항자　　　　　　　129

너무 화가 나서 어떻게 해야 할지 모르겠어 • 올리브의 편두통 • 긍정 복음과

분노 관리 요법의 함정 • 스토아주의의 역설 • 수동 공격: 분노의 위장술 • 기후 비상 시대의 우울 • 대안적 여정

3장
냉소적 분노
선동가, 사기꾼, 감정 포식자　　　　　　　　　　207

그래, 이것이야말로 내가 분노하는 이유야! • 감정을 악용한 조종과 통제 • 냉소주의와 트럼프 • 푸틴의 '분노 설계자' • 낄낄거리는 감정 포식자들 • 구제의 희망

4장
유용한 분노
사랑, 정의, 창조성　　　　　　　　　　　　　　275

당신, 이 책 읽어야 해 • 스텔라의 결혼 생활 • 미지의 욕망에 귀 기울이기 • 창조적 힘으로의 전환 • 인종주의와 사랑 • 분노의 시대를 건너기

이 책을 나가며 두건 아래서 **354**

감사의 글 **364**

주 **366**

서론

분노가 지배한다
심리적 기원, 판타지, 집단적 격앙

ALL THE RAGE

분노의 시대

아침마다 나의 받은편지함은 넥스트도어에서 보낸 이메일 알림으로 빼곡하다. 넥스트도어는 동네 사람들끼리 추천, 문의, 요청, 나눔, 정보를 주고받는 이웃 기반 소셜 네트워킹 서비스다. 게시물의 어조는 사근사근한 것도 있고 익살스럽거나 다정하거나 걱정스러워하는 것도 있지만 대부분 화가 나 있다. 이를테면, 교활한 장사꾼에 대한 맹렬한 비난, 동물 학대를 목격하고 격분하여 올린 신고, 절도(또는 절도 미수) 행위로 의심되는 흐릿한 CCTV 영상 캡처본, 공원 벤치에 널브러진 마약 중독자에 대한 불안, 여자아이에게 접근하는 포식자 독거남에 대한 경고, 공공 기물 파손이나 쓰레기 불법 투기, 기부 호객꾼, 전화 사기꾼, 식당의 저질 서비스, 심야 소음에 대한 신고 등이다.

분노의 이모티콘과 "인간 말종", "인간쓰레기", "짐승!" 같은 비난으로 점철된 새로운 알림이 뜰 때마다 가슴이 철렁 내려앉는다. 하지만 수신 거부를 해야겠다는 생각은 한 번도 들지 않았다. 어쩔 줄 모르는 주인에게 고양이와 지갑을 찾아주고 굶주리고 병든 사람에게 도움과 조언을 베푸는 너그러움과 연대를 이 서비스에서 목격할 수 있기 때문만은 아니다. 그런 점잖고 친절한 행동을 높이 평가하기는 하지만, 나를 저 게시물들에 끌어당기는 힘은 분노의 전염력이다. 넥스트도어의 새 게시물 알림은 현대 도시생활의 고충을 생생히 엿보게 해주는 창문이다. 일상적 현실의 최전선에서 터져나오는 한숨, 푸념, 비명이 전자적 합창으로 울려퍼진다.

나는 넥스트도어 말고는 어떤 소셜 미디어 플랫폼도 이용하지 않는다. 삶이 피폐해질까 봐서다. 가상의 토끼굴에 빠져 영영 못 나오는 장면이 머릿속에 펼쳐진다. X(옛 트위터)에 들어가 보면 자기만족, 상호 긍정, 진정성 같은 낙관적 정서에조차 분노의 기미가 서려 있다. X 게시물의 밑바탕에는 글쓴이 자신의 남다른 재치와 진심, 훌륭한 창조적 결실, 자발적 베풂, 요리 솜씨 등을 왜 아직도 알아차리지 못하느냐는 힐난이 깔려 있다.

넥스트도어에서 목도하는 귀여운 인간적 분노를 X에서는 찾아볼 수 없다. X의 특징적 어조는 의로운 분노, 신랄한 빈정거림, 도도한 경멸, 고약한 잔인함이다. X에서 벌어지는 어그로 끌기, 망신주기, 조리돌림을 보면 '증오자유구역'이라는 말이 절로 떠오른다.

소셜 미디어 업계의 거인들은, 스마트폰이 지구적 메가폰이고 당신이 순간순간의 사회적, 윤리적, 지정학적 딜레마에 대한 자신의 격정적 확신을 수백만의 잠재적 청중에게 방송하고 있다는 거창한 환상을 부추긴다(실제 팔로어는 수백 명에 불과할지도 모르지만). 그렇기에 인간미 없는 자기중심적 분노 양식이 발달한다. 이것은 같은 구호를 지겹게 반복하는 방식으로, 모든 게시물은 이전 게시물의 메아리다.

이에 반해, 넥스트도어의 게시물은 당신의 이웃에 사는 사람들에게만 전달되며 그들에게만 관심거리다. 그렇기에 보여주기식 도발을 일삼을 이유가 없다. 문체가 엉성하고 오타가 작렬하는 게시물들은 감정의 순수한 발산이자 삶의 결에 비비대어 내는 소리다. 게시물 작성자는 토하고 싶다고, 소리 지르거나 울부짖거나 상대방에게 주먹을 날리고 싶다고 말한다. 그들은 분노가 모든 유의미한 감정과 마찬가지로 우선 몸의 차원에서, 입이나 팔다리를 통해 방출되는 압력으로서 경험된다는 사실을 우리에게 싱기시킨다.

그래서인지 나는 이 게시물들을 보면 즉석에서 정신분석 진단을 실시하게 된다. 상담실에서 진료가 시작되면 내담자들은 으레 어떤 사람(십대 아들이나 건방진 바리스타)이나 기관(은행이나 동네 헬스장), 상황(부당한 주차 요금 징수나 지구 가열화)을 목청껏 성토한다. 이렇게 시작되는 임상 정신분석은 화자와 화자의 소통이라기보다는 몸과 몸의 부대낌에 가깝다.

격분한 내담자를 보면 내게서도 곧잘 거울 증상이 일어난다. 근육이 긴장하고 심장 박동이 빨라지고 이가 갈리고 위장이 벌렁거린다. 나는 그들의 분노를 단순히 인식하는 게 아니라 그 분노에 사로잡힌다. 내담자와 똑같이 신체 능력과 정신 능력이 마비되고 격분의 대상 말고는 무엇에 대해서도 생각하거나 느끼지 못한다. 넥스트도어와 정신분석 상담실은 서로 다른 방식으로 불만을 털어놓는 장소다. 원하는 것을 영영 얻지 못하는 세상에서 살아가는 좌절감을 토로할 공간인 셈이다.

여기서 분노의 성격을 이해하는 실마리를 얻을 수 있을지도 모르겠다. 우리는 분노 하면 종종 공격을 연상하며, 심지어 둘을 혼동하기도 한다. 하지만 공격은 분노와 달리 행동의 범주에 속한다. 외부 대상에 지배력을 행사하거나 적개심을 표출하려는 시도이며, 머리끄덩이 잡아뜯기, 조롱하기, 베이스 기타로 마이너 코드 연주하기 등으로 나타날 수 있지만 언제나 바깥세상에서 표출된다.

이에 반해, 분노는 타인에게 지각될 수 있는 것은 분명하지만 무엇보다 감정이요, 몸과 마음의 현상이다. 공격과 달리 세상으로부터, 심지어 자기 자신으로부터도 숨길 수 있다. 정신분석이 알려주는 가장 흔하고 심란한 사실 중 하나는, 당신이 과거와 현재 무심결에 남에게 터뜨린 분노가 어마어마하게 많다는 것이다.

우리는 분노와 공격에 대해 생각할 때 프랭크 시나트라가 사랑과 결혼에 대해 말하듯 한다. 하나가 다른 하나로 자연스럽게 이어져 여간해선 구분되지 않는 완벽한 짝이라고 생각하는 것이다. 분노는 공격의 치어리더 주장主將처럼 보인다. 즉, 행동하려는 동기와 추진력을 공격 충동에 공급하는 선동적 목소리로 간주된다.

『인간과 동물의 감정 표현The Expression of the Emotions in Man and Animals』에서 찰스 다윈Charles Darwin은 감정 표현의 일반적 형태가 한때 감정에 수반되던 행동의 흔적이라고 주장한다. 혐오감을 표현할 때 구역질을 흉내 내는 것이 그 예다. 다윈에 따르면, 분노하면 혈류가 막혀 얼굴이 자주색으로 바뀌거나 창백해지고 호흡이 가빠지고 이가 앙다물어지고 팔다리가 떨린다. 이 몸짓은 "상대를 가격하거나 적과 싸우겠다는 의지를 어느 정도 뚜렷하게 나타낸"다.[1]

이런 진화론적 관점에서 보면, 분노와 공격은 시나트라의 사랑과 결혼처럼 가깝다. 화내는 것은 포식자의 신체적 태도를 취하는 것과 같다. 하지만 다윈 이론의 또 다른 함의는 분노 상대가 공격의 '흔적'이라는 것이다. 둘의 연관성은 한때는 유기적이고 필수적이었어도 이제는 진화를 겪으며 느슨해졌다. 성난 얼굴은 공격 행동의 전조일 수 있지만 아닐 수도 있다.

달리 말하자면, 분노와 공격은 매우 다른 삶을 산다. 공격은 분노를 표현하는 여러 방법 중 하나에 불과하다. 우리는 분노를 묵묵히 삼킬 수도 있고, 스스로에게 돌릴 수도 있고, 뚱한 표정이나 지나친 정중함이나 익살스러운 장난으로 감출 수도 있고, 화났다는 사실을 자신조차 모를 정도로 억압할 수도 있다.

그럴 때마다 '자신의 성난 자아와 어떻게 살아갈 것인가'라는 문제가 제기된다. 성난 자아가 빼곡히 들어찬 세상에서는 더더욱 고민스럽다. 적어도 지난 10년간, 특히 2016년 이후 도널드 트럼프Donald Trump의 당선과 영국의 브렉시트Brexit 국민투표가 도화선을 당기면서 분노는 사회적·정치적 일상의 색깔과 명암을 정의하는 것처럼 느껴진다. 서로에 대한 두려움, 의심, 비난의 분위기가 팽배해졌으며, 문화적, 이념적, 인종적, 성적, 계급적 차이는 금세 적개심으로 이어진다. 이 대중적 분위기는 우리의 사적인 삶과 관계에도 스며들었다. 가장 직접적인 차원에서 우리는 세세하게 기록된 분열과 분노를 확인할 수 있다. 트럼프, 브렉시트, 코로나 봉쇄를 비롯한 문화적·정치적 체제의 수많은 지표들이 가족, 친구, 커플, 집단의 삶에 기어들었다. 나의 내담자들은 이런 식으로 드러나는 분열 요인을 성토하면서 분노를 모호하게 발산한다. 어떤 내담자는 발음을 씹거나 콧구멍을 벌름거리고, 어떤 내담자는 소파에서 뻣뻣하고 방어적인 자세를 취하고, 또 어떤 내담자는 몸을 웅크리며 침묵한다.

한마디로 나는 스마트폰과 텔레비전에서 터져나오는 뉴스 헤드라인에서 주변 길거리, 친밀한 정신분석 진료 공간에 이르기까지 일상생활의 모든 차원에서 이른바 '분노의 시대'의 그림자 속에서 살아간다. 이 책을 쓰는 것은 이 경험을 이해하고, 인간 존재의 보편적 경험에서든 우리 자신이 발끈하는 순간에든 우리가 어떻게, 왜 분노에 휘둘리는지 생각하는 방법이었다.

분노란 무엇인가

정신분석 상담실은 분노의 도가니다. 분노는 곧잘 직접적으로 표출되지만, 슬픔이나 불안이나 사랑 같은 그 밖의 감정에 짓눌려 빼져나오기도 한다. 분노가 임상적으로 보편적인데도 정신분석 문헌에서 분노에 대해 거의 언급하지 않는다는 것이 의아했다.

정신분석의 창시자 지크문트 프로이트Sigmund Freud는 분노보다 공격에 더 관심이 있었다. 정신적 삶과 신체적 삶의 경계에 놓인 채 우리로 하여금 필요와 욕망을 충족하도록 강제하는 수수께끼 같은 힘인 욕동drive의 핵심이 바로 공격이라고 생각했다. 욕동은 정신분석 이론 중에서 프로이트가 무엇보다 많은 수정을 가한 분야다. 수많은 변경과 조정의 와중에도 반복되는 욕동 이론의 주요 개념이 두 가지 있다. 처음에 프로이트는 욕동을 성 욕동과 자기보전(또는 '자기애적') 욕동으로 나눴다. 나중에는 자아의 성장과 확장을 지향하는 삶 욕동이 있고, 자기소거와 무차별적 공격을 지향하는 죽음 욕동이 있다고 주장했다.[2] 죽음 욕동은 처음에는 추종자들에게 일축되거나 의심받았으며 오늘날까지도 논란거리이지만, 프로이트의 이론을 통틀어 가장 중요한 개념 중 하나가 되었다.

욕동이 감정과 다른 이유는 욕동의 궁극적 목표가 느낌보다는 행동이기 때문이다. 이를테면, 삶 욕동의 심장부에 있는 사랑 충동은 몸과 감정의 차원에서 느껴지는데, 이 감정의 주된 목표는 자극제가 되어 바깥세상에서 사랑을 쟁취하는 것이다. 비유하자면, 분노는 우리가 느끼는 것(전문 용어로 **정동**affect)이고 공격은 분노를 느낄 때 우리가 하는 행동(욕동)이다.

감정과 행동, 정동과 욕동이라는 두 가지 경험 차원은 서로 연결되어 있지만, 그 연결 방식에 대해 프로이트는 좀처럼 말하지 않는다. 단 하나의 예외는 1914년에 발표한 흥미로운 논문 「미켈란젤로의 모세상The Moses of Michaelangelo」이다. 특이한 점은 프로이트가 이 논문을 《이마고Imago》에 익명으로 발표했다는 것이다. 이 잡지는 프로이트의 제자 두 명이 창간했으며 문화적·사회적 삶의 다양한 영역을 정신분석 관점에서 탐구했다.

아마추어 예술 애호가가 제출한 것처럼 위장한 이 논문은 분노와 공격, 감정과 행동 사이에 어떤 관계가 존재하는지 탐구한다. 첫머리에서는 로마의 산피에트로 대성당에 있는 미켈란젤로의 걸작 모세상에 대한 여러 예술사 논문을 검토한다. 각 논문은 십계명 돌판을 옆에 끼고 앉은 모세의 자세와 표정에 나타난 야릇한 모호함을 해독하려다 제각기 다른 결론에 도달한다. 하지만 프로이트는 이 상충하는 결론들에서 공통점 하나를 발견한다. 그것은 모세의 눈길이 "무한한 분노"[3]에 사로잡혔으며, "이 분노는 곧 격한 행동으로 옮겨갈 것만 같은 것"[4]이었다는 것이다.

이 해석에 따르면, 모세는 이스라엘인들이 황금 송아지 앞에서 우상을 숭배하며 희희낙락하는 광경에서 시선을 떼지 못한다. 그의 몸은 임박한 행동을 위해 격앙된다. 바야흐로 벌떡 일어나 시내산에서 방금 하느님께 받은 돌판을 들어올렸다가 노엽게 땅바닥에 내동댕이치려는 참이다.

이 해석은 욕동의 흐름이 매끄러움을 암시한다. 공격 충동은 돌판을 박살내는 행동에서 절정에 이르는 일련의 과정 중간에 있다. 여기서 암시되는 분노의 역할은 행동을 자극하고 유발하는 감정으로, 공격 욕동을 낳게 하는 산파다. 자신의 민족을 향한 난폭한 비난으로 곧 실현될 모세의 "무한한 분노"는 감정과 욕동의 이상적 조화를 보여주는 본보기이며 그 바탕은 둘의 종속적 연결이다.

하지만 인간 욕동을 정신분석적으로 이해하면 감정과 욕동의 관계가 더 복잡함을 알 수 있다. 신경과학자이자 철학자 안토니오 다마지오Antonio Damasio는 감정feeling과 정서emotion를 구분하는데,• 그의 개념을 여기에 활용할 수 있을지도 모르겠다. 다마지오는 다윈과 마찬가지로 정서를 유기체가 "의식적으로 알아채지 않고"서 자신의 보전을 본능적으로 추구하는 방법으로 정의한다.⁵

한마디로 정서는 대상이나 사건에 대한 자극 반응이다. 나는 목줄이 풀린 개를 보면 두려워 움츠린다. 고기 굽는 냄새를 맡으면 게걸스럽게 먹으려는 욕구나 토하려는 욕구에 나도 모르게 사로잡힌다.

하지만 감정은 이 반응에 대응하는 내적 이미지와 개념을 만들어낸다. 정서는 대상이나 사건에 대해 저절로 반응하는 반면에, 감정은 그것을 창조적으로 처리하여 "새롭고 독특한 반응을 만들어낼 가능성"을 키운다.⁶ 이 관점에서 분노는 공격보다 고차원적이며 반응 행동을 일종의 자기반성으로 전환한다. 감정은 욕동의 앞이 아니라 **뒤**에 온다.

다마지오는 파리 살페트리에르 정신병원에서 진행한 임상 연구를 소개하면서 이 명제를 흥미진진하게 설명한다. 주인공은 파킨슨병을 앓는 65세 여인으로, 뇌의 손상 부위를 전극으로 자극하

• 이 책에서는 feeling을 '감정' 또는 '느낌'으로, emotion을 '정서'로 옮겼다.

면 증상이 완화되었다. 한번은 전류가 손상 부위 바로 아래를 통과했는데, 그러자 환자는 갑자기 슬픈 표정을 짓더니 주체할 수 없이 흐느끼기 시작했다. 몇 초 뒤 더는 이런 식으로 살 수 없다며 죽음을 간절히 바랐다. 연구자들이 황급히 전류를 끊자 흐느낌은 "시작할 때와 마찬가지로 끝날 때도 갑작스럽게 끝났"다.[7] 환자는 정상으로 돌아왔으며 유쾌한 표정으로 대체 무슨 일이 일어났는지 어리둥절해했다.

다마지오는 전류가 원래 목표이던 "일반적인 운동 조절 부위"가 아니라 평소에 행동(이를테면 찡그리거나 흐느끼는 등의 얼굴 근육 운동)을 조절하는 뇌간핵을 자극했다고 설명한다. 그의 요점은 이 신경 반응이 사전에 어떤 슬픈 생각도 촉발되지 않았는데 일어났다는 것이다. 즉, 정서는 감정에 앞서 울음 같은 전형적 몸짓의 형태로 나타난다. "정서와 관련된 생각은 오직 정서가 발생된 **이후**에 나타났"다.[8]

미국의 정신분석가 한스 뢰발트Hans Loewald도 놀랄 만큼 비슷한 주장을 내놓는다. 그는 1971년 논문에서 감정이 정서보다 높은 정신 기능 차원에 속한다고 말한다. 가장 원시적인 형태의 욕동은 물리적 세계에서 행동을 통해 본능 에너지를 배출하는 수단이다. 인간 발달은 욕동을 "정신 현상"으로, 즉 프로그래밍된 행동이 아니라 감정으로 전환한다.[9] 이 전환은 임상 정신분석의 핵심 목표이기도 하다. 이를테면, 분석이 시작될 때 환자는 맹아적인 무의식적 공격을 벌이기도 하는데, 치료 과정에서 이 공격은 느껴지는 동시에 표현되는 분노가 된다.

프로이트는 미켈란젤로의 걸작 조각상을 기발하게 해석하면서 바로 이 전환의 경로를 추적한다. 그는 성경의 사건 순서가 뒤죽박죽임을 미켈란젤로가 분명히 알았으리라 주장한다. 이를테면, 출애굽기 32장 10~12절에서 하느님이 이스라엘 백성의 송아지 우상 숭배를 책망하자 모세는 백성들에게 화를 내리지 말아달라고 탄원한다. 그런데 19절에서 모세는 송아지에 대해 아무것도 모르는 것처럼 보이다가 상황을 알고서 "돌연 격렬한 분노에 휩싸이고 만"다.[10] 프로이트의 주장에 따르면, 미켈란젤로는 이 사건 순서의 비일관성에 착안하여 황금 송아지 이야기의 새로운 판본, 즉 분노에서 폭력적 행위로의 전개를 뒤집는 판본을 만들었다.

프로이트의 해석에 따르면, 모세의 분노가 절정에 도달하는 것은 노기를 방출할 때가 아니라 **다스릴** 때다. 미켈란젤로의 모세가 취한 기이한 자세와 표정은 돌판을 박살내는 행동이 임박했음을 묘사하는 것이 아니라, 자신의 분노를 느끼는 동시에 이겨낸 사람, 돌판을 박살내거나 자기 백성을 벌하지 않기로 마음먹는 사람의 격앙된 신체적 태도를 나타낸다.

프로이트는 이것이 새롭고 강력한 정서적 자기절제를 구현한

르네상스적 모세의 본보기라고 쓴다. "강인해 보이는 육체적 볼륨과 힘이 넘쳐나는 듯한 근육질 등은 인간으로서 다다를 수 있는 가장 높은 수준의 정신적 성취에 대한 육체적 표현이다." 스스로를 바친 위대한 사명을 위해 자신의 격정을 누르는 이 행위는 인간으로서 도달할 수 있는 빼어난 성취다.[11]

이 숭고한 정신적 성취는 분노와 공격의 시간적 관계를 복잡하게 뒤섞는다. 분노가 공격 행동을 촉발하는 신호인 것이 아니라, 공격 행동이 감정 상태로 전환된다는 것이다. 여기서 공격 충동은 방출되는 것이 아니라 정신적·신체적 내면에서 감내된다.

감정의 핵심은 단순히 정서에 자극받아 행동하는 것이 아니라 정서에 대처할 방법을 찾는다는 것이다.

...

프로이트는 정신분석의 수단과 목적을 천명한 최초의 글에서 수압설hydraulic thesis이라고 부를 만한 것을 역설했다. 이에 따르면, 인간은 하루하루 살아가면서 막대한 긴장이 쌓여 신경계에 영구적 압력을 받으며 이로 인해 방출 욕구를 느낀다.

정신분석의 출발점에서 이 긴장과 주로 짝지어지는 것은 분출하는 성애적 욕망과 갈망이다. 이 욕망과 갈망은 **세기말** 빈 사교계에서 억압에 짓눌려 예의를 차리는 겉치레 아래서 들썩거리고 있었다. 하지만 임상 진료 초창기 프로이트가 환자에게서 목격한 분노와 공격의 병목 현상도 그에 못지않게 잦았다.

흥미로운 사례 하나는 1893년에 발표한 「히스테리 현상의 심리적 기제에 대하여: 예비적 보고서On the Psychical Mechanism of Hysterical Phenomena: Preliminary Communication」의 짧은 임상 경험과 연관되어 있다. 연상의 동료인 빈의 일반의사 요제프 브로이어Josef Breuer와 공저한 이 글에서 두 사람은 혁신적 히스테리 치료법을 소개한다.

어떤 사람이 프로이트에게 새로 확립된 신경장애 치료법에 대해 문의한다. 환자는 불수의적 히스테리 발작을 겪고 있는데, 발작이 일어나면 말없이 분노를 터뜨린다. 환자에게 최면을 걸자 그는 "상사가 길에서 그를 학대하고, 지팡이로 구타하는 장면을 경험하고 있"다고 털어놓는다.[12] 며칠 뒤 다시 찾아온 환자는 두 번째 발작에 대해 이야기한다. 최면 상태에서 밝혀진 바에 따르면, 그것은 병을 촉발한 사건의 재현이었다. 그는 "법정에서 학대에 대한 배상을 받는 데 실패하는 장면"을 다시 겪고 있었다.[13]

프로이트와 브로이어는 환자에 대해 거의 아무것도 알려주지 않는다. 농장 노동자나 식당 종업원일 수도 있지만, 나는 언제나 그를 갓 등장한 전형적 유형의 본보기로 상상한다. 그는 프란츠 카프카Franz Kafka의 요제프 K.나 E. M. 포스터E. M. Forster의 레너드 바스트로 형상화되는 초췌하고 불안한 점원으로, 공손한 겉모습 뒤에 말없이 부글거리는 분노와 원한을 숨기고 있다.

이 상징적인 허구적 인물들은 프로이트가 치료하고 묘사하기 시작한 전형적인 신경쇠약의 특징에 들어맞는다. 신경쇠약은 19세기 후반 사회가 빠르게 도시화되고 산업화되면서 나타난 현상으로, 갑작스럽고 과도한 감각·정서 자극이 몸과 마음을 짓눌러 성마름, 피로, 우울뿐 아니라 두통과 혈압 급상승 같은 증상을 일으킨다. 직원의 조용한 무언극적 격분은 신경계가 외상을 입고 압도당했음을 암시한다. 그는 공공연히 구타당하고 이에 대한 법적 배상 요구가 공공연히 거부당해 생겨난 굴욕감을 견딜 수 없었다.

프로이트는 당대의 신경 질환에 임상적 관심을 기울이는 것과 더불어 정신생활에 대한 더 근본적인 질문을 던졌다. 이것은 구타당한 직원의 사례에도 똑같이 해당한다. 『과학적 심리학 초고Project for a Scientific Psychology』로 알려진 1895년 미발표 원고에서 프로이트는 아기의 최초 만족 경험에 대해 추측하면서, 배고픔이나 그 밖의 필수적 욕구에 의해 생기는 과도한 내적 긴장의 고통을 묘사한다.

아기는 욕구가 충족되지 않으면 울음을 터뜨려 자신의 고통을 알리고 보호자의 관심을 끈다. 긴장, 외부 개입, 해소의 순환은 "**충족 체험**"을 구성한다.[14] 아기가 배고플 때 울음을 터뜨려 소기의 목적을 달성하는 것을 보고서 프로이트는 놀라운 추론을 내린다. "인간 존재의 근원적인 무력 상태는 모든 **도덕적 동기**의 **최초의 원천**이 된다."[15] 즉, 도덕성은 피조물의 고통에서 시작되며, 그 피조물은 자신이 해결할 수 없는 만족을 얻기 위해 보호자에게 요청한다. 만족을 얻지 못하는 한 분노한 원초적–도덕적 항의의 비명은 계속된다.

구타당한 직원의 최면 요법에서도 "학대에 대한 배상을 받는 데 실패했을" 때 비슷한 무력감의 비명이 터져나왔다. 다만, 이 경우는 소리 없는 비명이었다. 이 음성적 일치는 단순한 우연이 아니다. 만족을 얻지 못하는 굴욕적 상황에서 직원은 본래적 유아기 무력감을 맞닥뜨린다. 그의 반응은 아기와 마찬가지로 말로 표현되지 못하는 분노의 외침이지만, 이 경우는 무의식적 기억의 침묵으로 이끌린다.

히스테리, 신경쇠약, 유아기 욕구는 매우 다른 정신 현상이지만 그 아래에는 똑같은 무력감 경험이 깔려 있다. 아기의 울음은 욕구와 만족의 간극을 나타낸다. 간극은 오래 지속될수록 견디기 어려워진다. 정상적 상황에서 우리는 신체적·정서적 발달이 이루어지면서 이 무력한 상태에서 벗어난다. 정신적·신체적 자율성이 커짐에 따라 자신의 욕구를 해결하고 자신이 갈망하는 음식이나 사랑을 추구하고 얻을 수 있게 된다.

하지만 구타당한 직원의 사례에서 보듯 외상적 충격이나 굴욕을 경험하면 유아기의 절망적 취약함이 되살아난다. 내가 정신분석 진료에서 매일 실감하듯, 실제적이거나 인지된 모욕, 무시, 거부, 실망, 좌절 같은 훨씬 일반적인 경험에서도 우리는 이 원초적 무력함의 층위를 맞닥뜨릴 수 있다. 일상생활의 끊임없는 불만족을 치유하는 데 거듭 실패하면 우리가 **분노**라고 부르는 격앙된 쇠약의 상태가 일어난다.

분노는 어떻게 생겨나는가

배고픈 아기의 화난 울음은 날것의 신체적·정서적 욕구를 표현한 것이지만 초보적 공격 형태이기도 하다. 프로이트는 이것을 현실에서 만족을 얻고자 하는 '구체적 행동'이라고 부른다. 영국의 소아과의사이자 정신분석가 D. W. 위니컷^{D. W. Winnicott}은 1930년대부터 1970년대에 걸쳐 발표한 저작을 통해 유아기 욕구 관리가 이후의 발달에 어떤 영향을 미치는지에 대한 우리의 통념을 변화시켰다. 그에 따르면, 신생아가 잉태되었던 환경에서는 욕구를 욕구로 인식조차 하기 전에 모든 욕구가 충족된다. 그러다 어머니의 몸에서 내쫓겨 새로운 주변 공간의 싸늘한 무한에 노출되고 배고파도 젖을 먹지 못하면, 신생아는 자신에게 필요한 것이 결여될 수도 있음을 느닷없이 자각한다.

위니컷에 따르면, 아기는 자기 바깥의 사물과 사람으로 이루어진 세상의 외상적 암시에 대처하기 위해 전능한 통제라는 환상을 만들어낸다. 아기는 울음을 터뜨림으로써 젖가슴이 나타나고 젖과 애정이 듬뿍 공급되도록 한다. 적어도 생후 첫 몇 주 동안 어머니는 아기가 요구할 때마다 젖을 물리고 보살펴 이 환상을 키울 것이다. 그리하여 아기의 총체적 무력함이 전도되어 목소리 하나하나, 손길 하나하나, 주변 세상에 대한 감각적 발산 하나하나가 욕망의 투사가 된다. 그것은 그의 세계이고, 우리는 그 속에서 살아갈 뿐이다.

발달의 핵심 과제는 이 환상을 조금씩 부드럽게 몰아내는 것과 더불어, 위니컷이 '나 아닌not-me' 대상이라고 부르는 것을 인정하고 세상에 나 혼자만 있는 것이 아님을 깨닫는 것이다. 아이는 자라면서 타인에게 자리를 내주어야 한다. 여기서 문제가 시작된다. 타인은 아이의 사랑, 쾌감, 권력의 욕구를 충족해주는 데 실패하거나 무능하거나 그럴 의사가 없다. 타인에게도 자신과 같은 욕구가 존재한다는 사실도 아이에게는 충격적이다.

말하자면, 아동이 배우는 교훈은 만족을 공격적으로 요구했다가는 실패하기 십상이며 실패의 흔적을 내면에 지닐 수밖에 없다는 사실이다. 어떤 사람을 화난 성격이라고 묘사할 때의 속뜻은 그가 짊어지기에는 그런 짐의 무게가 너무 무겁다는 것이다.

　아동이 배우는 교훈이 하나 더 있다. 첫 번째 못지않게 쓰라리지만 궁극적으로 더 생산적일 수도 있는 두 번째 교훈은, 불만(더 나아가 일정한 양의 분노)이 삶의 고질병이라는 것이다. 그렇기에 프로이트가 '속뚫림^{abreation}' 치료 기법의 토대로 삼는 수압설에는 치명적 결함이 있다.

　구타당한 직원은 길거리에서도 법정에서도 억압해야 했던 침묵의 분노를 최면 상태에서 행동으로 표출했다. 속뚫림 기법의 전제는 억압된 기억이 의식의 표면으로 올라올 때 정서도 함께 올라오기 때문에, 환자가 고통스러운 경험과 그로 인해 자극된 감정을 최대한 온전하게 묘사할 수 있다는 것이다.

　이것이 '활력 반응'이라는 정신 요법이다. 이것은 상해를 겪는 정도에 비례해 정서를 배출하는 방법이다. 이 기법의 논리는 "열불을 내고 나면 속이 후련해진다" 같은 표현이나('울분을 토한다'는 뜻의 독일의 관용어 '지히 아우스토벤$^{sich\ austoben}$'은 말 그대로는 '증기를 뿜다'라는 뜻이다) 베개 싸움 같은 분노 다스리기 민간요법에서 볼 수 있다. 수압을 배출하지 않으면 고통과 분노가 신경계에 머물러 있으면서 부담을 가한다는 것이 프로이트의 주장이다.

　대사되지 않은 채 몸과 마음의 가장 깊은 층위에 잠복한 고통을 치료한다는 발상은 그 뒤 여러 요법으로 되살아났다. 그중에서 가장 유명한 아서 자노프Arthur Janov의 '원초 요법'은 원초적 비명 요법으로 널리 알려졌으며 1970년대 초에 잠깐 유행했다.[16] 자노프는 프로이트나 브로이어와 마찬가지로 정신적 고통이 아동기 초기의 억압된 외상에 자리한다고 보았다. 그가 제안한 치료법은 자발적으로 마구 비명과 고함을 지름으로써 내면에 갇힌 반응적 분노를 배출하는 것이었다.

이 방법은 지난 15년에 걸쳐 '분노의 방'이라는 형식으로 간간이 부활했다. 보호 장구를 입은 고객들은 깨지는 물체(고장난 전기 제품, 안 쓰는 그릇, 버리는 가구)에 금속 막대기를 휘두르는 광란의 파괴 제의를 벌인다. 《가디언Guardian》 필자 가비 힌슬리프Gaby Hinsliff에 따르면, 젊은 여성들 사이에서 건강 관리와 레저 활동으로 인기가 커졌다고 한다.[17]

이런 카타르시스적 무절제의 문제는 분노의 성격을 오인하고 있다는 것이다. 속뚫림은 감정의 저장량이 유한하며 모조리 배출할 수 있다고 가정한다. 하지만 프로이트는 생각이 발전하고 임상 경험이 쌓이면서 속뚫림에 대한 신념이 (비록 생산적이긴 하지만) 잘못임을 깨달았다.

속뚫림이 놓치고 있는 것은 감정이 끈질기다는 사실이다. 우리가 아무리 요구해도 감정은 사라지기를 거부한다. 아기의 울음이나 외상에 시달리는 성인의 비명이 표현하는 불만 상태는 욕구나 욕망(배고픔, 사랑, 정의)과 그 실현 사이의 간극이다. 하지만 불만은 단순히 적절한 행동을 통해 해소되길 기다리는 일시적 상태가 아니라, 인간의 삶에서 제거할 수 없는 조건이다. 따라서 분노도 마찬가지다.

...

카타르시스 요법의 실패는 정신분석에서 가장 기본적이면서도 가장 수수께끼 같은 인간 욕동의 성격을 보여준다. 프로이트는 이 주제를 결정적으로 천명한 1915년 논문 「욕동과 그 변화Drives and Their Vicissitudes」에서 무엇보다 욕동이 유기체의 외부가 아니라 내부에서 비롯하는 자극의 원천이라고 주장한다.

이 차이는 외부 자극(이를테면 밝은 빛이나 시끄러운 소리)의 영향이 언제나 일시적이라는 점에서 중요하다. 이에 반해, 욕동에 의한 자극은 "늘 **지속적인** 충격을 주는 힘"이다.[18] 내부에서 생겨나기 때문에 피할 도리가 없다.

욕동은 목표 달성을 통한 만족을 목표로 삼는다. 삶이 시작될 때부터 욕동은 우리를 만족시키는 것(모유를 주는 가슴, 위로하는 목소리, 안아주는 손)을 사랑하고 불만족시키는 것(굶주림, 무관심)을 미워하라고 가르친다. 이 충동은 영원히 작용하며, 필요하고 원하는 것을 더 많이 얻으라고 우리를 **부추긴다**.

프로이트에 따르면, 욕동은 "정신과 육체 사이의 경계선에" 있다.[19] 욕동은 신체 자극을 정신적으로 대표한다. 가려움이 피부 현상이 아니라 정신 현상이라고 생각해보면 감이 올 것이다. 프로이트는 욕동이 네 가지 성분으로 이루어졌다고 말한다. **압력**은 욕동이 우리에게 요구하면서 가하는 힘이고, **목표**는 프로이트가 "어떤 경우든지 만족"과 동일시하는 요소이며, **대상**은 만족을 얻는 데 필요한 것(가슴, 손길, 목소리)이고, **원천**은 욕동이 발원하는 신체 부위(위장, 머리, 생식기)다.

이 네 가지 요인이 어우러지면 곤란한 상황이 벌어진다. 욕동의 압력에서 만족에 이르는 길은 결코 곧을 수 없다. 간단히 말하자면, 욕동의 압력에 짓눌린다는 것은 정확히 무엇인지도 모르면서 무언가를 원하는 것이다. 이 점에서 욕동은 더 명확히 생물학적인 개념인 본능과 구별된다.

본능은 벌이 꿀에 이끌리듯 모든 생명 형태에서 작동하는 메커니즘으로, 필수적 욕구가 충족되도록 한다. 신생아가 엄마의 젖가슴을 찾는 것도 마찬가지라고 말할 수 있겠지만, 이 비교는 부정확하고 불완전하다. 프랑스의 정신분석가 장 라플랑슈Jean Laplanche는 삶이 처음 시작될 때부터 우리의 필수적 욕구는 성과 불가분의 관계라고 지적한다. 물론 이것은 성인기의 생식기적 성이 아니라 어머니의 몸에서 발산되는 다정함과 애정의 감각적 물결이다.[20] 젖가슴은 아기의 굶주린 위장을 먹이고 채우지만, 그와 동시에 어머니의 냄새와 촉감에서 비롯하는 더 막연한 쾌감을 선사한다. 젖이 흘러들며 풍성한 따스함의 홍수가 아기의 입술을 적신다.

따라서 욕동의 목표와 대상은 둘 다 무한히 변화한다. 삶에서 우리가 원하는 것을 알고 얻는 일은 극히 드물다. 욕동의 요구는 애초의 길에서 벗어나 "가로막히거나 굽을" 수 있다고 프로이트는 말한다. 아기 곁에서 적잖은 시간을 보낸 사람은 누구나 알겠지만, 아기는 자신이 무엇을 원하는지 모르거나 우리에게 말하지 못해 불만족하고 좌절할 때가 많다.

또한 (자기 자신을 비롯하여) 성인 곁에서 적잖은 시간을 보낸 사람은 누구나 알겠지만, 이 고통은 인생행로 내내 끈질기게 이어진다. 사랑, 일, 음식, 돈, 휴식, 의미처럼 우리에게서 가장 심오한 갈망과 욕망을 불러일으키는 삶의 모든 영역은 불확실성과 자기분열의 가장 고통스러운 감정을 불러일으키는 영역이기도 하다.

공격 욕동은 원하는 것을 얻으라고 우리를 몰아세우지만, 우리가 얻은 것이 실은 우리가 원한 것이 아니라는 느낌을 번번이 남긴다. 그러면 우리는 욕망의 진정한 충족을 가로막는다는 이유로 비난할 대상을 찾아다닌다. 우리를 피해 간 그 하나(간절히 바란 생일 선물이나 연애나 승진)가 행복과 불행을 가른다고 스스로를 설득하려

든다.

프로이트는 이 질병이 아동기 사랑의 본질에 뿌리내리고 있다고 본다. 1931년 에세이 「여자의 성욕Female Sexuality」에서 그가 말하듯, 이 본질의 첫 번째 특징은 한계가 없다는 것이다. 더욱 놀라운 두 번째 특징은 다음과 같다. "사실 어린 시절의 사랑에는 목표가 없으며, 완전한 만족감을 느끼지 못한다. 그리고 그런 이유로 인해서 결국엔 그 사랑이 실망으로 끝나면서 적대적인 태도로 바뀌고 만"다.[21]

욕동은 사랑에 대해 목표가 없기에 분노로 끝날 운명이다. 프로이트가 이어서 말하길, 진료실에서 환자가 흔히 제기하는 원망은 어머니의 "젖이 충분치 않았다는 것, 그래서 오랫동안 젖을 빨지 못했"다는 것인데 그 원인이 이것이다.[22] 그는 이 불만에 대해 처음에는 문화적 설명을 내놓는다. 자녀를 엄격히 훈육하는 현대 서구의 일부일처제 가족에서는 젖먹이기가 6~9개월을 넘지지 않는 반면에 전통 사회에서는 2~3년까지 계속된다는 것이다.

하지만 그는 이 이론을 내놓자마자 폐기한다. 그의 주장에 따르면, 더 그럴듯한 설명은 "어린아이 리비도의 탐욕"으로 인해 수유기의 길이와 무관하게 같은 불만이 제기되리라는 것이다.[23] 음식과 사랑을 향한 쌍둥이 굶주림은 구별할 수 없게 되어 결국 섭식장애의 주원인이 된다. 아동은 애욕을 조절하지 못하는 대신 식욕을 폭압적 통제하에 둔다.

　욕동은 자신이 원하는 것을 알아내고 얻으려다 번번이 실패한다. 달리 말하자면, 욕동에 지배당하는 것은 두 층위에서 분노하는 것이다. 유아는 정서 층위에서 분노를 울음으로 배출하며, 나중에 아동, 청소년, 성인이 되어서는 감정 층위에서 분노를 경험하고 말로 표현한다.

신적 분노에 대한 환상

가나안에서 그리스까지, 인도에서 아이슬란드까지 고대 세계에서는 신들의 계보와 신화에서 순수한 분노의 화신을 얼마든지 볼 수 있다. 분노의 정령 에리니에스•는 무한한 분노를 품고서 모친 살해자 오레스테스를 쫓아다니며, 분노의 여신 리사는 누구도 막을 수 없는 광란과 광기로 자신의 희생자들을 괴롭힌다. 힌두교 신들의 계보에는 칼리 여신이 있다. 두르가••가 악마들에게 공격받을 때 그녀의 몸에서 생겨난 칼리는 무기의 화환과 참수한 머리의 목

● 　그리스 신화 속 복수의 여신들로, 세 자매 티시포네, 알렉토, 메가이라를 가리킨다.
●● 　힌두교의 대여신으로, 광폭하고 강력한 여전사로 알려져 있다.

걸이를 둘렀으며 복수심에 불타는 무시무시한 분노의 화신이다. 이 신들에게서 보듯, 분노는 개인적 인간 심리의 속성이라기보다는 우주의 근본적 힘이며 세계를 향해 무한한 파괴를 자행한다.

나는 아동기 초기부터 이 힘이 히브리어 성경을 지배하고 있음을 알았다. 기나긴 안식일 오전 예배 때 심심해서 아동용 성경을 읽었는데, 홍수 이야기를 종종 펼쳤다. 설교와 일요일 오전 성경 공부에서는 하느님이 미래의 인류를 자비롭게 보전하신다는 것을 강조하지만(방주, 비둘기, 무지개!) 홍수 이야기에서 하느님은 파괴적 역할을 맡고 있는 것이 분명하다.

하느님은 노아에게 자신이 조만간 땅에 내려가 "육체를 천하에서 멸절할" 것이라며 노아 자신과 가족, 짐승들을 홍수로부터 구할 방주를 만들라고 명령한다. 하느님은 이토록 타락한 인류를 창조한 자신의 잘못을 "마음에 근심했"다.[24] "내가 창조한 사람을 내가 지면에서 쓸어버리되 사람으로부터 가축과 기는 것과 공중의 새까지 그리하리니 이는 내가 그것들을 지었음을 한탄함이니라."[25]

이 구절을 처음 읽고서 어리둥절한 기억이 난다. 사람뿐 아니라 짐승까지 벌하시는 이유가 뭐지? **짐승**이 무슨 잘못을 했기에? **모든 아이들은 어떻게 되는 거야?** 한 가족만 구원받을 자격이 있다는 게 말이 돼? 내가 필사적으로 팔을 버둥거리다 솟아오르는 수면 아래로 빠르게 사라지는 장면이 머릿속에 떠올랐다.

하지만 땅의 생명이 통째로 수장되는 것보다 더 두려운 것은 화가가 연필 스케치를 지워버리듯 자신이 창조한 세계를 대수롭지 않게 지워버릴 수 있는 하느님의 이미지였다. 이 하느님은 매질하거나 물건을 압수하거나 살벌한 경고를 내뱉는 성난 부모나 가혹한 교사와는 전혀 달랐다. 모든 존재 위에 위협적으로 드리워 있는 순수한 절멸의 힘이었다.

대홍수 이후 모든 생물을 다시 멸하지 아니하리라는 하느님의 말씀을 읽고서 안도감을 느꼈지만 금세 다시 걱정에 사로잡혔다. 홍수 재앙은 결코 반복되지 않을 터였지만 죄인을 쓸어버리려는 신의 욕구는 사그라들지 않았다. 홍수 직후 하느님은 아브라함에게 소돔과 고모라의 죄악이 심히 무거워 그들을 쓸어버리는 것 말고는 선택의 여지가 없다고 단언한다.

노아가 인류를 위해 탄원하지 않은 것과 달리, 아브라함은 소돔과 고모라를 위해 간청하여 의인 쉰 명이 있으면 두 성읍을 멸하지 않겠노리는 양보를 얻어낸다.[26] 아브라함은 숫자를 조금씩 줄여가며 하느님과 흥정하다 의인 열 명만 있어도 용서하겠다는 확답을 받아낸다. 하지만 흥정은 소용없었다. "여호와께서 하늘 곧 여호와께로부터 유황과 불을 소돔과 고모라에 비같이 내리셨"다.[27]

모세 오경을 보면 하느님의 징벌적 절멸 기록은 여기서 그치지 않는다. 절정은 민수기다. 하느님은 첩자 열두 명을 황야로부터 보내어 (이스라엘 백성이 물려받기로 되어 있던) 가나안 땅을 정탐하도록 했다. 그중 열 명이 돌아와 "악평하여 이르되" 그곳에는 사나운 적 전사 부족이 우글거린다며 부정적 의견을 낸다.[28]

이스라엘 백성이 자신의 약속을 곧이듣지 않는 것을 보고서 하느님은 역병을 보내어 이스라엘 민족을 몰살하기로 마음먹는다. 이번에도 모세가 이스라엘을 위해 나서서 하느님을 설득하여 절멸을 면한다. 하지만 사기를 떨어뜨리는 보고를 한 첩자들과 그 추종자들에게 치명적 역병을 내리는 것까지 막지는 못한다. 모세의 무시무시한 경고에도 이스라엘인들은 산에 올랐다가, 결국 아말렉인들의 칼에 떼죽음하고 만다. 하느님에게 버림받은 이스라엘인들은 역설적이게도 자신들이 경고한 바로 그 적에게 도륙당한다.

민수기에서 모세는 하느님께 받은 권위를 행사하나 고라가 이에 맞서 반란을 일으킨다. 그러자 땅에 '입'이 뚫리고 고라 일파는 아내와 아이까지 집어삼켜져 파묻힌다.[29]

숙청이 거듭되자 하느님의 분노는 즉각적 정의라는 이미지로 굳어졌다. 결코 두 번 생각하지 않는 신의 붉은 안개red mist●인 셈이다. 하느님에게 선택받은 예언자가 개입할 때만 무한한 징벌적 분노의 범위와 위력을 가라앉힐 수 있지만, 거기에도 빠듯한 한계가

● 일시적으로 판단을 흐리는 극단적 분노를 일컫는 관용어.

있다. 물, 불, 흙, 역병, 칼 같은 인위적이거나 자연적인 힘들이 훈육을 위한 신적 폭력 수단이 되며, 이 분노는 즉시 치명적 결과로 실현되기에 하느님의 감정은 행동과 구별되지 않는 것처럼 보일 수 있다.

이것은 우리 자신의 분노에 의해 촉발되는 복수 환상의 궁극적 모형 아닐까? 생생히 기억하는 일화가 하나 있다. 성경 이야기를 처음 읽기 몇 년 전에 유치원 모래놀이터에서 다른 아이들이 나를 밀치고 뺨을 때렸는데, 그때 내가 집게손가락을 쳐들면 그 애들이 그 즉시 일제히 불타는 장면을 상상했다.

분노를 내면에 품는 것은 치욕으로 느껴졌다. 그것은 상처와 패배의 쓰라린 신체 기억이었다. 그 기억을 마법적 공격 행동으로 완성하고 싶었다. 내 분노가 적들의 몸과 동시에 불살라져 어떤 흔적도 남지 않길 바랐다.

30년쯤 지난 어느 겨울날, 런던의 혼잡한 길거리를 걷다가 뒤통수를 세게 얻어맞았다. 그 바람에 쓰고 있던 모자가 인도에 떨어졌다. 충격으로 얼떨떨한 와중에 '씹새끼'라는 낱말이 귓전에 울려퍼졌다. 공격자가 재빨리 내빼는 광경이 보였다. 터무니없이 굵고 주름진 모가지에 민머리 대가리가 얹혀 있었다.

묵직한 수치심을 느끼며 모자를 집어들고는, 눈을 감고서 저 목덜미를 움켜쥔 나의 손가락을 보았다. 벌건 볼링공 같은 머리통을 질산 용액에 처넣는 상상을 했다. 하느님의 절멸적 분노를 이때보다 더 생생히 이해할 수 있었던 적은 없었다. 상처받은 인간의 무력한 분노야 말할 것도 없다.

...

아브라함이 하느님과 벌인 협상에서 여전히 심란한 대목은 협상이 의식무용儀式舞踊에 불과하다는 의심이다. 아무런 변화도 없을 것임을 둘 다 알면서 짐짓 스텝을 밟았으리라는 것이다. 또 하나의 의심은 소돔과 고모라를 불사른 행위가 모세 오경의 이후 모든 신벌과 마찬가지로 이미 결정되어 집행을 기다린 처형에 불과하다는 것이다.

이렇게 보면 요나서에 나타난 하느님의 분노가 더 흥미롭게 해석된다. 대부분의 학자들에 따르면, 이 사건은 모세 오경이 완성되고 200~400년 뒤에 일어났다고 한다. 요나서 첫머리에서 하느님은 뭉그적거리는 예언자에게 나타나 니느웨로 가서 만연한 악독을 비판하라고 명령한다. 요나는 명령을 거역하여 "여호와의 얼굴을 피하려고 일어나 다시스로 도망하려 하"다가 하느님으로부터 길고 기이한 추적을 당한다. 기이한 이유는 요나가 도망하는 내내 하느님의 추적을 인식하기 때문이다.[30] 하느님이 내린 폭풍우는 요나가 탄 배를 침몰시킬 뻔하고, 하느님이 보낸 고래는 요나를 삼켜 사흘 밤낮 뱃속에 넣어 다니다가 해변에 토한다.

요나는 니느웨로 가라는 하느님의 두 번째 명령은 거역하지 않는다. 이윽고 그곳에 당도하여 사람들에게 하느님이 40일 뒤 니느웨를 무너뜨릴 것이라고 경고한다. 요나의 예언을 들은 니느웨 왕은 굵은 베로 만든 옷을 입고 재 위에 앉아 성읍 전체에 참회의 금식을 명한다. 하느님은 사람들이 뉘우치는 것을 보고서 "뜻을 돌이키시고 그 진노를 그친"다.[31]

이것을 본 요나는 "매우 …… 성내"며 하느님에게 자신이 애초에 달아난 것이 바로 이 때문이라고 말한다. "주께서는 은혜로우시며 자비로우시며 노하기를 더디 하시며 인애가 크시사 뜻을 돌이켜 재앙을 내리지 아니하시는 하나님이신 줄을 내가 알았음이니이다."[32] 말하자면, 요나는 니느웨가 무너지리라는 예언이 실현되지 않을 것이고, 이 때문에 자신이 예언자보다는 시끄러운 바보처럼 보이리라는 것을 알고 있었다. 그래서 이 비참한 굴욕으로부터 달아나려 한 것이었다. 이제 그는 "사는 것보다 죽는 것이 나은" 처지가 되었다.

하느님은 요나에게 "네가 성내는 것이 옳으냐?"라고 묻지만 요나가 뭐라고 답했는지는 성경에 기록되어 있지 않다. 요나는 성읍 동쪽으로 가서 초목을 짓고 들어앉는다. 그러자 하느님은 땅에서 박넝쿨을 솟아나게 하여 요나가 열기에 시달리지 않도록 그림자를 드리운다. 하지만 아침이 되자 벌레를 보내어 박넝쿨을 갉아먹게 하여 요나가 햇볕을 고스란히 쬐도록 한다. 이에 요나는 앞선 푸념을 되풀이한다. "사는 것보다 죽는 것이 내게 나으니이다."

하느님이 요나에게 "네가 이 박넝쿨로 말미암아 성내는 것이 어찌 옳으냐?"라고 묻는 장면은 심통 부리는 젖먹이를 달래는 어머니를 연상시킨다. 요나는 "내가 성내어 죽기까지 할지라도 옳으니이다"라고 대답한다. 하느님의 다음과 같은 훈계는 이 짧은 책•의 어이없이 싱거운 클라이맥스를 이룬다. "네가 수고도 아니하였고 재배도 아니하였고 하룻밤에 났다가 하룻밤에 말라버린 이 박넝쿨을 아꼈거든 하물며 이 큰 성읍 니느웨에는 좌우를 분변하지 못하는 자가 십이만여 명이요 가축도 많이 있나니 내가 어찌 아끼지 아니하겠느냐?"[33]

노아의 홍수와 요나의 박넝쿨 사이의 수백 년간 하느님에게 대체 무슨 일이 일어난 걸까? 아브라함이 하느님의 분노 앞에서 한껏 몸을 사린 채 자비를 구하는 장면과 요나가 하느님의 자비에 격분하는 장면, 아브라함이 완전한 파괴를 막으려다 좌절하는 장면과 요나가 완전한 파괴를 기대하다 좌절하는 장면을 비교해보라.

● 요나서는 전체 분량이 4장• 48절•에 불과하다.

두 장면을 비교하면 그 사이 기이한 반전이 일어났다는 인상을 지울 수 없다. 요나는 하느님의 절멸적 분노의 일부를 자신에게 받아들였고, 하느님은 아브라함의 너그러운 공감의 일부를 자신에게 받아들였다. 요나는 신적 심판이라는 높은 보좌를 올려다본 반면에, 하느님은 인류의 지리멸렬한 무리에게 내려온 것처럼 보인다.

하느님의 클라이맥스적 선언에서 의미심장한 대목은 어릴 적 내가 아동용 성경을 읽고서 품은 바로 그 의문을 하느님이 제기하고 있다는 것이다. 그것들이 그렇게 악한가? 소들이 대체 무슨 짓을 했다고? 이곳에 소가 많디많다는 걸 알면서도?! 말하자면, 요나야, 소들 생각은 안 하느냐? 자세히 들여다보면 하느님 보시기에 니느웨 주민들은 사악하다기보다는 도덕적으로 불운하며, 우리 못지않게 허둥지둥 갈팡질팡하는 것처럼 보인다.

하느님의 분노는 사그라들었다기보다는 무시무시한 궁극성의 아우라를 잃은 것처럼 보인다. 노아의 하느님이 품은 분노의 압력은 인류를 물로 절멸함으로써만 해소할 수 있었다. 그 절대적 힘에 온전히 걸맞은 행동이 필요했다. 그것은 불순한 모호함이나 자기 의심이 전혀 없는 플라톤적 순수성을 지닌 분노다.

내가 보기에 홍수의 신적 분노는 X에서 관찰되는 분노, 즉 소셜 미디어 게시물들이 도덕적·정치적 불만의 대상을 모욕하고 비하하고 저주하는 즉결 심판(존 론슨Jon Ronson이 『그래서 당신도 조리돌림당했군 So You've Been Publicly Shamed』에서 절묘하게 묘사했듯)의 암묵적 모형이 되거나, 적어도 영감이 된 듯하다.[34] 이런 초월적 높이에서 공격 대상을 바라보면, 그들은 게시물 작성자의 시야에 놓인 하나의 점에 불과하다. 햇빛을 모으는 돋보기 아래의 개미처럼 쉽게 불사를 수 있다.

니느웨 주민들에 대한 하느님의 분노는 홍수 이전 세계의 주민들에 대한 분노보다 결코 덜하지 않아 보인다. 하지만 그들은 야단맞은 아이가 즉시 진심으로 뉘우치듯 회개했으며, 하느님은 이전에는 생각할 수 없던 공감을 발휘한다. 어떤 면에서 하느님은 니느웨 주민 못지않게 혼란을 겪는다. 거룩한 학살자와 비록 화났지만 애정을 간직한 아버지 사이를 오락가락한다. 자신이 창조한 이 고집불통의 안쓰러운 존재들을 어떻게 해야 할지 갈팡질팡한다. 요나가 하느님과 달랐던 것은 하느님과 달리 무자식이기 때문인지도 모르겠다. **이 가련한 얼간이들을 정말로 모조리 죽여달라는 거냐? 이봐, 요나야. 내가 무슨 괴물이라도 되는 줄 아느냐? 그들은 멍청한 아이일 뿐이다!**

이쪽이 넥스트도어에서 표출되는 분노에 훨씬 가깝지 않나? 이것은 높은 곳에서 내려오는 즉결 심판식 분노가 아니라 세상에 머무를 처지인 인간의 좌절된 격정이다. 이 아래 세상, 무수히 많은 다른 인간들이 당신이 **정말로 싫어하는** 짓을 끝끝내 고집하여 당신의 망할 신경을 건드리는 세상 말이다.

...

이 두 번째 유형의 분노, 즉 좌절된 격정으로서의 분노야말로 우리가 일상생활에서 가장 흔히 맞닥뜨리는 분노다. 하지만 첫 번째 유형인 신의 즉결 심판을 오래전 과거에 가둬둘 수는 없다. 이것은 신화적 이상일지도 모르지만, 신화적 이상은 종종 세상에서 현실적 힘을 발휘한다.

개인과 집단 사이에서 돌고 도는 분노의 상당수를 암묵적으로 조건 짓는 것은 신적 분노에 대한 환상이다. 신적 분노에서는 성난 감정으로 인한 혼돈이 단 한 번의 완벽한 카타르시스적 행위로 해소된다. 실은 분노가 그토록 불쾌한 무력감을 주는 것은 이 환상 때문이다. 나는 상담을 할 때 분노의 대상을 없애달라는 간절한 요청을 뻔질나게 받는데, 이것이 실현 불가능한 것으로 드러나면 내담자가 느끼는 상처와 굴욕의 감정은 더더욱 커질 뿐이다.

이 곤경은 서구 문학의 시초가 된 작품의 첫머리에서 형상화된다. 트로이 전쟁 말기를 노래한 호메로스^{Homer}의 서사시『일리아스_{The Iliad}』의 첫 낱말 '메닌^{menin}'은 '성', '화', '분노', '역정' 등으로 다양하게 번역된다. 호메로스가 분노의 의미로 쓴 또 다른 낱말 '티모스thymos'가 열정이나 격정에 더 가까운 반면에, '메니스menis'는 더 명시적으로 파괴적인 정서를 암시한다.

『일리아스』의 첫 행들은 무사(뮤즈)에게 '메닌'('메니스'의 목적격)을 노래해달라고 청한다. 이어지는 행에서 '메닌'은 아킬레우스의 '울로메닌oulomenin'(잔혹한 분노)으로 확장된다. 그 분노의 힘은 숱한 그리스 영웅들의 혼백을 하데스•에게 보냈다.[35] 이어서 아킬레우스는 오만하기 짝이 없는 전사 왕 아가멤논과 다툰다. 아가멤논은 트로이 전쟁 10년 차에 자신의 군대에 재앙을 불러온다.

일찍이 아가멤논은 트로이의 늙은 사제 크리세스의 딸 크리세이스를 사로잡아 첩으로 삼았다. 크리세스는 아가멤논에게 딸을 돌려달라고 간청하지만 일언지하에 거절당한다. 억울한 사제는 아폴론 신을 향해 그리스인들에게 복수해달라고 간청하고 그의 기도는 응답받는다. 아폴론이 날카로운 화살로 그리스 군인들을 무더기로 거꾸러뜨리자 지휘관들이 대책 회의를 연다.

아킬레우스는 좌중을 대표해 아가멤논에게 크리세이스를 돌려주라고 요구한다. 자기애적 상처와 억하심정에 사로잡힌 아가멤논은 아킬레우스의 제안을 수락하되 자신도 같은 값의 선물을 받아야겠다는 조건을 내건다. 그 선물이란 아킬레우스의 첩 브리세이

• 그리스 신화에 등장하는 죽은 자와 저승의 신.

스다. 격분한 아킬레우스가 칼을 뽑아 아가멤논을 죽이려 하나 아테나 여신에게 제지당한다.

분노를 표출하지 못한 아킬레우스는 씁쓸하게 거래에 동의한다. 하지만 자신이 짊어진 '메니스'의 압력을 행동으로 해소하지 못하자, 아가멤논과 그리스인들에게 가장 호된 대가를 치르게 한다. "사악한 전쟁을 막아주는 큰 울" 아킬레우스는 전투에 참여하기를 거부하여 동료 전사들을 최악의 위험에 빠뜨린다.[36]

분노에서 잔혹한 분노 '울로메닌'으로의 무지막지한 변천을 호메로스의 『일리아스』보다 생생하게 기록한 문학 작품은 없을 것이다. 이 분노는 스스로를 먹이 삼아 무엇으로도 무마하거나 해소할 수 없을 만큼 커져간다. 아킬레우스의 분노를 이성과 합리의 지배 하에 놓으려는 모든 시도는 수포로 돌아간다.

아킬레우스를 설득하여 트로이인들과의 전투에 참여시키라는 임무를 맡은 전사 아이아스는, 아킬레우스가 "완고한 마음을 가슴 속에서 사납게 날뛰도록 부추기고 …… 전우들의 …… 우정에도 마음을 움직이지 않는"다고 책망한다. 아킬레우스는 이에 반박하지 않는다. "그대가 한 말은 대체로 내 생각과 다르지 않소." 그러고는 이렇게 말을 잇는다. "그렇지만 내가 아무런 명예도 없는 재류외인在留外人인 양, 아트레우스의 아들이 아르고스인들 앞에서 내게 무례하게 대하던 일들을 생각할 때마다 나는 마음속으로 화가

치민다오."³⁷

우리는 아킬레우스의 내면에서 아브라함의 하느님의 절멸적 분노가 인간 세계에서 정한 한계에 부딪히는 광경을 목격한다. 아킬레우스는 아가멤논의 복수심을 비판했는데, 정작 자신의 불만이 바로 그 복수심으로 가득하다는 것을 부정하지 못한다. 하지만 그런 자기인식도 동료 전사들 앞에서 굴욕당한 상처를 완화해주지는 못한다. 공격 욕동의 자가발전적 힘이 불쏘시개가 되어 그의 분노는 독자적 생명력을 얻었다. 그는 자신의 분노가 다스려지지 않는다고 느낀다. 아킬레우스는 그 분노가 아이아스에게 합당하지 않음을 인정하지만, 그럼에도 그의 가슴은 분노로 가득하다.

독일의 철학자 페터 슬로터다이크Peter Sloterdijk는 분노가 균형과 비례의 논리를 깡그리 거부하며, 바로 이 이유로 서구 역사의 경로를 빚어내는 동시에 탈선시켰다고 주장한다. 아킬레우스를 염두에 두고서 그는 사적인 영적 수행에서 공적 정의와 외교 정책에 이르기까지 "상처와 복수로 인해 끝없이 흔들리는 시계추"를 멈추게 하려는 서구의 치료법은 스스로의 한계에 부딪히기 십상이라고 말한다. "곪은 상처가 만성적인 질병이 되는 것처럼 정신적·도덕적 상처도 회복되지 않으면 부패한 시간들을 만들어내고, 영원히 화답되지 않는 불만으로 굳어질 수 있다."³⁸

우리가 불만을 해소하기 위해 무엇이 필요한지 알고, 정신적·도덕적 상처의 치료법을 적절한 행동에서 반드시 찾아낸다고 상상해보라. 그런 세상에서는 분노의 짐을 오래 짊어질 필요가 없을 것이다. 분노를 느낀다는 것은 청원서에 서명하는 것이든 빌딩을 날려버리는 것이든, 상황에 필요한 일을 하라는 찰나적 신호에 불과할 것이다. 불만은 언제나 해소될 것이고 상처는 언제나 치유될 것이다.

문제는 행동한다고 해서 감정이 완전히 해소되지는 않는다는 것이다. 게다가 슬로터다이크의 주장에 따르면, 내면의 분노와 이 분노를 외면화하는 공격의 간극은 커다란 협곡으로 벌어지기 쉽다. 공격은 욕동이며, 프로이트 말마따나 완전한 만족을 얻지 못하는 것은 욕동의 본질이다. 주어진 행동으로 분이 풀렸다는 느낌을 일시적으로 만끽할 수는 있겠지만, 분노는 스스로를 재생하는 기이한 습성이 있다. 개인이나 집단에 가해진 역사적 상처가 "영원히 화답되지 않는 불만"으로 언제나 바뀌는 것은 이 때문이다.

무력한 개인과 성난 사회

『분노는 어떻게 세상을 지배했는가 Rage and Time』에서 슬로터다이크는 '저축된 분노'와 '흩어진 분노'를 구분한다. 과거 세대의 대중혁명 지도자들은 세대를 아우르는 정치적·경제적 불의와 억압에 의해 "조롱당하고 모욕당한" 피해자들의 분노를 활용하고 '저축'하여 권력을 얻었다.[39] 그럼으로써 분노 덩어리를 '분노 은행'에 끌어모아 장기적 사회 변혁의 동력으로 삼고자 했다. 이에 반해, 흩어진 분노는 투자할 만한 공유된 기획이 없다. 이런 분노는 극우 포퓰리즘에서 지하드주의에 이르는 냉소적 세력이나 극단주의 세력에게 악용되거나 조종되기 십상이다.

이 구분에 대한 비유는 개인심리학에서도 찾아볼 수 있다. 어떤 사람의 정서적 삶은 통합과 일치의 측면에서 정의할 수도 있고, 이와 반대로 분산과 불일치의 측면에서 정의할 수도 있다. 위니컷은 1949년 논문 「마음과 정신-신체의 관계Mind and Its Relation to Psyche-Soma」에서 우리가 감정을 경험하는 방식의 뿌리가 몸의 발달 경험에 있다고 주장한다.

위니컷이 "충분히 좋은" 돌봄이라고 부르는 조건에서 아기는 호흡의 리듬, 끊임없이 갱신되는 살갗 표면의 감각, 팔다리를 제멋대로 놀리는 움직임, 신기한 목소리의 발산, 모든 구멍에서 흘러나오는 분비와 배설 같은 자기 몸의 현재 진행형 생명 현상과 끊임없이 접촉한다.

자신의 신체적 삶에 이렇게 빠져드는 것은 정신 발달의 바탕이 되며, 위니컷에 따르면 이것은 첫째로 "**신체 부위, 감정과 기능의**

상상적 정교화, 즉 신체적 살아 있음의 상상적 정교화를 뜻한"다.[40] 여기서 우리는 감정이 정서의 내적 대응이라는 다마지오의 이해에 매우 가까이 접근한다.

"**스스로 느끼는**" 자신의 몸과 나누는 정신적 대화는 "상상을 위한 핵심"이다.[41] 창조적 삶의 가능성은 온전한 신체적 삶에서 시작된다. 슬로터다이크의 용어를 빌리자면, 건강하게 발달하는 정신은 자신의 양육과 변화를 위해 신체 경험을 취합, 즉 '저축'한다고 말할 수 있을 것이다.

평범하면서도 더없이 귀중한 이 인간 성취의 토대는 "**존재의 지속**"이며, 이를 통해 아기는 방해받지 않은 채 나름의 속도로 성장하고 변화할 수 있다. 반면에, 신체 표현과 자유가 순응 요구에 의해 제약될 때, 이를테면 제시간에 잠자리에 들거나 조용히 하거나 인지 능력을 배워야 한다는 압박을 매우 일찍부터 받을 때, 아기는 건강한 '신체-정신'이 아닌 병적 '마음-정신'을 형성할 위험이 있다. '마음-정신'은 몸을 이질적 존재로 경험하므로 온전한 살아 있음을 느끼지 못한다. 정서적 삶은 집중되는 것이 아니라, 조각나고 흩어진 것처럼 느껴진다. 세계 경험은 육체로부터 기이하게 분리된 것처럼 느껴지며 상상의 범위와 자유는 빡빡하게 제약된다.

위니컷의 주장에 따르면, 이런 환자를 대상으로 한 임상 연구에서는 자아의 연속에 간극이 있다는 인식이 나타날 수 있다. 그의 환자 중 한 명은 자신이 평생 머릿속에 갇혀 있다고 생각하여 스스로 자신의 머리통을 격렬히 공격했다. "머리를 세게 부딪치는 행동은 의식 상실을 일으키려는 시도처럼 보였다."[42] 머리는 삶을 도둑질하는 자이므로 몸 **안에서** 새 생명을 부여받기 전에 부숴야 한다는 생각 때문이었다.

정신-신체적 측면에서 정교화되지 않은 정서적 경험은 빈곤하다. 뉴질랜드 태생의 프랑스계 정신분석가 조이스 맥두걸Joyce McDougall은 환자가 정서 반응을 **느끼지** 못하는 것에서 이 빈곤을 관찰했다. 환자는 자신에게 정서적 영향을 미치는 것이 무엇이든 "즉시 **행동으로 털어버리는** 일에 끊임없이 몰두해"야 했다.[43]

이런 환자가 처한 곤경은 자신의 정신-신체적 삶에 이르는 길을 찾지 못하기에, 자신의 느낌을 아우르는 이미지나 말을 찾는 과제에 착수할 수도 없다는 것이다. 머리를 부딪치는 위니컷의 환자 경우와 마찬가지로, 이 상황은 치유할 수 없는 분노 상태와 영구적인 "공허하고 이해받지 못하고 타인으로부터 소외된" 느낌을 자아낼 수 있다. 이 느낌은 종종 "약물, 음식, 담배, 알코올, 아편제 …… 그리고 변태적이거나 강박적이고 광적인 성적 학대의 거센 욕구"로 나타난다.[44]

흩어진 내적 삶에 대한 이 묘사는 무기력하고 화난 우리 사회의 본질에 가닿는다. 우리는 '악의적 공공 돌봄'이라 부를 법한 조건에서 살아간다. 정부는 정보, 복지 예산, 민주주의 제도, 계급 격차를 악용하여 자국민과 이민자 사이에, 떠난 자와 남은 자 사이에, 공화당을 지지하는 주와 민주당을 지지하는 주 사이에, 노동자와 노동 기피자 사이에, 분열, 두려움, 불신을 조장한다. 인터넷과 텔레비전 뉴스 매체는 시청자와 청취자의 분노에 불을 지피려고 사실을 왜곡하고 부정하고 날조한다. 거대 기술 기업은 우리를 끊임없이 감시하며, 우리의 개인 정보를 이용하여 우리의 개인적 삶을 주무른다. 위니컷의 강박적 환자의 경우와 마찬가지로, 이러한 통치 및 소통 방식은 순응을 요구하는 동시에 우리가 스스로와, 또한 남들과 맺는 관계에 불안과 혼란을 주입한다. 맥두걸이 묘사한 "공허하고 이해받지 못하고 타인으로부터 소외된" 느낌을 받는 심신증 환자는 오늘날 선진 사회에서 살아가는 모든 사람과 오싹할 정도로 비슷해 보인다. 항우울제와 항불안제가 널리 쓰이는 것은 놀랄 일이 아닌지도 모르겠다.

  수많은 사람들이 신체적·정신적으로 취약한 상태를 영구적으로 겪고 있는 것과 관련하여 정치학자이자 저술가 윌리엄 데이비스William Davies는 테러에서 컴퓨터 해킹과 어그로 끌기에 이르는 온갖 형태의 폭력이 우리의 일상생활에 그림자를 드리운다고 지적한다. 그는 『신경과민 국가Nervous States』에서, 그중 온라인에서 벌어지는 침입과 공격의 경우 "주로 심리적인" 효과를 낳는다고 말한다. 하지만 그 효과를 폭력적이라고 부를 수 있음은 의심할 여지가 없다. "그런 침입과 공격은 다양한 사회가 제 역할을 하도록 하는 안전감과 신뢰를 손상하여 신경과민으로 대체한다."⁴⁵

신경과민이 사회의 지배적 분위기가 되면 분노는 확산하고 성장할 허가증을 부여받는다. 위니컷과 맥두걸의 환자들을 괴롭힌 병적 불안감과 불신은 우리의 일상생활에서도 지배적 특징이 된 듯하다. 머리를 부딪치는 위니컷의 환자는 소외되고 파편화된 '마음-정신'에 갇힌 채 필사적으로 빠져나가려 한다. 그 환자는 가상 세계의 시민인 우리를 해독解讀하는 강력한 열쇠다. 우리는 정서적·상상적 자유를 폭력적으로 제약하는 정보 거품에 갇혀 있다. 이로 인해 조성된 조건은 이견과 차이가 호기심과 의견 교환을 낳는 것이 아니라, 자기확증적 반향실 안에서 울려퍼지는 적대와 상호 말소를 낳게 만든다. 소셜 미디어 싸움꾼들의 추상화되고 거창한 분노가 자라나는 것은 이 토양에서다. 이곳에서는 수많은 신경질적 '마음-정신'의 분노가 자신이 느끼는 취약함과 의심을 떨치려고, 또한 자신이 갈망하지만 결코 실제로 성취할 수 없는 명료함과 확실성을 얻으려고 필사적으로 안간힘을 쓴다.

오늘날 만연하면서 수많은 개인과 집단의 삶을 망치고 있는 자해, 섭식 장애, 아편류 중독은 데이비스가 추적한 '신경과민' 확산의 또 다른 증상이다. 이런 질병에서 보듯, 위니컷과 맥두걸의 환자들에게 내면화된 악의적 돌봄은 해체되고 격앙된 우리 사회의 삶에 전파되는 듯하다.

...

이 책 영어판에서 나는 분노를 일컫는 두 낱말 'anger'와 'rage'를 뒤섞어 썼다. 이것은 의도적 선택이다. 물론 두 낱말의 의미가 매우 다르다는 것을 안다. 정신분석가 동료들과 토론해보면 그들은 종종 두 낱말을 구분했다. 'anger'가 자신의 통제하에 있는 구조화되고 통합적인 감정이라면, 'rage'는 광기에 가까운 정신적·신체적 박탈이라는 것이다.

 이 구분에 실용적 쓰임새가 있긴 하지만, 내가 생각하기에 궁극적으로 이것은 'anger'가 자아의 통제하에 놓일 수 있다고 가정하는 인위적 구분이다. 'anger'는 결코 온전히 우리의 통제하에 놓이지 않고, 우리가 'anger'를 장악했다고 상상하는 그 순간 오히려 우리를 장악한다. 이 점을 깨닫는다면, 'rage'는 'anger'와 별개의 감정이기보다는 'anger' 안에 도사린 가능성이 된다.

 이어지는 글에서는 이 집단적 격앙에서 생겨나는 분노^{rage}를 탐구할 것이다. 나는 분노를 크게 네 가지 유형으로 나눈다. 우선 자신이 옳다는 철저한 확신에서 분열적이고 편집증적으로 표출되는 분노를 살펴본다. 나는 이것을 **의로운** 분노라고 부른다. 앤서니 트롤럽Anthony Trollope이 1869년 소설 『그는 자신이 옳다는 것을 알았다He Knew He Was Right』에서 생생히 보여주듯, 옳음은 의심의 위험과 취약함으로부터 자신을 선제적으로 보호하며 자신의 확실성에 대한 위태로운 위안에서 피난처를 찾는다. 이 마음 상태에는 분노를 공격이라는 궁극적 청소 행위로 완성하고 배출할 수 있다는 환상이 도사리고 있다.

이런 환상의 문제는 분노 배출이 실패하여 두 번째 형태의 분노로 이어진다는 것이다. 내가 **실패한** 분노라고 부르는 이것은, 분노를 행동으로 실현하는 데 실패하여 갈 곳 없는 분노에 빠진 신세가 되어버리는 경험이다.

이 경험은 종종 분노를 모조리 버리겠다는 결단으로 이어지는데, 이 결단은 문화나 종교 운동에서 구체화되기도 한다. 이런 포기의 문제점은 개인과 집단의 삶에서 분노를 없애는 것이 아니라, 오히려 스스로를 부정하고 위장하고 전치하는 분노를 낳는 경향이 있다는 것이다. 이를테면, 긍정적 사고의 복음을 요란하게 설파한다든지 훨씬 은밀한 수동 공격 전략을 구사하는 식이다.

좌절한 분노는 정서적·정치적 조종과 악용에 금세 취약해진다. 이 가능성으로부터 세 번째 유형인 **냉소적** 분노가 생겨난다. 이 분노에 매우 해로운 불을 지피는 장소 중 하나는 정신요법 상담실이다. 정신분석 요법의 핵심 수단은 전이^{transference}다. 전이는 환자가 분석가를 과거에 자신의 성격 형성에 중요한 영향을 끼친 인물(이를테면 부모나 교사)의 재현으로 오인하는 현상으로, 무의식적으로 이루어지며 치료에 꼭 필요하다. 전이 메커니즘을 이해하는 분석가는 환자의 내적 삶에서 가장 날것이고 가장 취약한 지점을 악용하여 환자를 조종할 수도 있다.

이 악독한 형태의 은밀한 조종은 오늘날 정치의 상당 부분을 추동하고 형성하는 정치적 조작, 특히 '스트롱맨' 지도자$^{strongman\ leader}$●와 그를 숭배하는 현상에 대해 무엇을 알려줄 수 있을까? 브렉시트와 트럼프 당선, 러시아가 일으킨 우크라이나 전쟁, 이스라엘과 팔레스타인에서 벌어지는 테러와 비대칭 전쟁의 비극적 악순환 등을 일으킨 분노가 이토록 위험하고, 결코 스스로 의문을 제기하거나 성찰하지 않으려고 완강히 버티는 것은 무엇 때문일까? 우리는 타인의, 심지어 자기 자신의 호기심, 의문, 의심을 회피하기 위해 자신이 옳다고 가정한다. 이 본질적 사안에 대한 논쟁은 적대적 정보 전쟁으로 비화하기 십상이다. 타인의 고봉이나 기치를 이미 논외로 해버린 공허한 논점이 되풀이된다.

● 강압적이고 권위적인 방식으로 통치하는 독재적 성향을 가진 지도자, 또는 권위주의적 지도자.

분노가 사랑과 정의를 차단하는 것이 아니라 증진하는 수단일 수 있다면, 자신의 취약함과 자기의심을 부정하기보다는 끌어안는 것에서 출발해야 한다. 그와 더불어 **타인을** 화나게 하는 것을 무조건 피할 일이 아니라 타인에 대해 진정한 호기심을 품어야 한다. 나는 오로지 이 지점에서만 분노에 **쓰임새**가 있다고 주장한다. 이 무시무시하고 필연적인 힘이 왜 우리 세상을 주무르는지, 그 힘과 함께 사는 법을 어떻게 배울 수 있는지에 대한 호기심과 열린 토론이 이 책을 계기로 시작되기를 바란다.

1장

의로운 분노
괴물, 혁명가, 질투하는 남편

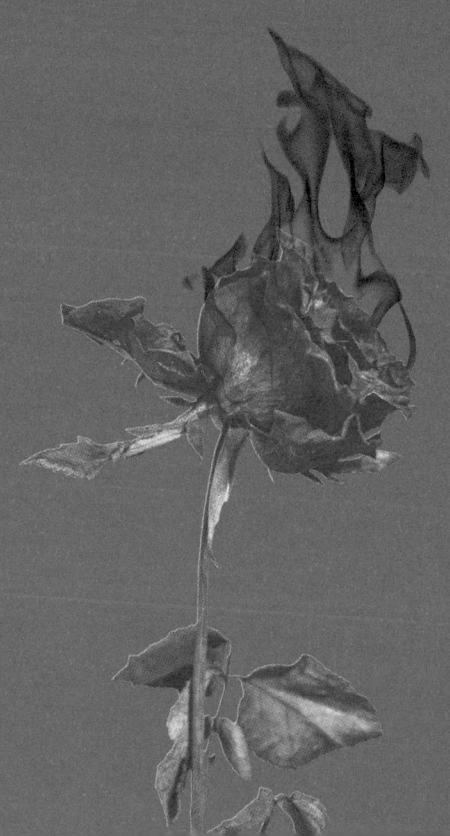

ALL THE RAGE

화낼 이유는
한번 생기면 영영 간다

우리는 격렬한 아동기 감정을 성인의 이성이라는 우월한 높이에서 바라보며 웃어넘기고 싶어 한다. 마치 한때 자신의 모습이던 아동과 지금의 자신이 무관함을 스스로에게 확인시키려는 듯 말이다.

여섯 살 생일에 포장지 틈새를 벌려 내가 간절히 바라던 '6백만 달러의 사나이' 인형이 들어 있는 것을 발견하고 환호하던 장면이 떠오른다. 기쁨에 겨운 새된 비명의 메아리가 들리고 의기양양하게 벌린 팔이 보인다. 하지만 이 감정들이 어떻게 느껴졌는지는 솔직히 잘 모르겠다.

여덟 살에 공이 발 사이로 지나가 내가 지켜야 했던 골대로 들어갔을 때의 끔찍한 치욕은 좀 더 생생하다. 아홉 살에 햇빛이 나를 놀리듯 침실에 비껴드는 동안 끝없는 덧셈 칸에 소수점을 찍으며 지독히 따분해하고 분통 터뜨리던 장면은 더욱 뚜렷하다.

이런 기쁨, 치욕, 따분함의 순간을 떠올리면 마치 외국에서 친척이 찾아온 것처럼 흐뭇한 기분이 든다. 자신이 자란 장소와 함께한 가족이 여전히 삶의 일부이고 자신이 거기에 속해 있음을 짧게나마 상기할 수 있기 때문이다. 이 기억들은 잔잔한 즐거움, 아쉬운 그리움, 한때는 이 모든 일이 정말로 중요했다는 놀라움을 불러일으킨다.

하지만 눈을 감고 어릴 적 분노의 순간들을 떠올렸을 때의 효과는 무언가에 홀린 쪽에 훨씬 가깝다. 감각이 장악되고 피부와 호흡이 침범되고 내면의 시야가 마구 뒤섞인다. 나의 자아 전체가 앙다문 이와 굳은 얼굴 근육에 집중된다. 시간이 블랙홀에 집어삼켜진 듯, 지각, 반성, 판단이 분노의 분쇄기에 짓이겨진 듯 그때와 지금의 거리가 짜부라진다.

분노의 붉은 장막이 내려와 나 자신을 제외한 모든 것을 가리기 전 마지막으로 떠오르는 형상은 우리 형이다. 나이는 나보다 세 살 많고 몸집과 꾀는 가늠할 수 없이 컸다. 내가 다섯 살 때 일이다. 부엌에 들어갔더니 형이 마지막 레모네이드 캔을 들이켜면서 악마 같은 미소로 나를 꼼짝 못하게 한다. 나는 그 레모네이드가 형 거냐고 묻는다. 형이 고개를 젓는 순간 내가 함정에 빠졌음을 알아차린다.

이 장면이 어디로 흘러갈지 알면서도 어쩌지 못한다고 생각하니 분노에 치욕이 얹힌다. 그래서…… 누구 건데? 내가 떨리는 입술로 묻는다. 답은 이미 알고 있다. 형은 여전히 레모네이드를 마시면서 말없이 팔을 쳐들어 손가락으로 나를 가리킨다. 크게 뜬 눈이 승리감에 반짝거린다.

장막이 내려온다.

내가 고함지르고 눈물을 쏟고 허우적허우적 주먹을 날리는 장면의 안개를 뚫고 형이 웃음을 터뜨리며 조롱조로 사과하는 소리가 들린다. 나는 조그만 몸과 마음을 가누지 못할 정도로 분노에 북받친다. 세상을 멸망시키고 싶을 만큼 분노로 가득하지만 형의 몸뚱이와 기분에 아주 작은 상처조차 낼 힘이 없다. 내가 분출하려는 증오는 오히려 내 속에 쌓여 나의 허파를 채운다. 나는 스스로의 분노에 빠져 죽어간다.

...

철학자 애그니스 캘러드Agnes Callard는 「분노에 대하여On Anger」라는 에세이에서 이렇게 말한다. "화낼 이유는 한번 생기면 영영 간다."[1] 캘러드는 분노가 그것을 유발한 공격만큼 영구적이라고 주장한다.

당신이 한번 내 것을 훔치면 당신은 영영 내 것을 훔친 사람이다. 그 뒤에 어떤 배상을 하더라도 원래의 도둑질은 결코 없던 일이 되지 않는다.

나에 대한 공격이 이런 무지막지한 힘으로 나를 사로잡는 것은 왜일까? 캘러드의 말은 분노를 곱씹는 행위에 대한 철학적 정당화에 불과할까? 상처는 실제로 내 마음속에서 살아갈 테지만, 이 상처의 이후 삶은 분명히 유동적이다. 공격에 대한 나의 기억이 달라지거나 나를 공격한 사람과의 관계가 달라지면 상처도 달라진다.

이렇게 해석하면 분노의 이유가 영영 지속된다는 주장은 완고하고 비인간적으로 들린다. 지금 형과의 관계에 비추어 볼 때 도둑맞은 레모네이드는 한낱 농담거리에 불과하다. 배꼽을 잡으며 주고받는 수많은 과장된 비난과 원망의 소재 중 하나일 뿐이다.

그렇다면 캘러드의 주장이 내게 이토록 심란하게 느껴지는 것은 무엇 때문일까? 이토록 고통스럽게 **참**인 것처럼 느껴지는 것은 왜일까? "화낼 이유는 한번 생기면 영영 간다." 부엌 사건으로부터 50년 가까이 지나는 동안 형에게 화내고 분통 터뜨릴 사건이 더 생겼다. 나에 대해 형도 마찬가지다.

거의 모든 사건에서 분노의 현재 원인을 곱씹다 보면 몇 초 안 가서 레모네이드 장면이 저절로 떠오른다. 마치 부엌에서 형의 눈을 마주친 순간 우리 관계의 본질적 진실이 결정화된 것처럼, 마치 내가 형에게 한번 화냈던 이유가 영영 화낼 이유라도 되는 것처럼 통제 불능의 무력한 분노가 되살아난다.

형과 조금이라도 다툴 때마다 저 장면이 강박적으로 떠오른다는 것은 깊숙한 무의식적 불안의 징표다. 그것은 내가 어찌할 수 없는 분노에 다시 한번 빠져들 것 같다는 불안이다. 그러면 나는 영원히 너무 작고 신체적으로나 정신적으로나 너무 열등하여 스스로를 지킬 수 없는 장소로 돌려보내진다.

공격 욕동이 좌절되면, 우리에게 가해진 상해를 치료하거나 복수할 수단을 잃으면 남는 것은 분노다. 삶은 부모, 교사, 형 같은 더 강한 힘 앞에서 무력하고 무능하던 시절을 끊임없이 적나라하게 상기시킨다. 분노는 모든 인간의 삶에 팽배한 이 경험이 가장 자주 걸치는 가면이다.

이 경험은 쓰라린 불만족을 낳기 때문에 우리 내면에서 완벽한 만족의 환상을 불러일으킨다. 무심한 말대꾸나 유도 메치기로 적들을 손쉽게 제압하는 환상 말이다. 이것은 확실히 복수 환상이기는 해도, 내가 생각하기에 단순한 복수 환상만은 아니다. 이것은 분노로 인해 곧잘 유발되는 숨 막히는 위축감으로부터 우리를 해방하는 환상이다.

이런 위축감이 생기면 시간이 특수하게 경험된다. 분노를 그 자리에서 해소할 방법이 없을 때 우리는 지독한 긴박감에 사로잡힌다. 이 현재에서 벗어나는 것은 불가능하다. 분이 안 풀린다는 말이 이런 뜻이다. 분노는 시간의 흐름을 멈춰 우리를 동일한 순간의 밀폐된 방에, 동일한 상처의 쓰라림에 가둔다.

그렇다면 우리가 분노를 원하는 대로 구사하는 절대적 자유의 환상으로 이 무력한 마비감을 보상하려 드는 것은 놀랄 일이 아니다. 우리의 입은 더는 답답한 실어증에 시달리지 않고 유창한 만큼 사납게 적을 쓰러뜨리는 수단이 된다. 상대방을 휴지 조각처럼 내던져 무지막지한 완력으로 항복을 받아낸다.

이 환상의 매력은 감당할 수 없는 현실을 뒤집는다는 것이다. 저술가 데버러 바움$^{Devorah\ Baum}$은 2023년 저서 『결혼에 대하여$^{On\ Marriage}$』에서 우리가 사랑이라는 상태에 **빠진다**고 말하는 데 주목한다. 빠지는 것은 물론 사고다. 우리 바깥에서 일어나고 우리가 어찌할 수 없는 예상 밖의 사건인 것이다.[2] 사랑의 희열이 고뇌와 닿을락 말락 가까이 있는 것은 사랑에 '빠지기' 때문이다.

이 논리는 분노에도 똑같이 적용된다. 부엌에 들어갈 때만 해도 형이 나 자신의 무력함을, 나이가 많다는 이유만으로 내게 무슨 짓을 저지르고도 무사할 것임을 그런 가학적 행동으로 보여주리라고는 꿈에도 생각지 못했다. 사랑의 번개와 마찬가지로 분노의 폭발은 우리가 다스릴 수 없고 심지어 견딜 수조차 없을 만큼 어마어마한 위력을 가진 경험으로서, 엄밀히 말해 일종의 외상이다.

사랑이나 분노를 느끼면 우리는 유아기 초기 상태로 돌아간다. 자신이 타인의 처분에 휘둘리는 신세이며, 자신을 돌봐주는 사람의 선의에 자신의 생존이 달렸다는 사실을 갓 깨달은 시기 말이다. 하지만 내가 사랑하는 사람이 내게 무심하면 어떡하나? 내가 상대방에게 분노했는데 그 사람이 내 분노를 비웃으면 어떡하나?

전능 환상이 솔깃한 매력을 발휘하는 것은 우리가 자아의 가장 취약한 알맹이와 접촉하는 이 순간이다. 위니컷의 신생아가 취한 전략으로 영원히 거듭거듭 돌아간다고 말할 수 있겠다. 신생아는 자신이 세상 앞에서 절대적으로 무력하다는 직관을 뒤집어, 세상에 대해 절대적 지배력을 가졌다는 확신으로 둔갑시킨다.

현실에서의 분노가 무력감과 무능감을 증폭할 뿐이라면 나의 완벽한 효능감과 권능감을 인정해주는 대안적 세상으로 도피하지 않을 이유가 어디 있나? 스스로의 분노에 갇힌 무기력한 수감자처럼 느끼는 게 아니라, 분노를 근사한 초능력처럼 휘두를 수 있다면 어떻겠는가?

초록 괴물

나는 이런 전능 환상에 이미 깊숙이 빠져본 적이 있다. 일곱 살 때

영국 TV 채널에서 새로 방영된 시리즈를 보면서 뜻밖의 힘을 얻은 것이다. 일주일의 학교생활을 마무리하는 금요일 오후에 방영된 〈두 얼굴의 사나이 헐크The Incredible Hulk〉는 금세 내 마음을 사로잡았다.

이 드라마가 친숙하게 다가온 것은 하나의 몸에 두 개의 존재가 공존한다는 기본 설정 덕분이었다. 나는 학교에서 R. L. 스티븐슨R. L. Stevenson의 소설 『지킬 박사와 하이드 씨Strange Case of Dr Jekyll and Mr Hyde』에 대해 배웠으며, 일요일 히브리어 수업에서 내 영혼이 의로운 부분과 사악한 부분으로 나뉘어 있음을 알게 되었다.

하지만 헐크의 매력은 이 내적 분열의 토대가 스티븐슨의 소설이나 유대교에서와 달리 도덕적 토대가 아니라는 것이었다. 데이비드 브루스 배너는 순한 고학력 약골인 반면에 헐크는 근육과 분노가 뭉뚱그려진 덩어리이지만, 둘은 서로에게 대립적으로 정의되지 않는다.

오히려 헐크는 스스로를 분노와 총체적으로 동일시하는 배너를 표현한 것이다. 배너가 상대방에게 경고하는 유명한 대사가 있다. "나를 화나게 하지 마. 내가 화나면 재미없어." 이 경고가 기억에 남는 것은 그 내용이 상대방이 상상할 수 있었던 것보다 더 문자 그대로 사실이기 때문이다. 배너가 말하는 '내가 화나면when I'm angry'에서의 'angry'는 기분을 나타내는 형용사가 아니라, 정확한 존재론적 동격("나는 화다I'm angry")이다. 헐크로 변신한 배너는 자신의 분노와 하나가 된다.

 헐크는 분노를 느끼는 것이 아니다. 분노 자체다. 배너의 분노가 객관적이고 분리된 현실적 실체로 나타난 것이다. 일곱 살의 나는 이 구별을 일컬을 낱말을 알지 못했지만 그래도 이해할 수 있었다. 그리고 뼛속까지 전율했다. 배너의 작은 몸뚱아리에서 저 초록 거인이 난데없고 난폭하게 발아하는 장면을 보면서 나 자신의 상상 속 삶을 투영했기 때문만은 아니다. 내가 전율한 것은 **내가 느끼는 분노가 될** 가능성 때문이었다.

 1962년 마블 코믹스에서 헐크라는 등장인물을 처음 소개한 이후 헐크 이야기는 다양하게 변주되었다. 그때마다 배너가 헐크의 탄생에서 한 역할과 헐크의 지능 수준이 조금씩 달라졌다. TV 시리즈에서는 배너가 의사이자 과학자로 나온다. 자기도 모르게 감마선을 대량으로 쬔 탓에 분노하면 헐크로 변신한다.

 각 회마다 배너는 새로운 장소에서 등장하며 이름과 신분도 바꾼다. 그는 실험실 화재로 사망한 것으로 위장한 뒤 미국 전역을 돌아다니는데, 그와 헐크가 관계있다고 의심하는 황색지 기자 잭 맥기가 길목마다 뒤를 따라다닌다.

 새 장소에 갈 때마다 배너는 마약상, 부패 과학자, 트럭 탈취범, 자녀를 학대하는 아버지 등 새로운 악당을 만난다. 그들은 배너가 끼어들면 본때를 보여주겠노라 으름장을 놓는다. 이 설정은 드라마의 절정에서 여지없이 깊은 만족감을 선사한다. 거친 사내가 배너를 두드려 패주겠다며 소매를 걷어붙이지만, 자신의 먹잇감이 있던 자리에 초록 괴물이 포효하고 있는 것을 발견한다.

헐크가 악한의 시야에 들어올 때 카메라가 악한의 얼굴을 클로즈업하면 나는 어질어질한 쾌감을 느꼈다. 지금까지도 생생하다. 가학적 조소는 원초적 공포로, 폭력을 일삼던 사내의 자신감은 버려진 유아의 무력감으로 일순 돌변했다.

여느 헐크 버전과 마찬가지로 드라마 시리즈도 줄타기를 해야 했다. 한편으로 배너의 분노는 잔혹하고 부패한 악당을 향한 의로운 분노였다. 다른 한편으로 헐크의 광란은 언제나 무차별적 폭력과의 아슬아슬한 경계에 있었다. 어떻게 그러지 않을 수 있었겠는가? 헐크는 순수한 분노의 화신이었다. 초보적 지능밖에 갖추지 못했으며 이성은 조금도 겸비하지 못한 것처럼 보였다.

이후 블록버스터 영화 버전에서 헐크는 TV 시리즈의 한낱 2미터 짐승이 아니라 마천루 위에 우뚝 선 거대한 괴물이 되었다. 도로를 찢어발겨 차량을 충돌시키고 날려버리며 점점 더 혼돈과 파괴의 바로크적 장면을 연출했다. 이 헐크는, 또 다른 자아가 느끼는 감정(대표적으로 사랑)에 영향을 받을 때조차도 인간적 분노보다는 신화 속 신의 우주적 무심함에 훨씬 가까워 보인다.

실제로 마블 코믹스는 헐크가 처음 등장한 뒤로 수십 년간 헐크 서사의 대안적 오리지널 스토리, 변주, 속편을 수없이 쏟아냈으며, 그때마다 배너와 헐크의 관계를 재설정했다. 대부분의 버전에서 배너의 힘은 아버지의 과학 실험으로 인한 결과이며, 배너의 정신적 외상은 아버지의 신체적·정신적 학대로 인해 생겨나고 증폭되었다. 헐크는 어떤 버전에서는 배너의 도덕적 명령에 따르지만, 어떤 버전에서는 개의치 않는다. 초보적 지능의 헐크가 있는가 하면 순수한 폭력성의 헐크도 있고, 냉철한 이성의 배너가 있는가 하면 범죄적 광기의 배너도 있다. 사실 배너와 헐크를 분리하려는 모든 시도는 한쪽의 지능과 다른 쪽의 무력을 더 위험하고 통제 불능한 것으로 만들고 말 뿐이다.

종합하자면, 헐크 이야기의 정교한 조각보는 분노 감정과 공격 행동의 관계에 대한 복잡하기 이를 데 없는 탐구로 해석할 수 있을지도 모르겠다. 하나가 다른 하나에서 스스로를 실현하는 것이 가능할까? 근질거리는 분노가 보기 좋게 분출하여 온전히 해소되는 것이 가능할까?

수십 년에 걸친 헐크 우주의 기록은 불안하고 오락가락하는 불확실성의 다성 합창으로 응답하는 것처럼 보인다. 마치 배너를 덮친 학대와 상처와 슬픔이 하도 많고 두껍게 쌓여서 어떤 표현으로도, 심지어 초록 괴물의 난폭한 광란으로도 적절히 묘사할 수 없는 분노를 낳는 것처럼 보일 수 있다. 하지만 그에 못지않게 헐크가 저지른 파괴의 흔적이 배너가 품을 수 있는 어떤 감정보다 과도해 보이기도 한다.

이 영구적 불균형을 떠받치는 곤경을 미국의 저술가 조엘 아켄바크Joel Achenbach는 다음과 같이 근사하게 규정한다. "헐크스러움의 핵심 요소는 분노와 힘의 되먹임 고리다. 그는 분노할수록 강해진다. 무한정으로."[3] 욕동의 논리도 이렇게 파악할 수 있다. 공격 욕동이 결코 충족되지 않는 것은 마치 자신이 방출하는 에너지에 의해 충전되듯 스스로에게 되먹임하기 때문이다. 그렇기에 언제나 너무 적고 언제나 너무 많다.

헐크 TV 시리즈에서 내게 무척 흡족했던 것은 배너의 분노와 헐크의 공격이 절묘하게 어우러지는 균형감이었다. 나의 행동이 내가 느끼는 것을 표현하고 나의 적들에게 꼭 맞는 벌을 내린다면 얼마나 통쾌하겠는가.

TV 시리즈에서 구현된 헐크는 악을 처벌하되 부수적 피해는 일으키지 않는다. 그의 분노는 결코 도를 넘지 않았다. 헐크의 고삐 풀린 분노는 옳음과 정의의 테두리 안에 남아 있었다. 여전히 배너의 도덕의식에 의해 통제되는 듯 말이다. 매회가 끝날 때마다 배너와 헐크는 흉악한 범죄 기도를 무산시키며, 그 뒤 배너는 자신의 정체가 드러날까 봐 이름을 바꾸고 새로운 도시로 떠난다. 그러면 다음 주에 정의의 수레바퀴가 다시 돌아간다.

하지만 헐크 우주의 나머지 버전들은 다음 질문을 피할 수 없었다. 분노가 어떻게 무한하면서 정의로울 수 있을까? 분노가 스스로에게 되먹임한다면, 힘을 써버리는 속도보다 얻는 속도가 빠르다면 가해자뿐 아니라 구경꾼까지 처벌하고 죄인뿐 아니라 무고한 자까지 처벌하는 결과를 어떻게 피할 수 있을까? 미국의 철학자 주디스 버틀러Judith Butler는 이 질문을 명쾌하게 요약했다. "폭력이라는 것이 원래 '통제 불능 상태에 빠지는' 종류의 현상이라면 어떻게 할 것인가?"[4]

어릴 적(성인이 되어서도 마찬가지이지만) 나는 분노의 짐이 두려웠다. 효과적으로도 정당하게도 표출할 수 없어 보이는 사적 분노가 집요하게 꿈틀거리는 것을 어떻게 해야 할지 몰랐다. 그래서 헐크에게 빠져들었다. 하지만 헐크에 대한 매혹의 가장자리에서는 버틀러의 심란한 질문이 초보적 형태로 떠다녔다.

드라마가 끝나면 침실을 서성거리며 방금 헐크가 실제 적을 패대기친 것처럼 상상 속 적을 패대기쳤다. 그러고는 "다시 놀려보시지" 하고 도발했다. 하지만 이 몽상에는 카타르시스가 없었다. 혈액의 펌프질은 느려지지 않았으며 초조한 신경은 차분해지지 않았다. 나는 막연한 흥분이 혈관 속을 흐르는 채로 손을 파닥거리면서 침실을 나섰다.

폭력은 끊임없이 통제 불능 상태에 빠지는 현상이다. 나는 이 사실을 내면으로부터, 절멸적 욕망으로부터 알았다. 이 욕망을 가지고서 상상 속 싸움을 벌였고, 우리 형과는 실제 싸움을 벌였다. 나의 고삐 풀린 살해 욕구에 대응하는 그의 살해 욕구를 느꼈다. 손톱과 이빨과 발과 주먹으로 드잡이하면서 어떻게 하면 살아서 빠져나갈 수 있을지 궁리했다. 완전히 쓸데없는 궁리는 아니었다. 불알에 유난히 모진 발길질을 당하고 응급실에서 깨어난 적도 있기 때문이다.

이 모든 논의는 〈두 얼굴의 사나이 헐크〉 시리즈가 각 에피소드를 마무리하는 흡족한 깔끔함에 비스듬히 의심의 그림자를 드리운다. 헐크의 분노가 막상 커지려는 순간에 잦아들기 시작하는 것, 배너의 초록 아바타가 상황에 걸맞은 폭력적 혼돈과 파괴를 일으키려는 찰나에 그가 연약한 인간 몸으로 돌아가는 것은 이상해 보인다. 이상하고 (드러내어 말하긴 그렇지만) 좀 실망스럽다.

그렇다. 상황이 손쓸 수 없을 만큼 번지지 않는 것은 좋은 일이다. 질서와 평형의 회복이 언제나 좋은 일이듯 말이다. 하지만 조금 지나면 약간 작위적이고 예측 가능한 일이기도 하다. 이 헐크는 통제 불능적인 분노의 화신이라기엔 독특하게 통제되며, 그의 분노는 상상을 뛰어넘으려던 바로 그 순간 어김없이 끝난다.

'팩트 신봉자' 빅터

나를 처음 만난 직후, 자신의 신상이나 삶에 대해 어떤 질문도 받기 전 빅터는 잡담을 주고받을 생각이 없음을 분명히 했다. 적어도 진지한 대화를 나누는 동안에는 사절이었다. 그는 이 과정이 진지할 것임을 알고 있었다. 그는 수다를 떨거나 **농담**을 주고받지 않았다. 상담 비용을 지불하는 만큼 결과를 얻고 싶어 했다. "그러니 피차 시간 낭비는 하지 맙시다."

나는 얼떨떨한 심정으로 그가 방금 들어왔고, 벌써부터 시간을 낭비할까 봐 불안해하고 있다고 지적했다. 왜 그러느냐고 물었다. 그는 뭐가 문제냐면서 방금 말한 것이 전부라고 쏘아붙였다. 그는 무의미한 잡담을 혐오했으며 당면 문제에 집중하고 싶어 했다.

나는 마음을 단단히 먹고는 우리가 당면 문제에 집중하지 않으면 어떻게 될 것 같으냐고 물었다.

그는 짜증 섞인 한숨을 내쉬며 솔직히 말하자면 나의 질문이 자신이 말한 것의 완벽한 사례라고 말했다. 자신이 여기 온 것은 삶의 중대 문제들을 해결하기 위해서인데, 나의 질문을 듣고 보니 정신분석이 무의미한 심심풀이 놀음에 불과하다는 의심이 확신으로 바뀌었다는 것이다.

나는 아무 말도 하지 않았다. 묵직한 긴장의 순간이 지난 뒤 그가 침묵을 깼다. 억울하게 굴복하는 어조로 내 질문을 되풀이했다. "당면 문제에 집중하지 않으면 어떻게 될 것 같으냐고요? 당연히 요점에서 벗어나게 되지요. 명료함과 초점을 잃고 사방팔방 헤매게 됩니다. 제가 원한 게 그거라면 집에서 애들하고 대화했겠죠."

나는 그가 이미 자신에 대해 매우 많은 이야기를 들려준 것 같다고 말했다. 하지만 우리가 옆길로 새고 있다고 느낀다면 기꺼이 방향을 바꾸겠노라 덧붙였다.

그가 잠시 나를 유심히 쳐다보다가 말했다. "좋아요. 제가 보기에 문제는 간단합니다. 사람들이 저를 좋아하지 않습니다. 저도 사람들을 딱히 좋아하지 않고요."

그 때문에 속상하냐고 묻자 그는 대뜸 "천만에요"라고 받아쳤다. 그 때문에 달갑잖은 골칫거리가 생기는 게 아니라면 아무 상관 없다고 말했다. 그러고는 이렇게 덧붙였다. "직장에서든 집에서든 마찬가지입니다."

빅터는 토목 회사에서 일하면서 중앙 및 지방 정부의 공공 기반 시설 안전 관련 자문을 제공했다. 주 업무는 교량 점검이었는데, 이 분야에 대해 그보다 많이 아는 사람은 거의 없었다. 하지만 성과 검토 자리에서 동료들은 매번 같은 불만을 제기했다. 그가 무뚝뚝하고 거만하고 남을 무시한다는 불만이었다.

나는 그가 발끈하지 않을까 생각하며 그 말이 맞냐고 물었다. 하지만 그는 나의 질문에 오히려 안도한 듯 보였다. 마침내 당면 문제에 도달했다는 표정이었다.

그는 아래를 내려다보았다. 골똘히 생각하느라 이마에 주름이 졌다. "쉽게 대답할 수 있는 질문이 아니군요. 저는 생사를 가르는 문제를 다루고 있습니다. 대형 현수교이든 작은 부교이든 오판은 중상이나 사망으로 이어질 수 있습니다. 저는 자신에게든 다른 누구에게든 부주의를 허락하지 않습니다."

얼마 전 그는 자신의 감독하에 있는 부하 직원에게 격노했다. 직원이 오래된 석조 형교•를 조사하러 갔다가 심각한 균열을 미처 보지 못했기 때문이었다. 그는 이성을 잃고서 탁 트인 사무실 한가운데에서 직원에게 고함을 질렀다. 진짜로 멍청한 거냐, 그냥 게으른 거냐, 아니면 사람들이 척추가 부러지거나 물에 빠져 죽길 바라는 거냐고 소리쳤다. 그는 직원에게 "망할 임무를 똑바로 하라고!"라고 외치던 장면을 회상했다. 어찌나 생생하던지 내가 그 직원이 된 것 같았다.

내가 말했다. "인간이 건너는 다리를 고친다는 분이 인간관계라는 다리는 작살을 내시네요."

그가 눈알을 굴리더니 중얼거렸다. "재밌는 비유군요."

• 다리의 뼈대가 들보로 된 다리.

"하지만 당신도 역설을 알아차렸을 거예요. 당신은 사람과 장소를 연결하고 서로 다가갈 수 있도록 하는 구조물에 평생을 바쳤으면서도, 정작 스스로는 연결을 거부하고 자신을 접근 불가능하게 만들고 있어요." 나는 침을 꿀꺽 삼키고 한마디 덧붙였다. "오늘 당신과 이야기하면서도 그런 느낌이 들었고요."

그는 잠시 나를 찢어발길 듯 매섭게 노려보았다. 그러더니 맥없이 시선을 떨어뜨리고는 내 말뜻을 알겠지만 내가 정신분석의 관점에서 보는 다리의 의미를 강요한다고 말했다. 연결에 대한 엉성한 상징을 늘어놓는다는 것이었다. 그는 자신이 누군가에게 연결되거나 다른 사람들을 행복하게 만들어줄 수 있다는 생각은 오래전에 접었다며, 자기 아내에게 물어보면 그가 그럴 만한 사람이 아니라고 똑똑히 얘기해줄 거라고 했다.

"저는 누구의 삶도 더 낫게 해줄 순 없습니다. 하지만 사람들의 목숨을 안전하게 해줄 순 있습니다. 그건 착함의 문제가 아니라 옳음의 문제이기 때문입니다. 착하게 사는 건 포기했습니다. 솔직히 착하다는 게 무슨 뜻인지 아무도 모를 거라 생각합니다. 하지만 옳을 수는 있습니다. 제가 직원에게 말하려던 건, 솔직히 유익한 방식은 아니었지만, 옳은 선택을 내리는 것이 그녀의 임무이고 틀린 선택은 용납되지 않는다는 것이었습니다."

옳음은 생사가 걸린 문제였다. 다리를 건너는 수많은 보행자와 운전자뿐 아니라 빅터 자신에게도 그랬다. 이후 몇 달, 몇 년에 걸쳐 알게 되었지만, 빅터에게는 분노할 거리가 많았다. 오죽하면 분노의 범위를 좁혀 가장 빡빡한 테두리 안에 가둬두는 것이 자신이 살아갈 수 있는 유일한 방법이라고 생각했겠는가.

첫 상담으로부터 몇 달 뒤 그가 말했다. "트럼프를 보세요. 대부분의 사람들이 그를 미워하는 건 매정하거나 편협하거나 여성을 혐오하기 때문입니다. 그가 그렇다는 건 의심할 여지가 없지만, 그건 전부 낡은 관념입니다. 저는 그가 못돼서 미워하는 게 아닙니다. 틀려서 미워합니다. **명백히** 틀렸기 때문입니다. 강박적으로 거짓말을 하고 진실을 난도질하고 세상의 절반을 자신과 똑같은 그름의 블랙홀로 끌어들이기 때문입니다."

...

그름의 독이 퍼지고 있다는 빅터의 말은 틀림없이 옳아 보인다. 트럼프를 비롯한 포퓰리스트 우파의 당선, 브렉시트 캠페인의 승리, 코로나 예방과 백신 접종에 반대하는 전 세계적 움직임, 우크라이나 전쟁 같은 우리 시대의 모든 파국적 정치 현상의 기반은 새빨간 거짓말 아니던가? 가장 심각한 문제는 지구에서 생명을 지탱하는 체계의 임박한 붕괴가 가속되고 있다는 것이다. 기후 위기의 현실을 얼버무리거나 심지어 정면으로 부정하는 기업 로비스트와 정치인이 그 사태의 장본인이다.

그렇다. 이 문장을 쓰는 지금 나는 피가 솟구치고 이가 갈리는 게 느껴진다. 거짓말쟁이와 조종 세력의 권력과 영향력에 맞서 카타르시스적 호통을 치고 싶어서 손가락이 근질근질한다. 앞 문단은 내 생각을 정확하게 표현한다. 그러나 자신이 옳고, 따라서 자신에게 누가 진실을 이야기하고 누가 그러지 않는지 판단할 권리가 있다고 생각하는 사람의 격정이 배어 있기도 하다. 이 마음 상태에는 활력을 불어넣는 측면이 있다. 의심과 성찰의 부담에서 벗어나 자신이 천하무적인 듯한 들뜬 느낌을 준다.

내가 이 책을 쓰는 것은 이 감정의 파도에 올라타기 위해서가 아니라 의문을 제기하기 위해서다. 분노는 가장 옳게 느껴지는 순간에 가장 위험하다. 자기확신에 단단히 틀어박힐 가능성이 가장 크기 때문이다. 자신이 절대적으로 옳다는 마음 상태에서는 분노가 뚜렷한 공격으로 이어지지 않더라도 얼마든지 폭력적으로 나타날 수 있다. 트럼프에게 반대하는 진보 진영이나 브렉시트 반대파 중에서 마음속으로 적을 섬멸하지 않은 사람이 누가 있겠는가? 세상에 대한 적들의 생각과 감정과 지각을 쓰레기처럼 가장 어두컴컴한 구석에 내던지지 않은 사람이 누가 있겠는가?

이것이 빅터의 입장이었다. 세상을 휩쓰는 거짓말의 홍수에 맞선 그의 유창한 논변에 빠져드는 것은 너무나 수월하고 심지어 유쾌한 일이었다. 가장 튼튼한 구조물을 만들어내는 공학자가 여기서 전 지구적인 공적 삶의 토대 붕괴를 한탄하고 있었다. 브렉시트 찬성파나 트럼프 행정부의 실상에 대한 최근의 분노를 수술적으로 해부하는 것을 보면서, 그를 격려하고플 때도 있었다. 그렇지만 나의 열의에 제동을 걸고 숨을 들이마셨다. 그러고는 그가 고삐 풀린 분노와 경멸을 표출하다가 오히려 분노 대상의 태도를 고스란히 취하게 될 위험이 있음을 알아차렸는지 물었다.

그가 우쭐거리며 시원시원하게 말했다. "물론이죠. 구글에서 검색해보니 선생도 진실이 관점의 문제에 불과하다고 생각하는 포스트모던 지식인 중 하나더군요. 제가 두려워한다는 선생의 생각은 틀렸습니다. 제가 이 직업에서 배운 게 하나라도 있다면 그것은 팩트가 무엇보다 중요하다는 겁니다. 그래요. 저는 팩트 지상주의를 위협하는 사람을 보면 누구에게든 화가 치밉니다. 변명할 생각은 전혀 없습니다. 저와 거짓말쟁이들의 차이는, 이건 세상 어떤 차이보다 큰데, 제가 팩트를 이야기한다는 겁니다."

빅터는 자신의 분노가 적들의 분노보다 결코 덜 요란하지 않음을 선뜻 인정했지만, 여기에 이상할 건 전혀 없다고 말했다. 거짓말에 맞서 진실을 옹호하는 바로 그 주장을, 자신이 비판하는 음모론자들 또한 똑같은 수사적 미사여구와 함께 내뱉는다는 사실도 아이러니하지 않다고 했다.

그는 이렇게 주장했다. "물론 거짓말쟁이들은 자신이 진실을 말한다고 흰소리를 했습니다. 물론 그들은 팩트를 이야기하는 사람을 죄다 가짜 뉴스의 유포자나 한물간 미디어에 속아넘어간 바보로 치부하려 했죠. 그래서 그들이 거짓말쟁이인 겁니다. 만약 선생이 저를 그들과 같은 부류로 놓는다면 그들에게 좋은 일 시켜주는 겁니다."

나는 둘을 같은 부류로 놓지 않았지만 반박하지 않았다. 정신분석 상담실은 토론장이 아니기 때문이다. 그 대신 그의 팩트 사랑에 도사린 개인사의 강력한 저류를 지적하려 애썼다.

빅터는 자신의 유년기가 성인이 된 지금의 모습과 관계있다는 말에 회의적이었다. 심지어 코웃음 쳤다. 하지만 부모에 대한 질문을 받자 자신의 반응에 유년기의 영향이 있음을 부정하지 못했다. "저는 두 거짓말쟁이에게서 태어났습니다." 빅터의 아버지는 강박적 바람둥이였는데, 소귀족 가문인 자신의 집안으로부터 소액의 지원밖에 받지 못했다. 그는 자신이 빅터의 어머니와 결혼한 것은 그녀가 재산이 훨씬 많았기 때문이며 그녀의 중산층 혈통과 취향을 경멸한다는 것을 굳이 감추려 들지 않았다.

빅터가 말했다. "아버지는 전날 밤 외박에 대해 그럴듯한 변명을 대는 최소한의 존중조차 어머니에게 보이지 않았습니다. 철도

파업이나 도로 폐쇄 때문이라고 둘러댔는데, 그런 일이 없었다는 건 아버지도 알고 어머니도 알았습니다. 제가 진실을 알게 된 건 여덟 살인가 아홉 살 때였던 것 같습니다. 어머니에게 '아빠 딴 여자 집에서 살고 있는 거 아냐?'라고 물으면 어머니는 얼토당토않다는 웃음을 억지로 지어 보이며 말했습니다. '무슨 소리야, 빅터. 아니란다. 왜 그런 생각을 하니?!' 한번은 여동생이 있는 앞에서 질문했습니다. 그랬더니 동생이 눈물을 쏟으며 악악거리더군요. '아빠는 밤새워 일하러 나갔어! 아빤 좋은 사람이야. 엄마가 그렇게 말하잖아!'"

진실에 대한 두려움이 짙게 깔린 분위기 속에서 자란 빅터는 청소년기가 되었을 즈음, 결코 스스로에게 거짓말을 하지 않고 남의 거짓말을 모르는 체하지도 않겠노라 다짐했다. 거짓말의 발톱이 하루하루 세상에 죄어들면서 그의 결심은 점점 긴박해졌다.

빅터의 아내는 남편이 감상주의나 거짓 긍정에 빠지지 않는다는 것을 알기에 자신이 쓴 기사에든 무엇에든 의견을 청하는 일을 오래전에 그만뒀다. "아내가 쓴 기사가 지루하거나 스커트 입은 모습이 뚱뚱해 보이면 단도직입적으로 말합니다. 그랬더니 이젠 물어보지 않더군요." 어린 딸들도 자기 사진을 보여주거나 자신이 쓴 이야기를 읽어주거나 피아노 연주를 들려주려 하지 않았다.

이 말을 듣고서 나는 가족들이 그에게 자기 삶에 대해서든 자기 자신에 대해서든 아무것도 보여주고 싶어 하지 않는 것 같다고 지적했다.

그가 고개를 끄덕였다. "제가 봐도 그렇습니다. 애석하지만 그들은 솔직함을 두려워하는 거죠."

"당신을 그토록 오랫동안 화나게 한 부모와 비슷하군요."

빅터는 잠시 침묵한 채 소파에 누워 있더니 일어나 문간으로 갔다. 상담 시간은 10분이 지나 있었다. 그가 돌아서서 냉담하고 노골적인 경멸의 시선으로 나를 노려보며 말했다. "선생은 잔인한 사기꾼에 불과합니다. 이건 싸구려 서커스일 뿐이라고요." 그는 진료실을 나서면서 문을 쾅 닫았다.

하지만 다음 진료 시간이 되었을 때 아무 일도 일어나지 않았던 것처럼 돌아왔다.

나의 분노는 좋고
너의 분노는 나쁘다

진료를 하다 보면 종종 뉴스에서 보도된 사건들이 떠오르고 생각난다. 이것은 놀랄 일이 아니다. 이보다 더 심란한 사실은, 뉴스를 읽다 보면 가끔 진료 시간에 겪은 일이 떠오르고 생각난다는 것이다. 내가 빅터를 처음 만난 것은 2016년 초였다. 브렉시트 캠페인이 '전문가'와 '엘리트'를 향한 대중의 반감과 증오에 한창 불을 붙이던 때였다.

처음부터 빅터는 이른바 공격적이고 고의적인 무지의 반동적 준동에 대해 오래도록 비판을 퍼부었다. 앞에서 보았듯, 그가 자신이 그토록 매섭게 비판하는 사람들과 똑같은 무제한적이고 강박적인 분노에 사로잡혀 있는 듯하다는 나의 지적은 그에게 먹히지 않았다.

그는 나의 지적을 대뜸 '양비론적' 상대주의로 치부했지만 실은 결코 그렇지 않았다. 그는 동료, 가족, 도미닉 커밍스Dominic Cummings● 등 누구에 대해 이야기하든 자신의 말과 생각이 분노에 의해 빚어지고 휘둘린다는 사실을 결코 알아차리지 못하는 듯했다. 조금이라도 이성이 있는 사람이라면 대중이 스스로의 비합리성과 망상에 대한 취약성을 인정하지 못하는 데 분노할 수밖에 없다는 것이 빅터의 생각이었다.

하지만 다른 사람의 분노를 광적 망상으로 치부하면서, 자신의 분노는 전적으로 일관되고 정당하다고 여기는 것이 과연 이성적일까? 점심시간에 브렉시트와 트럼프 소동의 대단원을 곱씹다 보

● 브렉시트 실행 당시 영국 총리였던 보리스 존슨Boris Johnson의 수석보좌관.

니, 팩트와 이성을 옹호하는 진보파가 생각과 행동 양면에서 저지를 수 있는 모든 잘못에 대해 빅터가 본의 아니게 내게 가르침을 주었다는 느낌이 들었다.

빅터는 진실의 결정권자이자 대변인을 자처했지만 자신이 전달하는 팩트가 정서나 정치에 의해 어떤 식으로든 채색되었을 가능성을 결코 받아들이지 못했다. 그가 말했다. "제가 팩트에 대해 거짓말하는 사람들에게 분노한다는 사실은 팩트와 아무 관계가 없습니다. 팩트는 팩트일 뿐입니다."

하지만 팩트가 '팩트일 뿐'일 수 있을까? 생략하거나 선별하거나 부각하거나 강조하지 않고, 말하는 사람의 의식적이거나 무의식적인 이해관계와 믿음을 팩트에 싣지 않고 있는 그대로의 진실을 이야기할 방법이 있을까? 철학자 한나 아렌트Hannah Arendt가 중요한 에세이 「진실과 정치Truth and Politics」에서 말하듯, "모든 사람이 모든 중요한 것에 관해 거짓말을 하"는 집단에서 이 점을 가장 똑똑히 볼 수 있다. 이런 조건에서 "진실을 말하는 사람은 그가 알고 있든 그렇지 않든 [정치] 행위를 개시한 것이고, 동시에 [이미] 정치에 참여하"였기 때문이다.[5]

정치학 저술가 윌리엄 데이비스가 보여주었듯, 이른바 탈진실 시대에 팩트의 순수성과 우위를 옹호하는 수많은 공적 목소리들은 정작 자신의 옹호에 정치와 정서가 얼마나 배어 있는지 보지 못한다. 데이비스는 2017년 트럼프의 대통령 취임 석 달 뒤 여러 도시에서 동시에 벌어진 '과학을 위한 행진March for Science'을 예로 든다. 이 행진은 백신 접종(심지어 코로나 19 이전에), 학교 교과 과정, 기후 등의 다양한 사안에 대해 새 행정부가 진실을 막무가내로 공격한다며 항의하기 위한 것이었다.

팩트를 위한 정치적 동원의 위험은 "종교적 보수파, 기후 회의론자, 음모론자가 그랬듯 '팩트'를 첨예한 정치적 사안으로 둔갑시킨"다는 것이다.[6] 그 과정에서 과학자와 폭넓은 '전문가' 집단은 위선을 떤다는 치명적 공격에 스스로를 노출시킨다. 우익 소셜 미디어 진영 어디에서나, 과학자들이 불편부당한 팩트 옹호자라는 명성을 누리는 동시에 팩트를 정치적으로 이용하고 싶어 하는 모순을 저지른다는 비판이 제기되었다.

지식 엘리트에 반대하는 대중적 반감의 핵심에는 이 명백한 위선이 자리 잡고 있다. 전문가들이 주어진 팩트의 객관적 확실성을 내세우는 동시에 팩트를 정치적 탄약으로 쓰는 교활한 양수겸장을 부린다는 것이다. 그러면 이른바 진실의 편에 서 있으면서 목소리도 더 커서 두 마리 토끼를 잡기에 논쟁에서 이길 수밖에 없다. 하지만 포퓰리스트 수사법은 이 보장된 승리를 물구나무 세워 비장의 카드를 패착으로 만들어버렸다. 기발한 반격이다.

지식 엘리트의 천적들은 이것 보라고, 이른바 '전문가'들도 당신이나 나 못지않은 고집쟁이 떠버리라고 말한다. 유일한 차이는 그들이 객관적이고 팩트를 중시하는 시늉을 하여 언제나 옳음을 독점한다는 것이다. 이제 전문가들은 언제나 옳은 한 언제나 틀릴 수밖에 없다. 팩트와 진실을 내세우는 전문가가 많아질수록 그들이 설득하고 싶어 하는 사람들의 신뢰를 점점 잃어간다. 정신분석 용어로 하자면 '분열splitting로서의 정치'다.

1938년의 후기 저작에서 프로이트는 마음에서 정신적·신체적 통제를 담당하는 행위자인 자아가 위험에 대한 염려에 대처하기 위해 스스로를 분열시킨다는 논제를 제시한다. 마음의 한 측면은 위험의 실재성을 마지못해 인정하지만 다른 측면은 부정한다.

정치적으로 설명하자면, 분열은 구분선을 생겨나게 하며, 이렇게 갈라진 양편 중 나와 가까운 쪽은 도덕적 옳음, 고결함, 진실의 이름으로 뭉친 동료 시민 집단이 점유하고 있다. 구분선 반대쪽에는 적이 있다. 그들은 부패, 우둔함, 비겁함을 매개로 묶인 악독한 폭도다.

분열의 정치가 발산하는 도취의 매혹은 의심과 모호함을 한 방에 날려버린다는 것이다. 질문할 필요도, 탐구할 필요도 없다. 무적의 확실성으로 무장하고서 광장에 나서기 때문이다. 자신의 동기와 목표에 의문을 제기할 필요도 없다. 자신이 옳은 쪽에 서 있음을 이미 알고 있기 때문이다. 그 매혹은 정동과 욕동, 감정과 행동의 완벽한 조화에서 비롯한다. 옳음과 분노는 이상적 한 쌍이다. 나쁜 것과 위험한 것을 세상에서 몰아내겠다는 공통의 목표를 향해 서로를 재촉한다.

이것은 세계 정부와 경제의 꼭두각시 줄을 은밀히 당기는 무도한 세력의 이야기인 음모론이 꽃피고 퍼지는 데 필요한 집단 심리적 분위기다. 모든(적어도 우리) 시대를 통틀어 가장 괴상망측하고 정치적으로 영향력 있는 음모론인 큐어논^{QAnon}이 주장하는 바는, 악마적 소아성애 사교邪敎 집단이 발톱을 숨긴 채 딥 스테이트$^{deep\ state}$●를 조종하며, 그 일당이 트럼프주의 불꽃의 영웅적 수호자들에게 패배하는 '폭풍'이 임박했다는 것이다(그들이 늘 임박했다고 하는 그 폭풍은 결코 찾아오지 않는다).

영구적으로 유예되는 큰불의 정치적 쓰임새는 3장에서 다시 살펴볼 것이다. 여기서는 악을 물리치는 궁극적이고 총체적인 승리로써 스스로를 실현하려는 거룩하고 의로운 분노로 뭉친 시민 집단의 심장부에 자리 잡은 환상에 그들의 이익이 걸려 있다고만 말해두겠다.

하지만 어떻게 해서 분노는 그 자신을 위해 행동을 밀어붙일 만

● '나라의 심부' 또는 '나라 안의 나라'라는 뜻으로, 정부 안에 깊숙이 자리 잡고 국정 운영에 광범위한 영향을 미치는 관료 조직이나 기득권 세력을 일컫는 말.

큼 노골적 자기확신을 얻게 되는 걸까?

...

이 질문에 답하려면 개인심리로 돌아가야 한다. 자신이 옳다는 이런 종류의 확신은 무미건조한 언어나 개념으로 이루어지는 것이 아니라, 몸의 가장 개인적인 깊숙한 구석에서 흐르는 감정으로 이루어진다. 옳음의 확신은 그것이 충족되지 않는 한, 근육계와 신경계를 압박하여 움직임과 호흡을 억제하고 모든 지각과 생각을 동일한 잘못으로 이끈다.

누구나 알듯 우리가 옳다는 걸 세상이 인정해주지 않는 것보다 잔혹한 고통은 없다. 내가 있는 힘껏, 하지만 헛되이 형을 때리는 광경을 마침내 어머니가 보았다. 그런데 어머니는 정의 실현을 외면하며 나의 상처에 소금을 뿌렸다. 어머니는 다정하지만 물정 모르는 미소를 띤 채 내 정수리를 쓰다듬으며 말했다. "잊어버리렴! 레모네이드 한 캔일 뿐이잖니!"

그러자 나의 흐느낌은 대성통곡으로 바뀌었다. 어머니가 생각해낼 수 있는 유일한 해결책은 내게 레모네이드를 새로 한 캔 사주는 것이었다. 어머니는 100만 캔이라도 사주겠다고 했다! 어머니는 당신이 모든 것을 망치고 있다는 걸 어떻게 모를 수 있었을까?

내가 마시고 싶었던 **저** 캔은 영영 사라졌고 나는 그 기쁨을 무지막지하게 빼앗겼는데 어떻게 그 상실을 새 캔으로 회복할 수 있을까? 어머니는 왜 보지 못했을까? 이 문제의 유일한 해결책은 형이 **크리켓방망이로두들겨맞아온몸에서철철피를흘리며다시는따뜻한물말고는'아무것도'마시지않겠다고말하다울면서미안하다고하지만아무도들어주지않은채'죽어버리는것'**인데!

형이 말했다. "미안해, 엄마. 조시 건 줄 몰랐어. 근데 넌 뭘 그거 갖고 그렇게 화를 내?" 형은 이렇게 물으며 심술궂게 일그러진 미소를 지어 보였다. 내가 꼭지가 돌 거라는 걸 알면서 일부러 그런 것이다. 나는 악을 쓰고 발을 구르고 머리카락을 쥐어뜯으며 하늘까지는 아니더라도 천장이 무너져 우리 머리 위에 떨어지길 빌었다. 어머니가 나직이 말했다. "불쌍한 우리 조시."

이 이야기를 하면서 어릴 적 나와 지금의 나 사이에 거리를 두는 것이 뻔히 방어적으로 보이리라는 걸 안다. 지금이야 새콤달콤한 탄산음료가 내게 별거 아닐지 모르지만, 분노의 광기는 어릴 적의 애틋한 정서적 유물로 고이 간직할 수 있는 것이 아니다.

내밀하든 공공연하든 성년의 삶은 옳음을 인정받지 못한 상처와 계속된 부정에서 비롯하는 억울함으로 넘쳐난다. 지하드주의와 극우 테러, '모솔^{incel}'● 이 여성에게 저지르는 폭력, 기후 운동가들에게 반대하는 성난 시민의 폭력, 트럼프 같은 포퓰리스트를 지지하는 대중 운동이 민주주의 제도에 가하는 물리적 공격 등의 개별적 행위에서 보듯, 전 세계에서 분노가 공격 행동으로 스스로를 분출하는 데는 같은 심리 상태가 결부되어 있다. 그것은 피해나 불의가 응답받지 않은 데 대한 원한이다.

피해가 응답받지 않았다는 똑같은 감각이 인종, 성별, 경제, 기후와 관련된 정의를 추구하는 운동의 동력이라는 것 또한 참이다. 분노는 원인이 무엇이든 대동소이하게 느껴진다고 말할 수 있으리라. 미투 운동가가 느끼는 불같은 불의를 어그로 끄는 모솔도 똑같이 느낀다는 불편한 진실에 대해서는 4장에서 다시 살펴볼 것이다. 파괴적 분노와 긍정적 분노의 차이는 근본적이지만, 바로 그 이유 때문에 해당 사안에 대한 주관적 선호보다 탄탄한 기준을 근거로 삼아야 한다. 주관적 선호는 '나의 분노는 좋고 너의 분노는 나쁘다'는 위험한 고집으로 전락하기 십상이기 때문이다.

여기서는 분노의 내용보다는 감정에, 분노가 우리의 정신적·신체적 경험에 미치는 영향에 좀 더 주목해보자. 분노는 우리 자신을 포위하여, 그것을 유발하는 원인 말고는 무엇에도 접근하지 못하도록 차단한다. 이 점에서 분노는 통증과 꽤 비슷하게 작용한다.

- '비자발적 독신주의자involuntary celibate'라는 뜻으로, 여성과 성적 관계를 맺고 싶어 하지만 그러지 못하는 남성. '모솔'은 '모태 솔로'의 준말이다.

통증이 곧잘 분노 상태를 채색하고 증폭하는 것은 우연이 아니다.

프로이트는 통증이 정신을 자기애적 위축 상태에 빠뜨린다고 주장했는데, 이 말은 분노에도 똑같이 적용된다. 그가 1914년에 발표한 논문 「나르시시즘 서론On Narcissism」에 따르면, "우리가 흔히 보게 되는 병든 사람들의 이기주의"라고 부르는 것은 환자가 바깥세상에 투여한 모든 에너지를 자아로 되돌려 모든 관심을 통증에 집중하려는 경향을 일컫는다.[7]

분노에 집어삼켜진 적이 있는 사람이라면 이 상황이 낯익을 것이다. 분노는 자신을 제외한 모든 것을 쓸어버려 세상을 그것의 원인만큼 작게 쭈그러뜨린다. 외부 현실에 대한 관심은 자신의 옳음이 공격당했다는 감각과 관계있지 않은 한 폐기된다. 그와 더불어 사랑, 쾌감, 기쁨, 평안, 슬픔 같은 나머지 모든 감정을 내면의 삶에 들일 공간도 무無로 쪼그라든다.

질투하는 남편의 광기

성경, 호메로스, 「마하바라타Mahabharata」• 시대에서 오늘날에 이르

- 세계 최장편으로 알려진 고대 인도의 대서사시.

기까지 문학은 옳음에 의한 정서적·신체적 질식 상태를 조명하는 가장 풍성한 원천이다. 셰익스피어의 『오셀로Othello』에서 이런 조명의 한 정점을 볼 수 있는데, 이 비극의 주인공은 거짓 동맹자이자 은밀한 적 이아고에 의해 냉소적이고도 악의적으로 조종되어 완고한 옳음 상태가 된다. 그러니 소설의 역사를 통틀어 옳음의 곤경을 가장 설득력 있게 묘사한 앤서니 트롤럽의 『그는 자신이 옳다는 것을 알았다』에 『오셀로』가 영감을 주었으리라는 추측은 타당하다.

트롤럽의 주인공 루이스 트리벨리언은 셰익스피어의 오셀로나 허먼 멜빌Herman Melville의 에이해브와 마찬가지로 자신이 옳다고 확신하는 고통에 사로잡혀 나머지 모든 것을 배제하는 인간 군상에 속한다. 그들을 더욱 고통스럽게 하는 것은 자신의 옳음 주장이 반박되는 것이다. 주변 사람들이 분열된 정신에서 얻을 수 있는 명료함과 확신을 품고서 바라보지 못하는 데 좌절하는 것이다.

『그는 자신이 옳다는 것을 알았다』는 고전적 빅토리아풍 소설로, 사건이 계속해서 줄기를 뻗으며 파노라마처럼 전개된다. 점잖으면서도 우스꽝스러운 서브플롯이 나열된 탓에 트리벨리언 이야기의 심리적 위력과 세기가 희석된다. 트롤럽은 온건하고 신중한 영국 개혁파 자유주의자의 화신으로, 이성과 점진적 진보를 꿋꿋이 믿었기에 주인공이 광기와 자기파괴의 블랙홀에 속절없이 빠져드는 데 매혹되는 동시에 겁에 질린 것 같다.

이 소설은 분노는 평범한 좋은 삶을 파괴하는 능력이 있다고 말하는 듯하다. 구애를 소재로 한 일상 개그와 트리벨리언이 편집증적 악의에 하릴없이 빠져드는 장면 사이를 거북하게 왔다 갔다 하는 탓에 분위기가 일관되지 못해, 이 소설의 전체적인 문학적 가치는 치명적으로 훼손된다. 그럼에도 트리벨리언이 등장하는 부분은 옳음의 강박적이고 압도적인 논리를 절묘하게 해부하여 처음부터 우리를 중심적 드라마에 던져넣는다. 트리벨리언은 소식민지 총독의 어여쁜 딸 에밀리 롤리와 결혼하여, 그녀를 메이페어의 새 집에 데려가 전원에서 신혼생활을 보낸다. 그런데 얼마 지나지 않아 장인의 친구이자 난봉꾼으로 소문이 자자한 노총각 오스본 대령이 젊은 아내를 찾아오자 금세 불안해진다.

트리벨리언은 "이글거리는 눈빛과 성난 어조로" 아내에게 오스본을 뻔질나게 맞이하는 일을 그만두라고 말한다. 이로써 서로에게 질세라 벽을 쌓는 부부의 역학 관계가 시작된다.[8] 남편의 비난에 자신의 정절이 모욕당했다고 느낀 아내는 남편이 금지하려 한 방문을 계속 받아들이는 방식으로 자신을 방어한다.

트리벨리언은 자신의 확인 행위가 위태롭다는 걸 처음부터 의식하고 있다. 자칫 아내의 정절을 의심하기 십상일 테기 때문이다. 에밀리가 처음 분통을 터뜨린 순간부터 자신의 요구를 지독한 모욕으로 받아들였음을 알고서, 그는 아내에게 가서 사과하려는 충동을 느낀다. 하지만 트롤럽이 서술하듯 "그는 사과하는 것을 역겨워하는 성정의 소유자였"다.[9]

물론 사과하려면 자신과 확신 사이에 내적 거리를 둘 수 있어야 한다. 직접적 감정의 구속복에서 빠져나와 타인의 눈으로 볼 수 있는 능력이 필요하다. 트리벨리언이 이렇게 하지 못하는 것은 자신이 옳음을 '알고' 있기 때문이다.

자신이 옳다는 것을 알면 자신의 옳음에 유사형이상학적 지위를 부여하기 쉽다. 옳음은 단순한 개인적 확신이 아니라 지고의 진실에 의해 보증된다. 이 소설보다 18년 남짓 먼저 출간되었으며, 트리벨리언을 어렴풋이 예견케 하는 『모비 딕Moby-Dick; or, The Whale』에서 에이해브 선장은 흰 고래에 대한 개인적 복수를 장엄하고 거부할 수 없는 우주적 운명으로 탈바꿈시킨다.

피쿼드호 일등항해사이자 제정신을 지닌 존경할 만한 인물인 스타벅이 비운의 추적을 그만두라고 간청하자, 에이해브는 고래 얘기라면 스타벅의 애원이 자신에게 닿지 않는다고 말한다. 에이해브는 스타벅에게 너의 얼굴은 너의 손바닥이나 마찬가지라며 "입술도 눈도 코도 없는 공백"이라고 말한다.[10] 모비 딕 사냥을 에이해브의 개인적 목표로 여기는 것은 스타벅의 잘못이고, 사실은 그렇지 않다는 것이다. "이 법령은 모두 그대로 공포되고, 절대로 변경할 수 없어. 그건 이 바다가 물결치기 10억 년 전에 자네와 내가 예행연습을 마친 거야. 바보 같으니! 나는 운명의 부하다. 나는 명령에 따라 행동한다."[11]

　에이해브의 말뜻은 이 싸움에서 굴복하면 우주적 질서 자체를 거스르게 된다는 것이다. 즉, 스타벅의 논리가 박약한 것은 현재라는 좁은 테두리 안에 갇혀 있기 때문이다. 그런 관점에서는 **어쩌다** 옳을 수는 있지만 자신이 옳다는 것을 결코 **알** 수 없다. 모든 것을 보는 에이해브의 눈에 스타벅이 바보인 것은 이 때문이다.

　『그는 자신이 옳다는 것을 알았다』에서 트리벨리언은 같은 집에 살면서도 아내로부터 거리를 둔 채 자신의 요구를 되풀이하는 고압적 쪽지를 보내며 사과를 거부한다. "내가 한 일과 하고 있는 일이 옳다고 생각하므로, 내가 틀렸다고 생각한다는 말로 나 자신을 우롱할 수는 없소."[12] 트리벨리언은 에이해브와 마찬가지로 자신이 옳다는 것을 알며 그걸 모르는 체할 생각이 전혀 없다.

　에이해브의 우주적 장엄함을 연상시키듯 트리벨리언은 남편이 아내를 지배한다는 불변의 선험적 진리를 고집한다. 아내와 소모적 부부 싸움을 벌이는 내내 아내의 순종 의무를 들먹여, 에밀리가 제기할지도 모르는 항의나 반론을 미연에 차단한다. 트리벨리언은 앙갚음하고 싶은 분노가 점점 커지다 결국 광기와 고립에 빠져드는데, 그의 분노를 자아낸 것은 아내의 부정不貞에 대한 의심이 아니라 그가 옳음을 인정하길 거부하는 아내의 태도다.

 앞에서 보았듯, 욕동은 우리 안에서 만족의 추구를 결코 멈추지 않는 힘이다. 트리벨리언은 에밀리와 절연하고, 그녀에게 은둔 생활을 하게 하고, 자녀를 만나지 못하게 하고, 외국으로 달아나기까지 하는 등 공격의 강도를 점차 높인다. 마치 무력한 분노를 발산하여 평형 상태로 돌아갈 수 있을 만큼 충분히 강력한 결정적 조치를 단행하고 싶어 하는 듯하다. 하지만 무심한 세상 앞에서 매번 분노가 커지고 고립감에 빠져들 뿐이다.

 달리 말하자면, 공격 행동이 실패하면 분노 감정이 커진다. 자신이 옳다는 사실을 아는 사람의 문제는 불가능한 일을 필요로 한다는 것이다. 잘못된 편에 서 있는 사람들이 그 사실을 깨닫고 인정하는 일 말이다. 이런 현실 만족을 얻지 못하는 탓에 트리벨리언은 점점 실감 나는 환상에 의지할 수밖에 없다. 급기야 분노가 극에 달한다.

> 그에게는 한 가지 욕망만 남았다. 말하자면 아내의 부정을 적발하는 결정적 증거를 찾고, 자신의 의심을 입증하여 종지부를 찍으려는 욕망이었다. 그러면 아내를 파멸시키고 그자를 파멸시킬 수 있었다. 그러고 나면 스스로를 파멸시킬 터였다. 그 불명예가 자신에게 너무도 쓰라릴 것이었기 때문이다. 그는 자신이 가져올 비극을

생각하며 희희낙락했다.[13]

여기서 트리벨리언은 자신이 오셀로라고 상상한다. 의처증에 사로잡힌 나머지 분노를 발산하고 대가를 치르게 할 파괴적 폭력을 마음껏 휘두를 수 있는 확고한 증거를 갈망한다. 트리벨리언에게든 오셀로에게든, 침착하고 숙고하라는 호소는 분노의 강도를 높일 뿐이다. 이아고는 이 사실을 잘 안다. 그는 오셀로에게 이렇게 조언한다. "참으세요. 마음이 변하실 수 있어요."[14] 오셀로는 "절대로 안 변해"라고 대답하며 자신의 기수 이아고가 쳐놓은 심리적·수사적 덫에 걸려들고 만다.

> 폰투스 바다의
>
> 거세고 찬 물살이 썰물이 되어
>
> 물러나지 않으며, 프로폰틱 바다와
>
> 헬레스폰트로 계속 밀고 나가듯
>
> 잔혹한 이 결심은 뒤돌아보지 않고
>
> 굴종적인 사랑에 썰물처럼 밀리지 않고
>
> 광막한 복수로 모두 삼킬 때까지
>
> 맹렬히 달릴 테다.[15]

오셀로의 말마따나 그의 분노는 욕동의 움직임을 흉내 낸다. 그의 '잔혹한 이 결심'은 어떤 중단이나 망설임도 돌파하여 스스로를 폭발시키거나 살인적 복수 행위로 '모두 삼킬' 때까지 내달린다. 오셀로와 트리벨리언 둘 다 분노의 파괴적 조류에 올라탈 수만 있을 뿐이다. 분노를 멈추는 것은 오래전에 무망해졌다. 하지만 둘에게는 차이도 있다. 감히 오셀로를 가로막고 그의 분노 감정과 살해 행위 사이에 끼어들려는 사람은 아무도 없지만, 트리벨리언은 분노에서 행동에 이르는 길이 친구와 가족에 의해 영원히 막혀 있음을 알게 된다. 그들은 소외된 아내 편에 선다. 이 때문에 그는 사실상 자신의 분노에 발이 묶인 신세다. 누구든 귀 기울이는 사람에게 언제까지나 불만을 토로하는 것 말고는 분노를 배출할 방법이 없다. 그의 분노는 금세 "친구들에게 지겨운 일"이 된다.[16] 갈 곳 없어진 분노는 강박적으로 맴돌며 같은 잘못, 같은 굴욕, 같은 수치의 이야기를 반복한다. 마치 자신의 확고한 옳음을 거듭거듭 보여주는 전시물처럼 말이다.

옳음에 사로잡히는 것은 분열된 세상에서 살아가는 것과 같다. 한쪽은 오롯이 진실과 정의의 편에 서 있고, 다른 쪽은 비방만 일삼는다. 이 다른 쪽은 아내와 공모자들이 차지하고 있다. 그는 "그들이 어찌나 지각없이 행동하던지 자신의 명예를 훼손하다시피 했으며, 그 때문에 자신은 아내에게 용서를 빌고 잘못을 고백하고

아내의 승리를 인정해야 하는 처지에 놓일" 것이라고 생각한다.[17]

분열은 도움이 되지 않는 오칭誤稱이다. 마음을 화해 불가능하게 가르는 것이 사실이지만, 하나로 뭉치게도 하니 말이다. 트리벨리언은 아내와 공모자들이 저지르는 잘못에 자신의 옳음을 절대적으로 맞세움으로써, 자신의 세계관을 빈틈없이 밀봉하여 작디작은 의심이나 의문의 암시조차 배제한다. 그렇기에 그가 에밀리에게 용서를 구하는 것은 정신적 보금자리의 토대에 파국적 균열을 일으키는 일이다.

음모론적 사고에 물든 우리 문화의 관점에서는 이 사고방식이 놀랍도록 친숙하게 느껴질지도 모르겠다. 음모론을 열성적으로 추종하는 여느 사람과 마찬가지로, 트리벨리언은 의심할 여지 없이 진실을 이야기하는 영적 스승으로 (잘못) 간주되는 한 인물에게 (잘못된) 신뢰를 보낸다. 그가 고용한 사설탐정 보즐의 임무는 화자 말마따나 "숨겨진 비밀을 탐지하"는 것인데, 그는 "한 번도 일어나지 않은 것을 탐지하는 데 소질이 있"었다.[18]

음모론자의 과제는 분열된 현실을 조장하고 유시하는 것이다. 트리벨리언은 아내의 부정 의혹에 대한 자신의 의심과 타인의 반박을 지속적으로 맞닥뜨린다. 의뢰인의 편집증적 불꽃을 수호하는 임무를 맡은 보즐은 부정의 확고한 증거를 하나도 찾아내지 못하자 모든 솜씨 좋은 음모론자가 애용하는 수법을 꺼내든다. 큐어논 기획자가 Q 예언의 실패를 더 고차원적인 진리의 증거로 둔갑시킨 것과 마찬가지로, 보즐은 에밀리의 흠 없는 행실을 위험한 성적 이중성의 결정적 증거로 지목한다.

하지만 보즐이 임무에서 천천히 발을 빼면서 트리벨리언은 자신의 옳음과 바깥세상의 반대와 비판 사이에 감당할 수 없는 간극이 있음을 깨닫는다. 그리고 이 때문에 자신이 박해와 피해를 당한다는 생각이 더욱 커진다. 트리벨리언의 분열된 세상을 떠받치는 아슬아슬한 버팀목이 부러져 그를 광기로 몰아가고, 그는 결국 죽음에 이르게 된다.

망상이 커져가는 동안 그가 품은 강박적 불안은, 자신이 빼앗은 자녀를 에밀리가 되찾고 세상이 그녀가 아니라 자신을 죄인으로 판결하리라는 것이다. 이것은 그가 도저히 받아들일 수 없는 결과다. 그는 "자신이 옳았음을 모두가 단 한 번만 인정해주면, 그녀가 자신에게 어떤 처분을 내리든 받아들일 작정이었다."[19] 편집증적 사고에 가장 필요한 것이 바로 이 총체적 인정이다. 자신의 무결성과 그녀의 죄악을 가르는 분열이 절대적이고 난공불락이 아니라면 자신의 옳음을 떠받치는 체계가 한 방에 무너진다.

트리벨리언은 이 체계를 유지하려는 헛된 시도에 자신에게 남은 활력의 마지막 한 방울을 써버린다. 친구 스탠버리가 에밀리 여동생과의 약혼 사실을 알리자 트리벨리언은 씁쓸하게 익살을 부리며 조언을 건넨다. 그의 말은 지금 보면 현대 남성 인권 운동가의 횡설수설처럼 해석된다. "너무 깐깐하게 굴진 말게나. 그녀 스스로 자신의 친구를 고르고 자기 뜻대로 하고 자기 방식을 지키도록 해주게. 자네는 눈멀고 귀 먹고 벙어리가 되어 고분고분하게 따르게. 그러면 그녀는 자네 집에서 자네에게 아침과 저녁을 차려줄걸세. 자네의 시간이 그녀의 쾌락에 끼어들지만 않는다면 말이지."

트리벨리언은 세상에 의한 버림과 박해를 몸으로 표현하듯 자신의 몸을 돌보지 않은 탓에 결국 죽는다. 의사는 에밀리에게 사망 직전 며칠간 있었던 트리벨리언의 환각이 "그녀의 부정에 대한 믿음"에서가 아니라, "아무것도 양보하지 않겠노라는 완강한 고집"에서 비롯했다고 말한다.[20]

...

트리벨리언의 서사에 결함이 있다면 그것은 광기와 느린 자살에 이르는 몰락이 의사를 비롯한 주변의 합리적인 사람들의 관점에서 서술된다는 것이다. 마치 그가 생생한 심리학 강의에 전시된 물건인 것처럼 말이다. 그의 광기가 편지와 대화를 통해 직접 이야기할 때, 비로소 우리는 그가 품은 분노의 성격을 맞닥뜨리고 그 기이한 공기를 잠시나마 호흡할 수 있다.

분노는 제삼자의 안전한 거리에서는 터무니없어 보이는 법이다. 나이의 간극도 같은 효과가 있다. 아기의 울화통은 성인에게 우스워 보이며 성인의 역정은 아이에게 무시무시하고 요령부득으로 보인다.

이 거리가 지각을 지배하는 한 우리는 분노를 이해할 가망이 없다. 신체적·정서적 거리가 가까워졌을 때에야 우리는 분노를 믿음의 격앙된 표현이라기보다는 홀린 상태로서 실감하기 시작한다. 자신이 옳다는 확신은 처음에는 몸의 장기와 근육계에서 체감되며 엄청난 힘으로 이 부위들을 짓눌러 (프로이트가 통증에 대해 말하듯) 우리 범위 내 나머지 모든 것에 대한 접근을 차단한다.

에밀리의 아버지 마마듀크 롤리 경은 전형적인 다혈질 영국 가부장의 본보기로, 소설 막바지에 사위를 대면하여 격분한 항의의 어조로 말을 꺼내지만 트리벨리언이 심각하게 쇠약해진 것을 보고서 마음이 누그러진다.

그는 어디서도 찾아볼 수 없을 만큼 가련한 신세였다. 움푹 파인 뺨, 늘 벌어져 있는 입술, 퀭한 눈은 이런 이야기를 해독하는 데 천성적으로 느린 마마듀크 경에게조차 뚜렷하게 해석되었다. 손을 씰룩거리고 발을 쉼 없이 까딱거리는 것으로 보건대, 얼른 치료하여 고통을 덜어주지 않으면 인간의 힘으로는 감당할 수 없게 되어 그가, 아

니면 그의 마음이 조각날 것 같았다.[21]

　자신이 세상에 어떻게 비칠지 불안에 시달리는 사람인 트리벨리언은 양심과 관습에 얽매인 탓에 편집증적 공격을 살인으로 분출하지 못한다. 그는 19세기판 오셀로다. 그의 격렬한 분노는 외부 대상에게서 물러나 자신을 향한다. "이런 이야기를 해독하는 데 천성적으로 느릴"[22] 뿐 아니라 무엇에도 느린 마마듀크 경이 보기에도, 트리벨리언의 신체적·정신적 붕괴 징후는 하도 뚜렷하고 급박하기에 해독하지 못할 수가 없다.

　트리벨리언은 무너지기 일보 직전인데, 이것은 사실상 느린 자살이다. 넘치는 공격 에너지가 방향을 뒤바꿔 일종의 자가면역 공격을 벌이는 것으로서, 그 참상은 송장 같은 얼굴에 뚜렷이 드러난다. 그의 씰룩거리는 손과 까딱거리는 발은 전형적 히스테리의 무언극적 쇠약을 나타내며, 표출되자마자 철회되는 살인 충동을 암시한다. 트리벨리언을 보면 굶주려 죽어가는 사람이 떠오르지 않을 수 없다. 그는 필요의 법칙과 자기보전의 기본적 요건을 더는 충족하지 못하게 된 유기체다.

혁명가와 공포정치

다소 생뚱맞기는 하지만 트리벨리언의 이미지를 보면 '배곱화hangry'• 라는 혼성어portmanteau••가 떠오른다. 이 낱말은 굶주림hunger 상태와 분노angry 상태가 혼합된 것으로, 광고와 소셜 미디어를 통해 유행했다. 신경학 연구에서 밝혀낸 사실이 있는데, 굶주림은 변연계의 평형 상태인 항상성을 교란시켜 호르몬 유발 공황의 일시적 폭주를 일으킨다고 한다. 불만족 신호는 결국 누구나 너무 오랫동안 굶주렸을 때 겪어본 짜증을 유발한다. 이것은 배고픈 아기의 울음을 뚜렷이 연상시키며, 그와 마찬가지로 신체적 흥분과 더불어 정서적 흥분으로 충만한 상태다.

정상적 조건에서는 아기의 울음과 우리의 노여움 둘 다 음식이 도착하면 가라앉는다. 그래서 우리는 '배곱화' 같은 웃기는 조어를 안심하고 퍼뜨릴 수 있다. 하지만 역사적으로나 지리적으로 멀리 가지 않아도 정상과는 거리가 먼 조건, 즉 수많은 사람들이 식량부족, 영양실조, 기아에 시달리는 상황을 맞닥뜨리게 된다.

- • 'hangry'는 헝가리의 정신분석가 포도르 난도르Fodor Nandor가 1956년 발표한 논문 「언어 사용에서 구강 리비도의 정신병리와 문제Psychopathology and Problems of Oral Libido in the Use of Language」에 처음 실렸다. 포도르는 이 신조어를 두 낱말이 하나로 융합된 예로서 제시한다. —원주
- •• 두 낱말의 일부가 결합하여 만들어진 단어를 말한다.

트리벨리언은 자기 주변의 상류사회가 두르고 있는 안온한 만족의 허울을 꼬집어 파란을 일으킨다. 그의 깊숙한 '배곯화', 즉 자신을 관통하는 파괴적 분노로 인한 체질량 손실은 주변의 모든 사람들에겐 기이한 광기로 느껴진다. 무난한 자기관리라는 훌륭한 부르주아적 덕목의 위반이니 말이다.

여기에는 굶주림이 일상생활의 구조적 성격이라면, 개인의 신체 못지않게 사회적·정치적 체제를 위협하리라는 암묵적 이해가 깔려 있다. 이것이 한나 아렌트가 『혁명론On Revolution』에서 내놓은 주장이다.

아렌트는 빈곤층이 혁명기 프랑스의 정치 무대에 폭발적으로 진입한 사건에 주목한다. 그녀는 빈곤과 그로 인한 생물학적 필요의 미충족 상태가 '전前 정치적' 힘이라고 주장한다. 정치 집단의 기본 조건은 인간 연대다. 즉, 민주적 논쟁의 공론장이 형성되어야 한다. 그런데 이런 집단에 들어갈 수 있으려면 최소한 생물학적 생존을 위한 기본 수단이 확보되어 있어야 한다.

자유와 권력의 분배를 놓고 공개 토론이 벌어질 때, 배를 곯는 사람은 매우 불리한 처지에 놓인다. 빈곤이 정치의 적이라는 말은 이런 의미에서다. 정치의 관심사는 자유의 행사이지만, 빈곤으로 인한 불가피한 강제는 자유의 정반대다. 추위와 굶주림은 정치보다는 생존의 영역에 속한다.

아렌트가 말한다. "프랑스 혁명은 고통의 직접성 때문에 거의 처음부터 이러한 형성 과정에서 이탈해 다른 방향으로 전개되었다. 프랑스 혁명 과정은 전제정으로부터의 해방이 아닌 궁핍으로부터의 해방이라는 절박성에 의해 결정되었다."[23] 필요가 스스로에게 목소리를 부여할 수 있는 것은 힘이라는 무언의 언어를 통해서뿐이다. 그러므로 필요가 혁명 기획에 암시하는 바는 "무제한적인 폭력이 표출하"는 데서 절정에 이를 수 있다.

우리의 배곯화 경험과 배곯화가 우리의 현실적·정서적 기능을 일시적으로 어지럽힐 수 있다는 사실은, 비록 사소한 것이긴 해도 굶주림이 정치의 작동에 미칠 수 있는 영향을 조금이나마 엿보게 해준다. 굶주릴수록 관심의 범위와 규모가 제약되며, 급기야 정신이 쪼그라들어 위장의 강렬하고 무력한 공허라는 빡빡한 한계에 갇히다시피 한다.

프랑스 혁명이 공포정치로 전락한 뿌리를 여기서 찾을 수 있다. 그것은 굶주린 군중의 비참한 현실이 혁명의 향방을 결정하도록 내버려둔 지도자들의 강박이 점점 커진 탓이다. 굶주림은 기본적으로 반(反)정치적 힘이다. 굶주림은 논쟁의 주체가 될 수도 없고 논쟁의 상대방이 될 수도 없기 때문이다. 제대로 된 정치가 시작되려면 참여자들의 필수적 욕구가 확실히 충족되어야만 한다.

프랑스 혁명 직후 몇 년에 걸쳐 계급의식을 지닌 노동자 대중인

상퀼로트sans-culottes가 정치 세력으로 부상한 것은, 새로운 질서가 정치 영역에서 자유와 평등을 가져왔을지는 몰라도 빈곤층의 경제적 조건은 거의 변화시키지 못했다는 인식이 커진 데서 비롯했다. 이 불만의 토양으로부터 노동자들의 분노를 대변하는 지도자들이 등장했다. 분노의 대상은 "투기꾼과 독점 기업"의 계속된 경제 지배, 곡물 같은 생필품의 가격을 "모든 시민의 4분의 3이 눈물 없이는 감당하지 못할" 수준으로 책정하는 "인민의 거머리"였다.[24]

이 발언의 출처는 급진파 가톨릭 사제 자크 루Jacques Roux의 「앙라제 선언Manifesto of the Enragés」(1793)이다.● 바가지를 씌워 이익을 거두는 자들과 그들을 눈감아주는 부르주아 혁명 지도자들을 성토하는 격문이다. 「앙라제 선언」은 모든 사람이 필수품을 공급받을 수 있도록 가격 통제를 실시하고 "상업이 시민을 파멸시키거나 희망을 앗거나 굶주리게 해서는 안 된다는 일반 원칙을 포고하"라고 국민공회 대표자들에게 요구한다.

루는 로베스피에르의 자코뱅파를 대표하는 '산악당'에게 이렇게 촉구한다.

● 앙라제는 '성난 사람들' 또는 '광적인 사람들'의 의미이며, 프랑스 혁명기에 활동한 극렬 혁명 세력을 지칭한다.

이 혁명 도시의 주택 3층에서 9층으로 올라가면 어마어마하게 많은 사람들의 눈물과 흐느낌에 가슴이 무너질 것이다. 그들은 빵도 옷도 없으며 투기와 독점으로 인해 고통스럽고 불운한 처지로 전락했다. 이것은 법이 빈곤층에게 가혹하고 오직 부자들에 의해 부자들을 위해서만 제정되었기 때문이다.

루는 기본적 생존 수단을 갖추지 못한 가난한 사람들인 말뢰뢰malheureux가 하루하루 겪는 고통을 생생히 묘사하며 노골적으로 감정에 호소한다. 그의 수사에 배어 있는 감상주의는 "부자, 즉 사악한 자"들에게 위협을 가하는 폭력과 불가분의 관계다. 절박한 욕구에 의해 고통받는 사람들에 대한 그의 열렬한 연민은 투기꾼에 대한 분노의 원동력이다.

아렌트의 요점은 이런 종류의 연민이 정치 영역을 지배하면 복수심에 불타는 분노로 귀결할 수밖에 없다는 것이다. 실제로 **"가난한 사람들**은 **광적인 사람들**로 바뀌었다. 분노는 불행이 활동할 수 있는 유일한 형태이기 때문"이다.[25] 루를 비롯한 앙라제 지도자들의 분노가 폭력 행위로 표출될 수밖에 없었던 것은 분노를 번역할 다른 수단이 정치에 전무하기 때문이다.

루는 상퀼로트가 고통을 견딜 수 있는 인내력이 한계에 달했다고 선언한 것이었다. 아렌트는 이 선언이 사실상 공포정치의 전주곡이라고 암시한다. "인내가 장점이자 미덕인 고통은 자신이 더 이상 지속될 수 없을 때 분노로 폭발한다. 이 분노는 분명히 성취하는 데는 무기력하지만 진정한 고통의 계기를 담지하고 있다. 이 고통의 파괴력은 월등하며, 사실상 단순한 좌절의 광포함보다 더 오래간다."[26]

"단순한 좌절의 광포함"에 사로잡혔을 때 우리는 공격 행동으로 분노를 방출하지 못하며 그 대신 안으로부터 스스로를 좀먹는 무기력한 분노에 빠진다. 하지만 "진정한 고통"이 분노를 밀어붙이면, 복수심에 불타는 힘이 바깥세상으로 터져나와 진짜 원인과 상상 속 원인을 초토화한다.

아렌트의 주장에 따르면, 사건이 이렇게 전개되는 것이 불가피했던 이유는 혁명이 대중 빈곤이라는 조건에서 일어났기 때문이다. "필요가 정치 영역에 침투하"면 무제한 폭력으로만 스스로를 실현할 수 있다.[27] 정신분석 용어로 표현하자면, 극단적 굶주림과 추위는 욕동이 최고조에 도달하는 지점이다. 그럴 때면 불만족이 가장 잔혹하고 극단적인 형태로 스스로를 표출하기 십상이다.

달리 말해, 필요는 옳음의 궁극적 보증이다. 루는 춥고 굶주린 빈곤층의 이름으로 부자들을 질책하면서, 어떤 이의나 반대도 용납하지 않는 의로움의 수사법을 구사한다. 가격 통제를 촉구하는 그의 선동은 「앙라제 선언」이 발표된 지 몇 달 뒤 가격상한법으로 구현되는데, 이 정책은 옹호되거나 반박될 수 있는 정치적 제안이 아니라 정당성이 전제되어 논쟁을 초월하는 법안으로서 제출된다. 그는 가격 통제에 저항하는 것은 고통받는 대중을 고의로 궁핍하게 만드는 짓이요, 굶주린 아기의 입에서 마지막 빵 부스러기를 빼앗는 짓이라고 단언한다.

가격상한법이 통과되었을 때 폭리를 취하는 자를 살해하라는 루의 요구가 실현되었다. 물품 가격을 너무 높게 책정하여 법을 어겼다고 판단되는 사람들이 대거 공포정치에 희생되었다. 아렌트가 보기에, 이것은 생물학적 욕구가 정치에 침입했을 때의 필연적 결과다. 필요가 강제하는 해결책에서 모든 반대자는 오로지 죽음으로써만 처벌할 수 있는 범죄자로 전락한다.

가격 통제에 대한 모든 이의 제기를 굶주린 빈민에 대한 잔학 행위로 치부할 때의 문제는 실제 효과가 있는가에 대한 평가를 사실상 무효화한다는 것이다.[28] 알고 보니 가격상한법은 효과가 없었다. 울며 겨자 먹기로 가격을 생산비보다 낮출 수밖에 없던 농민과 상인의 대응은 생산을 줄여 식량 부족을 일으키는 것이었다. 법 위반은 기요틴으로 처벌되는 일이 다반사였으므로 가격상한법 집행은 공포정치의 주된 동인이 되었다.

공포정치는 이후 200년에 걸쳐 전 세계에 퍼진 혁명적 숙청과 탄압을 예고했는데, 그 근원은 분노와 옳음의 견고한 융합이었다.

정치적 격분은 행동에 영향을 미치는 감정으로서의 분노를 종식시킨다. 그러면 분노는 이제 너무 맹목적이어서 스스로에게 의문을 제기하거나 성찰하지 못하는 선동적 행동 유발자가 된다. 이 감정은 스스로에게 도취하며, 이 환상은 급진적 숙청이라는 궁극적 행위에서 절정에 이른다.

...

루의 「앙라제 선언」이 묘사하는 세상에서 대부분의 취약 계층은 영원히 자신의 생존을 위협하는 그늘에서 살아간다. 위협에서 벗어나는 방법은 위협을 제거하는 것뿐이다. 사회를 둘로 나누는 수사적 행위에서 부유층은 악과, 빈곤층은 정의 및 선과 명시적으로 동일시된다. 이 분열이 혁명 지도부의 마음속에 단단히 자리 잡으면 공포정치에 이르는 확실한 지름길이 열린다.

격분으로서의 분노는 타자에 대한 폭력의 수레바퀴를 기름칠하는 데 동원되며, 그 타자는 선인의 생존에 대한 위협과 동일시된다. 이 폭력적 논리는 대중혁명의 공포정치가 작동하는 데 핵심적이며 개별적 테러 행위를 암묵적으로 승인한다. 분노는 스스로를 정당화하려는 열망에 사로잡혀 자신의 논리를 어느 맥락에든 끼워맞추는 솜씨를 발휘한다. 최근 수십 년간 총기 난사범과 폭탄 투척범 들이 발표한 '선언'에는 공통점이 있다. 그것은 작가-테러범이 스스로를 취약하고 상처받은 사람으로 고집스럽게 내세운다는 것이다. 그들은 피해자들이 가하는 치명적 위협에 맞서는 존재로 스스로를 포장한다.

페미니스트 작가 로라 베이츠Laura Bates가 현대 여성혐오를 철저히 파헤친 포괄적 연구에서 인용한 수많은 사례에서 보듯, 온라인에서 모솔 살인자 본인과 옹호자들은 그를 참을 수 없는 굴욕을 당한 사람으로 묘사하며 다중 살인만이 유일하게 유의미한 해소 방법이었다고 주장한다. 2014년 4월 엘리엇 로저는 캘리포니아대학교 샌타바버라 캠퍼스에 차를 몰고 들어가 총을 난사하여, 여섯 명을 살해하고 열다섯 명에게 부상을 입혔다. 그는 범행 전에 자신에게 성적 관심을 전혀 보여주지 않은 여러 젊은 여성들에 대한 복수를 맹세했다.[29]

그로부터 18개월 뒤 크리스 하퍼-머서가 비슷한 만행을 저질렀다. 그는 오리건주 엄프콰의 커뮤니티칼리지에서 일곱 명을 총기로 살해하고 스스로 목숨을 끊었다. 하퍼-머서는 로저에게서 직접적 영감을 받았다고 주장했는데, 유서로 남긴 선언문에서 스스로를 "사회에서 거부당한 패배자"로 느끼는 젊은 남성들에게 행동을 촉구했다. 그는 이렇게 말했다. "계집애들이 알파 폭력배 흑인 남자들과 놀아날 때 우린 모두 이 세상이 뭔가 잘못되었다는 데 동의

할 수 있다."³⁰

2018년에는 스콧 비얼리가 플로리다주 탤러해시의 핫요가 학원에서 여성 여섯 명에게 총격을 가해 두 명을 살해하고, 자신도 목숨을 끊었다. 사후에 알려진 그의 유튜브 채널은 "잡년"과 "창녀"의 "집단적인 배반"을 질타했으며, 모솔의 상징 로저가 겪은 곤경을 탄식했다. 비얼리는 로저가 오랫동안 "아무것도, 어떤 사랑도, 그 어떤 것도 얻지 못하"는 고통을 겪었으며 "이 갈망과 이 좌절을 양산하는 끝없는 황무지"에서 쇠약해졌다고 주장했다.³¹

각각의 경우에서, 감상적 자기연민과 마구잡이식 정신병질psychopathy 사이를 오락가락하는 행위가 같은 서사 패턴으로 되풀이된다. 각각은 성애적 욕동의 좌절로 인한 쓰라린 불만족의 이야기로 시작되는데, 낭만적 제의는 무시되거나 퇴짜 맞으며 사랑을 향한 갈망은 아무리 표출해도 응답받거나 받아들여지지 않는다. 사랑을 얻지 못하고 버림받은 신세를 만회할 유일한 방법은 자신의 무력함을 절대적 무력으로 탈바꿈시키는 행동뿐이다.

옳음은 일종의 앎으로, 그 재료는 진실이 아니라 분노다. 그 앎은 바깥세상이 아니라 자기 내부에 존재한다. 트롤럽의 제목이 기발한 것은 돌이킬 수 없이 고독하고, 몸과 마음의 가장 깊숙한 감방에서 더없이 확실하게 느껴지며, 그럼에도 세상에 증명하는 것이 불가능한 앎을 담고 있기 때문이다. 트리벨리언, 에이해브, 오셀로는 모두 자기 영혼의 고독에 갇히도록 저주받은 앎에 사로잡혔다. 그 앎은 그들을 자살이나 살인으로, 또는 둘 다로 몰아갔다.

루는 로베스피에르의 명령으로 체포되어 비세트르 교도소에 수감된 뒤 그곳에서 생을 마감했다. 앙라제 운동의 여느 지도자와 마찬가지로 그의 마지막 몇 달은 폭력으로 점철되었으며, 결국 자신도 그 폭력의 희생자가 되었다. 혁명은 그를 비롯하여 (반혁명 왕당파 자크 말레 뒤 팡Jacques Mallet du Pan의 명언을 빌리자면) 수천 명의 아이를 탄생시켰고 또 집어삼켰다.

자신의 옳음에 대한 루의 앎은 트리벨리언 부류와는 중요한 측면에서 차이가 있었다. 그는 은밀한 사적 목적이 아니라 공유된 공적 대의를 위해 행동했기 때문이다. 그는 틀림없이 불쌍한 빈민에 대한 자신의 급진적 옹호를 모솔 총기 난사범의 여성혐오적 발악과 구별하고 싶어 할 것이다. 하지만 이것은 악한 의도뿐 아니라 선한 의도도 옳음의 광풍에 쉽게 휘말릴 수 있음을 보여줄 뿐이다. 아렌트가 지적하듯 루는 정치적 정의의 객관적 명령이 아니라 고통의 주관적 분노에 목소리를 부여함으로써 폭발적 폭력을 향해 하릴없이 끌려갔다.

공포정치의 집행자와 모솔 총격범 들은 동기와 도덕성 면에서 더없이 다르다. 하지만 두 경우 양쪽에서, 그리고 아마도 격분한 폭력의 모든 경우에서 희생자 살해를 강제하는 것은 동일한 압도적 내적 확신이다. 그것 말고는 내가 할 수 있는 일이 아무것도 없다는 확신 말이다.

옳음이라는 갑옷을 벗어던질 용기

당신은 이 장에서 논의한 개인이 실제에서든 허구에서든 모두 남성이라는 사실을 알아차렸을 것이다. 물론 여성도 옳음을 주장하려는 강박에서 결코 자유롭지 못하다. 하지만 남성은 자신의 힘과 막강함을 행사해야 한다는 가부장적 명령과 압박에 오랫동안 시달렸기에 그 강박을 극단으로 밀어붙일 가능성이 훨씬 크다.

트롤럽은 트리벨리언이 아내를 억지로 복종시키려고 처음 시도할 때부터 스스로에게 의심을 품도록 했다. 트리벨리언은 에밀리가 간통을 저질렀다고 믿지 않으며, 단 한 순간도 그녀에게 그럴 욕망이나 의도가 있다고 생각하지 않는나. 아내가 불륜을 저질렀다는 격렬한 환상은 점잖게 표현되는 빅토리아식 형태로조차 어떤 기미도 보이지 않는다. 오히려 아내의 잘못은 자신에 대한 남편의 불만이 어떤 성격인지 알아차리지 못했다는 것이다. 불만의 원인은 타인을 향한 아내의 욕망이 아니라, 남편의 절대적 순응 요구에 대한 거부였다.

 말하자면, 트리벨리언이 자신의 옳음을 확인받고 싶어 하는 대상은 결혼 계약의 성스러움이라기보다는 자신의 옳음에 대한 영구적이고 확고한 권리다. 그의 정신은 너무나 연약하기에 이것을 보장받지 않고서는 생존할 수 없다. 트리벨리언이 히스테리 강도를 높여가며 거듭거듭 말하듯, 그가 옳아야 하는 이유는 만일 자신이 틀리면 영혼에 치명상을 입을 것이기 때문이다. 아이러니하게도 이 점에서 그는 전적으로 옳은 것으로 드러난다.

 만년에 쓴 에세이 「끝이 있는 분석과 끝이 없는 분석 Analysis Terminable and Interminable」(1938)에서 프로이트는 모든 정신병의 "근원적인 암초"를 "여성성의 거부"와 동일시한다. 그는 이것을 일부 마음의 우연적 특징이 아니라 모든 마음의 "생물학적인 사실"로 여긴다.³² 프로이트는 남성성이나 여성성을 남성이라는 성별과 여성이라는 성별에 부여하지 않는다. 그보다는 두 성별을 관통하여 흐르는 근본적 심리-생물학적 성향으로 본다. 스스로를 어느 성별과도 동일시하지 않는 성별을 여기에 덧붙일 수 있을 것이다. 여기서 '여성성'은 관습적인 여성적 행동이나 품행과는 무관하다. 이것을 수동성과 수용성을 향하는 성향으로, 여성의 정신과 남성의 정신에 공통된다.

 프로이트가 이해하는 여성성은 정서적·신체적 경험의 전체

범위에 대한 침투성이다. 프랑스의 정신분석가 앙드레 그린^{Andre Green}은 정신분석에서 환자가 되는 조건을 서술하기 위해 '수용화 passivation'라는 용어를 고안했다. 환자가 자신의 마음을 분석가의 돌봄 하에 두려면 기꺼이 자신을 타인에게 완전히 취약한 상태에 놓아야 한다. 현실에서 아무 저항 없이 이렇게 할 수 있는 사람은 없다. 내 안에는 나 자신이 들어가고 싶지 않은 장소가 있게 마련이며, 그곳을 남에게 보여주기 싫어하는 것은 말할 필요도 없다. 분석에서 환자와 분석가는 둘 다 진짜 자아를 가로막는 장벽을 끊임없이 반복적으로 맞닥뜨린다.

수용성을 가로막는 장벽 중에서 자신이 옳음을 아는 것보다 더 철통같은 것은 없다. 이스라엘의 시인이자 평화 운동가 예후다 아미하이^{Yehuda Amichai}의 짧은 명시 「우리가 옳은 장소^{The Place Where We Are Right}」는 이 통찰을 아름답게 포착한다. 이 시의 세 연 중 첫 두 연은 아래와 같다.

우리가 옳은 장소에서는
봄에도
꽃이 결코 자라지 않아.

우리가 옳은 장소는

> 마당처럼
> 단단하게 다져져 있어.[33]

이 장소의 단단해진 땅은 물이 스며들지 않아 꽃의 생장에 양분을 공급하지 못한다. 옳음은 남성성의 갑옷처럼 장소를 에워싸 공기도 액체도 스며들지 못하게 하여 만남이나 변화를 차단한다.

이 장에서 탐구한 남성들에게는 이 갑옷의 진실성이 (아무리 환각적일지언정) 말 그대로 생존의 문제요, 죽음을 각오한 싸움이다. 어쨌거나 모술 총격범은 여성성의 거부가 지닌 파괴적 잠재력을 고스란히 드러낸다. 사랑과 인정을 향한 그들의 충족되지 못한 욕동은 그들을 무차별적 살인으로 몰아간다. 무능과 자기의심의 감정이라는 견딜 수 없는 상처는 다른 어떤 방법으로도 치유할 수 없는 것처럼 보인다.

하지만 여성성의 거부가 반드시 자살과 살인으로 치닫는 것은 아니다. 어쨌거나 우리는 빅터에게서 여성성의 거부가 뚜렷이 작동하는 것을 보지만, 그는 의심의 여지 없는 어려움을 겪었음에도 결코 어느 쪽으로도 기울지 않는다. 빅터도 '자신이 옳다는 것을 알았다.' 역시 오류 가능성을 인정하기를 꺼렸으며, 자신의 취약함이 드러날 수 있음을 직감했을 때 격분했다. 그럼에도 빅터의 방어적 장엄함은 살인이나 자살로 표출되지 않았고, 사람들의 목숨을 구하고 진실을 수호하려는 메시아적 열망으로 표출되었다.

그는 상담실 문을 쾅 닫고 나간 지 이틀 만에 돌아왔다. 얼굴은 전과 똑같은 오만한 중립적 표정을 짓고 있었다. 마치 감정을 표현하는 덫에 빠질 만큼 자신이 어수룩하지 않음을 보여주려는 듯했다. 평소라면 소파에 누운 지 몇 초 안에 이야기를 끄집어낼 수 있었을 테지만 오늘 그는 1분, 2분, 7분이 지나도록 침묵을 지켰다. 송장처럼 미동도 없었다. 그 시간 내내 그가 눈 한 번 깜박이지 않았다고 맹세할 수 있다. 마침내 그가 아기를 달래는 듯한 친숙한 바리톤 음성으로 이야기하기 시작했다.

"월요일에 이 방에서 나가는 제가 무척 거슬리셨을 겁니다." 그는 내가 수긍하길 기다리는 것 같았지만 나는 아무 말도 하지 않았다. 그가 말을 이었다. "제가 그렇게 오래도록, 그러니까 평생 동안 화가 나 있던 것에 대해 말씀하셨잖습니까. 그 말씀에 제가 한 방 먹었습니다."

내가 말했다. "언제나 경계 태세를 취하고 있는 사람에겐 힘든 일이죠."

"음, 그래서 추악한 진실을 몇 가지 말씀드려야겠다고 마음먹었습니다. 하지만 그 직후에 길을 걸어가면서 이상한 느낌이 들었습니다. 무척 새롭고 심히 불쾌하고, 저 자신을 믿지 못할 것 같은 느낌이었습니다. 마치 선생에게 진실을 이야기하려고 하면 제가 거짓말쟁이가 되는 것 같았습니다." 계속해서 빅터는 자신의 마음속에서는 진실이 무기가 아니라 가치라고, 분노가 아니라 명예의 문제라고 말했다. 이것이 자기가 주변 사람들에게 하는 말의 참뜻이라고 스스로에게 말하려 했다.

하지만 자신이 아내와 딸들에게 이야기하는 방식을 생각하고서 그는 슬프고 초라한 느낌이 들었다. 그들을 비하하는 행위에는 딱히 진실할 게 전혀 없다는 생각이 명치를 때리는 주먹처럼 그를 때렸다. "전날 밤 큰딸 프루가 제 아내 바버라에게 자기가 절 얼마나 미워하는지, 제가 얼마나 역겨운지 이야기하는 걸 들었습니다. 하지만 저는 선생에게 그 얘길 하지 않고 상담실을 나가버렸죠. 바버라는 아이에게 제가 얼마나 착하고 중요한 사람인지 말하려 했습니다. 그러자 프루는 더 화를 내며 눈물을 쏟았습니다. 엄마한테 거듭거듭 말하더군요. '아빠는 착하지 않아. 중요한 사람도 아니야. 진저리가 난다고.' 말하고 또 말했습니다."

"왠지 당신과 어머님이 나눈 대화처럼 들리는군요."

그는 침묵했다. 슬픔의 분위기가 방을 채웠다.

그는 프루가 자신과 다른 점은 엄마에게 고함칠 때 감정으로 충만한 것이라고 말했다. "저는 어릴 적에도 한 번도 울부짖거나 악을 쓰지 않았습니다. 어머니와 여동생에게 아버지가 거짓말쟁이에 사기꾼이라고 말할 때에도 돌부처 같은 표정으로 사실만 언급했죠. 적어도 제가 기억하기로는 그랬습니다."

빅터가 이후 몇 주에 걸쳐 깨달은 사실은 감정의 결여처럼 보이던 것이 실은 어머니를 보호하려는 어린 소년의 혼란스러운 안간힘이었다는 것이다. 그는 네댓 살밖에 안 되었을 때에도 강렬한 감정이 어머니에게 극심한 고통을 가한다는 것을 감지했다. 자신들이 눈물을 흘리고 분통을 터뜨리면 어머니가 속절없이 무너진다는 것을 알았다. 부들부들 떨며 제발 그만하라고 간절하게 말하는 모습을 보면 어머니가 아니라 형제 같다는 생각이 들었다.

그는 자신이 아버지에 대한 적나라한 진실을 이야기할 때에도 성난 아이보다는 나쁜 소식을 전하는 우편배달부 같았다는 사실을 깨달았다. 어린아이의 뒤죽박죽 해석은 나이를 먹으면서 고정된 공식으로 탈바꿈했다. '내 감정으로 엄마를 속상하게 하면 안 돼. 엄마에게 사실만 말하는 게 훨씬 나아.'

청소년기에 들어서면서 그의 불만은 범위가 커지고 정도가 심해졌다. 그는 동생을 찔찔이 울보로 치부했으며, 친구들이 따분하고 유치해지면 관계를 끊었다. 급기야 어느 날 어머니의 눈을 노려보며 대체 무슨 소리를 지껄이시는 거냐고 물었다. 그는 어머니가 돌아서서 위층으로 올라가 침실에서 흐느끼는 소리를 들으며 무심하게 수학 숙제를 마친 일을 기억했다.

'무심하다^{impassive}'는 것은 감정이나 격정에 물들지 않고 아무것도 받아들이지 않는 상태를 말한다. 빅터가 말했다. "여자애처럼 되지는 않겠노라고 혼잣말을 했습니다." 그에게 격정이나 분노가 없었던 것은 아니었지만, 빈곤이나 성차별, 인종주의 같은 감상적 주제에 감정을 허비할 생각은 없었다. 고민해봐야 소용없는 문제들이기 때문이다. 내가 만난 사람 중에서 그보다 더 철저하게 여성성을 거부한 사람은 드물었다.

대학 기계공학과를 수석 졸업하자 짭짤한 건설 및 설계 공사들에 참여해달라는 작업 의뢰가 밀려들었다. 그는 모든 제안을 일언지하에 거절했다. 그의 유일한 관심사는 공공 안전이었다. 그가 내게 말했다. "사실에 대한 오류보다 치명적인 것은 없습니다. 가뭄과 홍수와 화재로 사람들이 죽어나가는 걸 좀 보세요. 그건 사람들이 팩트를 보고 싶어 하지 않기 때문입니다."

그는 사람들의 목숨을 위협하는 오류를 바로잡는 일에 모든 감정과 에너지를 쏟아부었다. 이것들만이 그의 분노 대상이 되었다. 무의식 속에서 그의 감정은 세상을 구하려는 행동으로 실현될 수 있었다. 하지만 빅터는 자신이 전적으로 옳지는 않을지도 모른다는, 또는 자신이 전적으로 옳다는 사실이 실은 자신에게도 그 누구에게도 도움이 되지 않는다는 심란한 반#의식적 직관에 귀를 기울이고 말았다. 이 직관은 그를 스스로의 옳음이라는 감방에 가뒀다. 그곳에서 의지할 수 있는 것은 오로지 발밑 땅의 단단함과 불투수성이었다.

그런데 어쩌면 이 땅은 불임과 가뭄과 무정에 시달렸기에 그가 생각한 것만큼 단단하지 않았는지도 모른다. 그는 자신이 막으려 애쓴 만큼의 피해를 오히려 끼치고 있었는지도 모른다. 30여 년 전 그는 흐느끼는 어머니를 두고 문을 닫았고, 그런 울음이 자신의 냉철한 공학 세상에 침투하지 못하도록 했다. 하지만 어찌 된 영문인지 딸이 흐느끼는 소리를 들었을 때는 같은 행동을 할 수 없었다. 그는 치유할 수 없는, 팩트에만 주목하면 오히려 덧날 수 있는 위험과 상처가 있음을 감지하기 시작했다.

아미하이의 시 세 번째 연은 다음과 같다.

하지만 의심과 사랑은

두더지처럼, 쟁기처럼

세상을 파내지.

그러면 허물어진 집이

한때 서 있던 장소에서

속삭임이 들려올 거야.

프루의 눈물에 빅터는 머뭇머뭇 귀를 열어 자신의 의심과 사랑을 인식했다. 그는 팩트의 확고한 참이 아닌 진실, 더 어둡고 모호한 진실, 언어의 확신에 찬 명료함에서가 아니라 들릴락 말락 하는 속삭임에서 드러나는 진실을 받아들일 공간을 파냈다.

2장

실패한 분노
긍정적 사고 전도사, 분노 관리자, 저항자

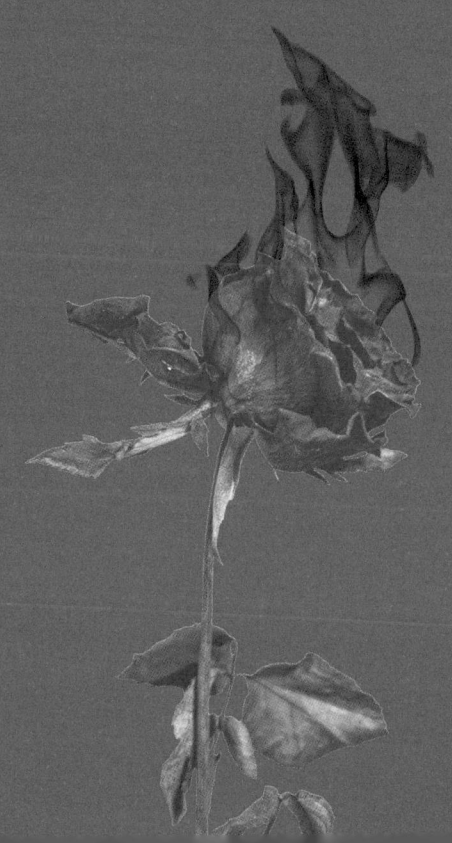

A L L   T H E   R A G E

너무 화가 나서
어떻게 해야 할지 모르겠어

분노가 송두리째 공격에 포획되면 둘은 융합되기 쉽다. 이런 분노는 폭력과 파괴 행위의 배경에서 흘러나오는 무드음악에 불과해 보인다. 1장에서 보았듯 분노 감정은 종종 공격 행동의 치어리더처럼 경험된다. 상대팀을 공격하라고 야단법석을 떠는 내면의 관중 같다.

하지만 분노와 공격이 이렇게 긴밀하게 결합하는 일은 드물다. 우리는 둘을 따로 떼어놓으려 할 때가 더 많다. 훼손된 정의, 자부심, 공정성의 배출구를 즉석에서 찾지 못해 속이 쓰린 적 없는 사람이 있을까? 대부분의 사람들은 공격이 걷잡을 수 없이 치닫는 것을 원치 않기 때문에 분노를 행동으로 옮기기보다는 삼키는 쪽을 택한다.

내가 왜소한 안경잡이이던 열다섯 살에 수학 수업 교실에 들어갈 때마다 우람한 체구와 짓궂은 표정의 골목대장에게 날마다 놀림당하던 일이 기억난다. "야, 저기 코언이다!" 문제는 내 이름을 '코이인'으로 발음했다는 것이다. 그러면 녀석의 아둔한 졸개들이 폭소를 터뜨렸는데, 내 이름이 '유대인'처럼 들린다는 이유에서였다. 콧날 위로 집게손가락을 쭉 미끄러뜨리며 내 코가 길쭉하다는 시늉을 하면 더더욱 그렇게 들렸다(말이 나왔으니 말인데 내 코는 예나 지금이나 대단히 아담하다). 대개는 〈내가 부자라면 If I Were a Rich Man〉이라는 노래를 흥얼거리면서 저 행동을 했다.

나는 그때마다 침묵한 채 두려움보다는 경멸감을 내비치려 애썼다. 칠판 위의 방정식과 삼각형을 노려보는 45분 동안 이가 갈리고 피가 솟구치면서, 뭐라고 반격해야 했을지 끝없이 곱씹었다. 그때마다 수위가 높아졌다. '넌 코라도 있냐, 피트?' 태연하게 녀석에게 이렇게 묻는 상상을 했다. '부스럼이 덕지덕지 앉아서 잘 보이지도 않네.' 이따금 예쁜 여자애가 때맞춰 녀석을 쳐다보면서 키득거리는 장면을 양념처럼 곁들였다. 어쩌면 여자애가 가느다란 손가락으로 내 어깻죽지를 무심히 건드려줄지도 모른다.

또 어떤 때에는 근사한 무언의 반격을 상상했다. 주먹을 보기 좋게 꽂아 녀석의 코를 두개골 속에 처박고 얼굴 한가운데에 구멍을 뚫는다. '다음은 누구냐?' 어안이 벙벙한 채 움츠러든 녀석의 친구들에게 침착하게 묻는다. '아무도 없나 보군.' 욱신거리는 오른손을 가볍게 털며 이 말로 마무리한다.

고약한가? 악독한가? 앙심을 품은 것처럼 보이는가? 맞다. 분노가 가장 추한 것은 배출구를 찾지 못했을 때다. 나는 저 순간들에 살인적 공격의 힘을 느꼈다. 하지만 그 힘을 느낀 사람은 나뿐이었다. 나의 가학적 충동은 꽉 쥔 주먹에서 시무룩한 마음으로, 행동의 영역에서 환상의 영역으로 전이되었다. 그곳에서 가장 높은 온도로 무력하게 끓었다.

이 사례가 떠오르면 내 마음은 프로이트와 브로이어가 구타당한 직원을 짧게 언급한 문장으로 돌아간다. 앞서 말했듯, 한 남자가 히스테리 발작에 대해 프로이트에게 상의했는데, 최면을 걸어 알아보니 이것은 그가 남들 앞에서 상사에게 지팡이로 구타당했을 때 느낀 광적 분노의 표현으로 드러났다. 여기서 분노는 바깥세상에서 배출구를 찾지 못해 몸과 마음의 좁은 공간에 갇힌 채 견딜 수 없을 만큼 커진 긴장이다.

나는 이 남자가 처한 곤경에 대해, 도발에 대한 반응이 즉각적으로 차단당했을 때의 느낌에 대해 알 것 같다. 치밀어 오른 공격 욕동은 바깥세상에서 행동을 취하라고 압박한다. 하지만 행동에 이르는 길이 막혀 있으면 욕동은 온갖 전치, 역전, 우회를 겪는다. 현실에 개입한다는 목표(이를테면 가학적인 상사나 골목대장에게 복수하는 것)가 무산되면 욕동은 다른 목적지를 찾고 새로운 형태를 갖춰야 한다.

이렇게 충동은 행동의 의도로 삶을 시작했다가 고조된 감정 상태로 탈바꿈한다. 여기서 정서 표현이 행동의 흔적이라는 다윈의 생각을 떠올려보자. 예를 들어, 적과 싸울 때는 이가 앙다물어지고 얼굴이 붉어지거나 창백해진다. 우리가 감정에 따라 행동한다고 말할 때 그렇듯, 감정은 행동의 전주곡이자 지침서처럼 보일 수 있다. 하지만 다윈의 설명에 따르면, 우리는 행동하기 때문에 느끼는 것이지 느끼기 때문에 행동하는 것이 아니다. 우리는 행동의 예비적 몸짓에서 출발하지만, 진화는 물어뜯으려는 충동을 억압하여 더 평화적 태도를 취하도록 우리를 사회화했다. '물어뜯기'는 내면에 머무르며 행동에서 감정으로 탈바꿈한다.

나는 한 번도 피트에게 주먹질하지 않았지만, 마치 언제라도 때릴 수 있도록 준비하듯 피가 더워지고 주먹이 꽉 쥐어지고 이가 앙다물어졌다. 하지만 공격 충동이 자기보전의 불안이라는 걸림돌에 막히는 바람에 감정만 느낄 뿐 행동은 전혀 하지 못했다. 구타당한 직원과 마찬가지로 나는 복수의 즉각적 쾌감도, 정의의 지연된 만족도 맛깔할 수 없었다. 그 대신 새뮤얼 콜리지 Samuel Coleridge의 시 「노수부의 노래 Rime of the Ancient Mariner」에서 노수부가 신천옹에 대한 생각을 떨치지 못하듯 분노를 담아두었다.

이런 식으로 작동하는 감정이 또 있을까? 기쁨이나 슬픔이 좌절된다는 것은 말이 안 된다. 좌절이나 불만족은 소망이나 욕망이 충족되지 않을 때 생긴다. 하지만 기쁨과 슬픔은 무엇도 욕망하거나 겨누지 않는다. 물론 정의에 따르면 기쁨은 그 자체가 곧 목적이다. 다른 것에 대한 소망이나 욕구를 일으키면 기쁨은 더 이상 기쁨이 아니게 된다.

슬픔은 이보다 더 복잡하다. 슬픈 사람은 무언가를, 말하자면 자신의 슬픔을 끝내줄 것이라면 무엇이든 소망한다. 그것은 영원한 여름휴가일 수도 있고 떠난 애인의 복귀일 수도 있다. 하지만 여름을 끝없이 늘리거나 떠난 애인을 데려올 힘이 우리에게 있을 때 우리는 슬픔이 충족되었다고 말하지 않는다. 슬픔이 끝났다고 말할 뿐이다.

모든 정서를 통틀어 정의상 영구적으로 불만족에 빠질 수 있는 것은 분노와 사랑뿐이다. 분노와 사랑에 빠지면 언제까지나 대상을 원하되 얻지 못한다. 분노가 공격과 관계있고 사랑이 섹스와 관계있는 것은 우연이 아니다. 공격 행동과 성적 결합은 분노와 사랑이 바깥세상에서 충족을 추구하는 수단이다. 게다가 인간은 변화무쌍한 이 힘들을 수많은 다른 경로로 내보낼 수 있다. 자기파괴뿐 아니라 자기보전에도, 죽음뿐 아니라 삶에도, 정체뿐 아니라 성장에도 똑같이 동원할 수 있다.

하지만 대체로 모든 인간이 알듯 그런 충족 시도는 실패하기 십상이다. 공격 행동도 성적 결합도 우리의 분노나 욕망을 확실히 충족하지는 못한다. 약속한 결과를 내놓지 못할 때처럼 둘 다 실망스럽고 낙심되고 김빠질 수 있다.

프로이트는 성 욕동의 본질에 완전한 만족을 허용하지 않는 무언가가 있다고 주장한다. 성 욕동의 대상은 영영 우리를 피해 달아난다. 잡았다 싶으면 손가락 사이로 빠져나간다. 기이하게도 공격 욕동 또한 마찬가지다.

프랑스의 작가 로베르 앙텔므Robert Antelme는 다하우 강제 수용소에 수감되었던 시절을 회상하는 참혹한 회고록에서, 나치 친위대가 수감자들을 때리고 죽이는 것으로는 모자라 인간성까지도 말살하려는 분노에 사로잡혀 있었다고 묘사한다. 하지만 그들은 그렇게 하는 과정에서 자신이 가진 파괴력의 한계를 맞닥뜨렸다. 앙텔므는 이렇게 쓴다. "우리가 그들과 같은 인간이기 때문에 친위대들도 결국은 우리 앞에서 무력할 것이다."[1] 말하자면, 당신은 사람을 죽일 수는 있지만 그를 인류의 범주에서 내쫓을 수는 없다. 지배하고 파괴하려는 욕동은 설령 극한에 이르더라도 스스로를 온전히 충족하는 일이 불가능하다.

초창기 정신분석은 감정보다 욕동에, 사랑보다 성에, 분노보다 공격에 훨씬 많은 관심을 기울였다. 하지만 1930년대와 1980년대 사이에 추세가 바뀌어 '대상관계object relation'라는 새로운 이론이 발전했다. 주요 인물로는 로널드 페어베언Ronald Fairbairn, D. W. 위니컷, 매리언 밀너Marion Milner, 크리스토퍼 볼라스Christopher Bollas가 있다. 대상관계 이론은 정서적 관계에 더 큰 관심을 쏟았으며, 욕동이 너무 기계적이고 인간 감정에 충분히 들어맞지 않는다는 이유로 욕동 이론을 폐기했다.

하지만 감정과 욕동이 정반대라는 그들의 가정은 잘못이다. 오히려 둘은 친밀한 동반자다. 나는 우리가 감정을 **가지는** 이유를 이해하는 데 욕동이 핵심이라고까지 말하고 싶다.

욕동 개념에 대한 오해가 생겨난 주요 이유 중 하나는 프로이트의 저서를 영어로 옮긴 제임스 스트레이치James Strachey가 독일어 원어 '트리브Trieb'를 욕동이 아니라 본능으로 번역했기 때문이다. 'drive(욕동)'는 형용사형이 없어서 온갖 번역상의 난점이 발생하는데, 스트레이치는 'instinct(본능)'로 번역하는 것이 실용적 해법이라고 생각했다. 어쨌거나 욕동이나 본능이나 그게 그것이라고 생각한 것이다. 그런데 실제로는 그렇지 않다. 욕동과 본능의 구분이 현학적인 이론적 트집처럼 보일지도 모르지만, 여기에는 우리가 인간으로서 누구이고 어떤 존재인지 이해하는 데 중요한 함의가 있다.

앞에서 보았듯, 본능은 벌이 꿀에 이끌리듯 필수적 요구의 달성을 보장하는 타고난 생물학적 지식이다. 욕동에는 이 본능적 요소가 들어 있지만 더 복잡한 측면도 있다. 아기는 엄마가 먹여주는 젖의 영양학적 만족을 본능적으로 추구할지 모르지만, 젖의 따뜻함, 뺨에 닿는 가슴의 부드러움, 젖꼭지의 탄력 저항이 혀에 느껴질 때의 안도감 등 더 감각적이고 정서적으로 충만한 쾌감을 추구하기도 한다.

우리를 생물학적 본능만 가지고 설명할 수 있다면, 이를테면 성이 리비도 에너지를 방출하거나 심지어 종을 재생산하려는 소망에 불과하다면, 우리가 사랑이라고 부르는 것은 효율적 발정의 별난 행위를 통해 간편하게 충족할 수 있을 것이다. 하지만 우리를 움직이는 것은 본능이 아니라 욕동이므로 우리는 언제나 또 다른 것을 원하고, 자신이 가장 욕망하는 것을 가지지 못했다는 느낌에 시달리고, 결코 달성할 수 없는 궁극적 성취를 갈망할 운명이다. 성생활이 그토록 아슬아슬하고 예측 불허이고 묘하게 즐거울 수 있는 것은 이 때문이다. 다시 말해, 우리가 그것을 사랑이라고 부르는 것도 이 때문이다.

감정이 생겨나는 것은 욕동이 스스로를 충족하는 데 실패하기 때문이라고 말할 수 있다. 우리는 공격 욕동을 발동하지만 자신이 원하는 정의나 복수를 달성하는 데 실패하고 만다. 원하는 것을 얻고 보니 실제로는 우리가 원하던 것이 아닐 때도 있다. 이런 경우 공격 충동은 소진되거나 질식할 수 있지만 분노는 남아서 우리를 안으로부터 갉아먹는다.

이 시점에 안토니오 다마지오가 정서와 감정을 어떻게 구별했는지 떠올려보면 유익할 것이다. 다윈과 마찬가지로 다마지오는 정서를 유기체가 자신의 보전을 본능적이고 무의식적으로 추구하는 방법으로 정의한다. 이 정의에 따르면, 정서는 생각할 필요 없이 일어나는 반사 반응이다. 썩어가는 음식물 쓰레기가 넘쳐나는 쓰레기통 옆을 지날 때 느끼는 역겨움이나 좋아하는 빵집의 진열대를 둘러볼 때의 기쁨이 이에 해당한다.

하지만 감정은 이 반응에 대응하는 이미지와 개념을 만들어낸다. 정서가 대상에 저절로 반응하는 데 반해, 감정은 대상을 창조적으로 처리하여 "새롭고 독특한 반응을 만들어낼 가능성"을 키운다. 이 관점에서 보자면, 분노는 공격보다 고차원적이며 반응 행동을 일종의 자기반성으로 전환한다.

정신분석가 한스 뢰발트는 더 임상적인 측면에서 비슷한 통찰을 발전시켰다. 1971년에 그는 정신분석 작업이란 '맹아적 본능을 숙련된 감정으로 탈바꿈시켜, 환자에게서 처음에는 맹아적이고 무의식적 공격으로 나타나는 것이 (치료 과정을 거쳐) 느껴지는 분노가 되도록 하는 일'이라고 주장했다.

다윈은 분노를 공격의 표현적 겉껍질로 여겼다. 즉, 몸짓은 요란하지만 행동을 취하지는 않는다는 뜻이다. 이에 반해, 뢰발트와 다마지오가 보기에 분노 감정은 감소한 형태의 공격이라기보다는 더 고등한 정신 영역으로의 이동이다. 분노는 공격으로 무언가를 하는 방법이자 공격을 행동 영역에서 느낌 영역으로 옮기는 방법인 것이다.

뢰발트와 다마지오 둘 다 충동에서 감정으로의 이 이동이 지극히 긍정적이라고 여긴다. 다마지오에게 감정은 유기체의 목적론적 설계가 표현된 것으로, 언제나 자기보전 극대화를 위해 작동한다. 뢰발트도 마음이 정서적 자기이해 수준을 점점 높이려 한다고 생각한다.

하지만 행동에서 감정으로의 이 이행이 일상생활에서 언제나 무조건 좋은 것으로 경험될까? 그럴 리 만무하다. 괴로운 감정을 어떻게 해야 할지 모르는 채 짊어져야 하는 것은 교육적일 때보다 고통스러울 때가 더 많다. '구체적 행동'으로 전환할 수 없는 분노에 사로잡혀본 괴롭힘 피해자라면 잘 알 것이다.

프로이트가 소개한 구타당한 직원의 공격 충동이 강제로 억압되어 몸과 마음에 자리 잡게 되었을 때 그가 느낀 것은 신경계에 대한 압도적 압박뿐이었다. 마찬가지로 피트에 대한 복수 욕구가 어떤 적극적 반응도 거부당했을 때 그 욕구는 내 뱃속에 답답한 덩어리로, 내 귓속에 항의의 비명으로 쌓였다.

분노가 공격과 밀접하게 연결되면, 우리에게 자신이 무슨 일을 하는지 안다는 신체적 감각과 정신적 확신을 부여한다. 분노는 우리가 취하는 행동에 대해, 그것이 신체적 공격이든 거리 시위든 부부 싸움이든, 명료함과 의로움의 감각을 날카롭게 벼린다. 하지만 분노가 공격으로부터 떨어져나오면 정반대 효과가 나타난다. 공격 행동의 직접적 배출구가 사라지면 우리의 신경계에 무기력의 압박이 가해진다. 우리는 자신에게나 다른 사람에게 이렇게 말한다. "너무 화가 나서 나 자신을 어떻게 해야 할지 모르겠어."

이 시점에서 분노는 우리를 여러 경로로 데려갈 수 있는데, 모든 경로는 이렇게든 저렇게든 우회로처럼 느껴진다. 이 경로들은 우리를 방출되지 못한 분노의 고스란한 좌절감으로 이끌 수도 있고, 분노를 다른 태도(과장된 정중함, 지나친 친절, 시무룩한 표정)로 위장하여 표현하도록 할 수도 있다. 억압 상태를 유도할 수도 있다. 그러면 우리는 자신이 느끼는 분노를 인식하지 못할지도 모른다. 이런 상태에서 분노는 무의식적으로 자신에게 돌려져 우울, 자해, 중독, 정신-신체 장애, 심지어 자살의 형태로 나타나기도 한다. 아니면,

마음속 깊숙이 들어앉았다가 폭발적 폭력 행동으로 분출할 수도 있다.

분노의 이 모든 우회와 전치는 개인적 형태와 집단적 형태를 둘 다 취할 수 있으며 사적 삶과 공적 삶 둘 다에 영향을 미칠 수 있다. 여기서 실제로 접촉할 수 없는 분노에 의해 개인의 삶이 형성된 사례를 소개한다.

올리브의 편두통

"음, 그렇게 느낀다고 **자각**되진 않는걸요."

이것은 내게 주 3회 진료를 받던 첫해에 올리브가 허구한 날 나직이 읊조린 후렴구였다. 그 뒤로 몇 년간 그녀가 '힘든' 감정(절망, 울분, 짜증, 경멸, 질투, 그리고 무엇보다 분노)을 경험하는 것 같다고 내가 넌지시 말할 때마다 그녀는 이렇게 반응했다.

첫 진료 3주 뒤 올리브는 10분가량 지각했다. 그녀는 평소의 흠 없는 평정심을 유지하려 했지만 처진 입꼬리 부근에서 심란한 당혹감이 엿보였다.

그녀는 상담실에 들어오자마자 이렇게 입을 뗐다. "**너무** 죄송해요! 일하고 있었어요. 메일함 지우다가 문득 시계를 보고서 허겁지

겁 달려왔어요. 제가 지금도 살짝 허둥대고 있는 거 아닌지 모르겠네요. **정말** 죄송해요."

나는 그녀가 못마땅해한다는 것을 알아차렸다. 그녀도 동의하더니 자신의 동의에 살짝 조건을 달았다. 나는 이런 '원투 연타'에 이미 익숙해져 있었다. "그래요. 제 말은 **약간** 못마땅하다는 뜻이에요. 다른 사람이 시간을 허비하게 만드는 게 싫거든요. 그건 무례한 짓이라고 생각해요. 선생님께서는 저를 기다리는 것보다 더 보람된 일이 있겠죠. 이렇게 부주의하게 시간을 깜박하는 건 저답지 않아요."

내가 말했다. "음……, 어쩌면 여기 오고 싶지 않아서였는지도 모르죠."

어리벙벙한 침묵 뒤에 그녀가 내 말을 되풀이했다. "…… 여기 오고 싶지 않아서였다고요?!" 그녀는 놀람을 삭이려는 듯한 어조로 여기 오게 되어서 매우 기쁘다고, 진료를 받기 시작한 것은 순전히 자의에서였다고 힘주어 말했다. 그녀의 지각은 내키지 않거나 화가 났다는 신호일지도 모른다고 내가 암시할수록, 그녀는 순수한 자신의 의지로 여기 오고 싶었음을 더욱 간절히 어필했다.

이 대화에서 드러난 사실은, 부정적 감정이 자신에게 조금이라도 부여되는 것을 올리브가 얼마나 괴로워하는가였다. 이 사실을 암시하는 나에 대한 짜증과 자기 자신 사이에 스스로 세운 장벽이 고통을 가중했다. 그녀가 내게 악을 쓰거나 더 심한 짓을 하고 싶을 거라는 나의 암시는, 그녀로 하여금 내게 악을 쓰거나 더 심한 짓을 하고 싶게 만들었을 것이다. 그런 짓을 결코 할 수 없기에 더더욱 애가 탔으리라.

올리브는 자신의 분노에 영구적으로 포위되어 있었다. 의식의 전면에 나서려는 분노를 영원히 두드려 패 막아야 했다. 이 곤경을 지적하기만 했는데도 점점 나 자신이 짓궂은 가학성애자처럼 느껴졌다. 존재조차 차마 인정하지 못하는 것을 정면으로 직시하라고 그녀에게 강요하는 것 같았다.

하지만 자신의 감정을 저렇게 두려워하는 사람이 왜 일주일에 세 번씩 정신분석가를 찾아왔을까? 올리브가 내세운 이유는 점점 심해지는 편두통이었다. 첫 진료에서 그녀는 극심한 업무 '스트레스'가 편두통의 원인이라고 말했다.

업무 관련 스트레스가 실제적이라는 건 의심할 여지가 없지만, 이것은 불안과 불행을 은근슬쩍 개인과 분리하여 순전히 외부적인 원인에 돌리는 간편한 수법이기도 하다. 아동 빈곤에 대한 인식을 제고하는 자선 기관의 부소장으로서 올리브가 말하는 업무 스트레스는 틀림없이 믿을 만했다. 하지만 스트레스를 이유 삼은 것은 그녀의 삶과 자아를 완전히 논외로 하는 수법이기도 했다.

결과적으로, 그녀가 진료 첫해 내내 부지런히 추구한 목표는 이 자기배제를 변호하는 것이었다. 자신의 과거 이력이나 현재의 삶에는 자신의 문제를 일으킨 원인이 전혀 없으며 두통, 불면증, 식욕 부진은 모두 과중한 업무로 인한 증상이라고 주장하는 것이었다. 물론 그녀는 아동 노동, 굶주림, 질병 같은 (그녀 말마따나) '진짜 고통'을 업무에서 지속적으로 접해야 했다. 그랬기에 자신과 나에 대해 가볍디가벼운 경멸 같은 것을 느꼈다. 그리고 이런 일에 이따금 영향을 받을 수밖에 없었다. 어쨌거나 그녀도 인간에 불과하니까 어쩔 수 없는 일이었다.

이런 식으로 1년이 지나간 뒤 올리브는 미안해하는 기색이 역력한 채 편두통이 심해지고 있다고 말했다. 내가 대답했다. "그 말을 하시기가 쉽지 않았을 거예요. 여기에 많은 돈과 시간을 투자하셨으니까요."

그녀가 대답했다. "아, 아니에요. 천만에요. 절대 그렇게 생각 안 해요. 선생님께서 제 두통을 마법처럼 없애주실 거라 기대하지 않아요. 어떻게 그러실 수 있겠어요?"

나를 찾아온 이유가 그것이 아니냐고 묻자 그녀의 어조에 못마땅한 기색이 역력했다. "정말이지 못마땅하거나 실망하거나 그런 거 절대 아니에요! 그런 게 조금이라도 있었다면 제 잘못이에요. 평생 앓은 편두통을 그저…… 대화만으로 없앨 수 있을 거라 상상했다는 것 말이에요." 그녀는 자신이 무심결에 치료를 깎아내렸음을 즉시 깨닫고는 겁먹은 어조로 말을 이었다. "선생님께서는 잘하고 계신다고 생각해요. 정말로요!"

그러더니 눈물을 쏟았다.

…

분노 같은 부정적 감정이 생겨나는 것은 우리가 공격적이기 때문이 아니라, 자신의 공격으로부터 거리를 둔 채 살아가야 하기 때문이다. 자신이 원하는 것이 무엇인지 언제나 알고 자신이 원하는 것을 얻는 데 걸림돌이 전혀 없으면 우리는 무엇에 대해서도 분노를 느끼지 않을 것이다. 자신이 무엇을 욕망하든 그것을 간단없이 얻으면 우리는 공격적이고 탐욕스럽고 거들먹거리고 자신만만할지언정 결코 분노하지는 않을 것이다.

아리스토텔레스는 『수사학 Rhetoric』에서 이렇게 말한다. "욕구가 충족되지 않은 사람들은 …… 쉬 분노하고 흥분한다."[2] 분노가 내면에서 들끓는 것은 원하는 것을 얻는 능력의 한계를 맞닥뜨릴 때뿐이다. 최초의 조우는 불운하게도 출생 즈음에 일어난다. 미국의 정신분석가 마이클 아이건 Michael Eigen은 이렇게 설명한다. "분노는 유아의 비명에 담겨 있다."[3]

유아는 세상을 처음으로 대면할 때 엄마 뱃속에서는 한 번도 겪어보지 못한 불만족으로 가득한 환경에 내던져진다. 주변 공간은 자신을 아늑하게 감싸주는 게 아니라 사방으로 뻥 뚫려 있다. 젖먹이기는 지연될 수 있으며, 이는 유아에게 굶주림의 신체적·정서적 고통을 경고한다.

아기가 이런 뜻밖의 충격에 대처하기 위해 전능한 통제라는 환상을 만들어낸다는 위니컷의 주장을 떠올려보라. 아기가 울음을 터트리면 가슴이, 또한 가슴에 동반되는 모든 다정한 관심이 마법처럼 나타난다. 하지만 아기가 발달하려면 자기 바깥의 세상(위니컷은 '나 아닌' 세상이라고 부른다)을 점차 인식해야만 한다. 그러다 보면 사랑, 쾌감, 권력에 대한 욕망이 모두 충족되지는 않기에 불만족을 받아들일 수밖에 없다.

처음에는, 그리고 오랫동안 우리는 이 모든 것 때문에 무척 화가 날 수 있다. 짜증은 보호자가 감히 자신의 요구를 들어주지 않는데 대한 도도한 격분을 표현한 것이다. 이 유아기 분노의 어떤 측면은 나머지 일생 동안 우리 안에 끈질기게 남는다. 청소년기에 새로운 삶을 살아가고, 중년의 여러 단계 내내 변두리에 도사리고 있다가, 마지막에 빛의 사멸에 대한 노년의 분노로 돌아온다.

탄생 순간부터 삶은 궂은 뉴스를 보도하는 채널 같아서 우리의 무력감, 의존성, 고독감을 화면 아래에 자막으로 띄운다. 이 모든 속보는 세상이 우리의 전유물이 아니며, 각자의 욕구, 욕망, 관심,

반감, 희망을 가진 수많은 타자와 그것을 공유해야 한다는 사실을 일깨운다.

짜증이 그치는 순간, 적어도 빈도와 횟수가 줄어드는 순간은 공격의 힘으로 원하는 것을 얻는 데 한계가 있음을 아동이 깨닫는 때다. 제 것이 아닌 장난감을 움켜쥐었다가는 손을 비틀려 빼앗긴다. 돌려달라고 악을 쓰면 오히려 못 받는다. 고분고분하면 받을 수 있을지도 모르지만 말이다.

이 현실에 적응하는 과정, 원하는 모든 것을 원하는 대로 다 얻지는 못하는 과정에는 대가가 따른다. 우리가 공격이라고 부르는 욕동이 바깥세상에서 좌절되더라도 사라지지 않고, 몸과 마음의 내적 삶에서 스스로 다른 종류의 존재가 되는 것이다. 그 존재를 우리는 '분노'라고 부른다.

분노는 공격과 흔히 결부되며 공격이라는 마차를 끄는 말로 곧잘 묘사되기 때문에, 우리는 둘의 결합이 실제로는 얼마나 위태롭고 아슬아슬한지 보지 못한다. 대체로 분노는 우리의 위장에 쏟아져 들어오고 혈류를 누비며 배출 통로를 찾아 헤매지만 결국 찾지 못한다. 1893년 프로이트는 구타당한 직원의 사례에서 이미 이 통찰에 도달했다. 상사에 대한 분노와 법원에 대한 분노의 외부 배출구를 찾지 못한 직원은, 그 감당할 수 없는 짐을 자신의 몸과 마음에 대신 지울 수밖에 없다.

프로이트는 『문명 속의 불만 Civilization and Its Discontents』에서 이 통찰을 일반화했다. 그는 질서 정연하고 공정한 사회를 유지하려면 공격 에너지의 대부분을 포기해야 한다고 주장했다.[4] 우리는 이렇게든 저렇게든 모두 구타당한 직원이다. 공격 행동의 배출구를 찾지 못하며 분노를 속으로 삭여야 하는 신세다. 이따금 공허한 분풀이로 방출하기도 하지만, 분노가 신체적·정신적 내면을 조용히 좀먹게 할 때가 더 많다.

그런가 하면 분노가 다른 기분으로 위장하여 때로는 우리 자신도 알아차리지 못하게 스스로를 숨길 때도 있다. 이것이 올리브가 오랫동안 갈고닦은 수법이었다. 어찌나 능숙해졌던지 자신이 이렇게 하고 있다는 사실조차 알지 못했다.

...

그날 하염없이 쏟아진 올리브의 눈물은 낮고 오랜 흐느낌을 동반했다. 이런 울음은 놀랍도록 낯설었지만 완벽하게 석절했다. 미치나도 모르게 기다리던 뜻밖의 방문객이 찾아온 듯한 느낌이었다. 그 뒤의 진료들에서 올리브는 지구의 처참한 상황, 결혼의 파탄 상태, 어릴 적의 정서적 상처, 불임 가능성까지 분노의 목록을 끊임없이 읊었다. 이 모든 원인이 어우러져 그녀의 머리, 목, 등에서 확산하고 발산하는 통증으로 나타난 듯했다.

그녀는 이 경험들을 직선적 서사보다는 일종의 분노 콜라주로 펼쳐 보였는데, 고통과 상실의 모든 층위가 서로 겹치고 배어들었다. 그녀의 말을 들으니 후련했다. 꽁꽁 막혀 있던 긴장이 해소되는 것 같았다. 그동안 올리브가 상담실에 들어올 때마다 그 즉시 나의 관절과 근육이 무의식적으로 그녀와 연대하여 꽉 죄어들었다는 걸 그제야 알아차렸다.

그녀의 일생은 모든 나쁜 감정에 대한 금지의 구름 아래 짓눌려 있던 것처럼 느껴졌다. 그녀는 치료가 그 구름을 걷어낼 것임을 알았지만, 자신에게 그런 미래는 상상할 수 없어 보였다. 그녀가 진료 중에 조용히 혼잣말을 했다. "화났다거나 못마땅하다거나 역겹다고 말하지 마. 그러면 그가 널 미워할 거야." 하지만 진료 중에 허점을 드러내는 순간, 그녀는 자신이 소리 지르고 울부짖어도 괜찮으며 내가 꾸짖거나 거부하지 않으리라는 것을 홀연 깨달았다.

우리가 처음 만났을 때 그녀는 자신의 어린 시절에 대해 대략적으로만 이야기했다. 이제 와서 들어보니, 그녀가 더 자세한 설명을 하지 못한 것은 당시의 해명과 달리 기억력이 나빠서가 아니라, 외동딸로서 부모에게 느낀 미움이 무척 부끄러웠기 때문이었다. 그녀는 이렇게 털어놓고 나서, 열두 살 어느 여름 오후에 공원을 지나가다가 아이스크림 트럭 앞에서 멈춘 일을 떠올렸다.

"저는 나이에 비해 키가 작았어요. 머리는 길고 곧았고 머리띠를 하고 있었어요. 얼룩덜룩한 무늬의 둥근 뿔테 안경을 썼고요. 저는 아이스크림을 좋아했지만 아빠가 저보고 원하는 걸 아이스크림 장수에게 직접 이야기하라고 재촉하자 겁이 났어요. 토핑을 가득 얹은 아이스크림선디를 먹고 싶었지만 먹보라고 핀잔받을까 봐 걱정스러웠어요. 그래서 우물쭈물하다 레모네이드 아이스바를 먹고 싶다고 말했어요. 아이스크림 장수는 아이스바를 건네며 이렇게 말했어요. '예쁜 아가씨는 미소 지으면 더 예쁘단다!' 그러자 엄마가 큰 소리로 웃으며 그에게 말했어요. '꿈도 꾸지 말아요! 우리 조그만 투정꾼에게는 있을 수도 없는 일이라고요!' 아이스크림 장수가 뭐라고 했는지는 기억나지 않아요. 아빠가 덩달아 웃으며 한마디 거든 것만 생각나요. '우는 아이 레몬 하나 더 줘야지!' 그러고는 제가 토라진 걸 보고는 눈알을 굴리며 말했어요. '아가야, 또 예민하게 구는구나! 농담이야. 올리브, 농담이라고!'"

그 사건이 기억의 중심에 새겨진 것은 낯선 사람 앞에서 꼴사나운 굴욕을 당했기 때문일 것이다. 하지만 알고 보니 이 이야기는 불필요한 정서적 상처의 정교한 직물에 박힌 바늘땀 하나에 불과했다.

"우아아아앙! 저 커다란 남자애가 날 발로 **걷어차아아았어**!" 올리브가 초등학교 2학년 학기의 마지막 날 눈물을 흘리며 일러바

쳤을 때 그녀의 어머니는 찢어지는 팔세토 비명을 지르며 올리브의 말을 흉내 냈다.

"남자애 쫓아버리기 시합하니?" 어느 금요일 저녁, 열여섯 살 올리브가 머리부터 발끝까지 검은색으로 차려입고 검은색 아이라이너를 굵게 칠한 채 나갈 준비를 하고 있을 때 아버지가 지나가면서 이렇게 비꼬았다.

"늘 그 애한테 그런 식으로 말하니? 맙소사, 끔찍하구나. 그 애가 널 어떻게 보겠니?" 이번에도 아버지였다. 그녀가 당시 남자 친구(지금의 남편)와 침실에서 소리 죽여 옥신각신하는 걸 엿듣고서 했던 말이다.

"정말로 그 드레스 입을 거니? 팔이 아주 가늘지 않으면 안 어울릴 텐데." 올리브의 결혼식 날 아침에 어머니가 한 말이다.

올리브는 자신이 기억하는 한, 부모가 훈육에 동원한 무심한 적대감과 경멸의 렌즈를 통해 스스로를 바라보게 되었다. 하지만 이 적대감에서 흥미로운 점은, 거울을 들이대자마자 그것이 스르르 녹아버렸다는 것이다. 부모는 자신들의 공격에 딸이 눈물을 흘리거나 괴로워하거나 방에 틀어박히면 영문을 모르겠다는 어조로 대체 무슨 소리를 하느냐고 물었다. "우리가 무슨 **짓**을 했다고 그러니?" "어쩜 우리가 말할 **때마다** 무슨 대형 사고를 친 것처럼 난리니?"

올리브를 부모의 외동딸이라고 부르는 것은 정확한 표현이 아니다. 그녀가 태어나기 2년 전 사산된 남자아이가 하나 있었다. 그녀의 부모는 격한 감정을 배격하거나 조롱하는 가정에서 태어났기에, 분노와 비탄의 깊이와 힘을 표현할 언어가 없었고 그런 감정에 부응할 수단도 없었다. 남자아이는 한 번도 입에 오르지 않았다. 이름이 있었더라도 올리브는 한 번도 들어본 적이 없었다.

부모는 그 대신 아무 일 없었던 듯 고통을 뒤로하고 다시 시도하기로 마음먹었다. 하지만 고통은 부모로서의 삶에 은밀히 스며들어 언제까지나 은밀한 표출 방법을 찾았다. 조롱은 그들이 자신들도 모르게 분노를 표현하는 방식이었다. 일종의 학대였지만 그들은 그 사실을 그럴듯하게, 심지어 진심으로 부정할 수 있었다. 울음보 잠그렴, 참 까탈스럽게 구는구나, 농담으로 받아들이면 안 될까, 꼭 그렇게 산통을 깨야겠니?

부모가 올리브의 슬픔과 분노를 찍어누른 것은 필사적 행동이지 스스로의 감정을 향한 전치된 폭력이었다. 필사적인 이유는, 그러지 않으면 감정을 감당하고 감정에 굴복해야 했기 때문이다. 마음속 어디에선가 그들은 만일 그랬다가는 자신이 하릴없이 무너져내릴 것임을 직감했다. 고통스러운 감정을 웃어넘길 수 있다면 느끼지 않을 수 있었다. 이것은 선호가 아니라 생존의 문제였다.

아들의 무산된 삶을 애도할 수 없었기에 고통의 폭풍은 땅속으로 파고들었다가 딸에 대한 무심하고 부인된 공격으로 지표면에 올라왔다. 그녀는 아들이 아닌 딸, 부모의 마음속에서 아들에게 가야 할 자리를 차지한 딸이었다.

올리브는 정신분석을 시작한 지 4년이 지났을 때 이렇게 말했다. "언제나 가장 쓰라리고 충격적인 건 부모님이 저를 여자라고 조롱하고 폄하하는 거였어요. 여성주의를 알고 나니 부모님의 행동이 여성혐오라는 생각이 들었어요. 제가 딱히 틀렸던 것 같진 않아요. 하지만 딸이 있다는 사실이 제가 아닌 무언가를, 제가 아닌 누군가를 그렇게 끊임없이 상기시키지 않았다면, 부모님이 그렇게 여성혐오적일 필요는 없었을 거예요."

분노는 공격이 외력보다는 정신적 현상이 되고, 표출되기보다는 느껴지는 지점이다. 이따금 분노가 자신이 감당할 수 있는 한계를 넘어서면, 차라리 행동으로 표출하고 통제권을 벗어난 공격에서 피난처를 찾는 쪽이 선호된다. 자신의 감정에 시달리기보다는 아이의 감정을 조롱하는 게 쉽다.

긍정 복음과 분노 관리 요법의 함정

"부정적인 생각을 하면 아무것도 못 이룬다. 명심해!" 올리브의 아버지가 그녀에게 곧잘 내뱉은 이 경고는 지배 이데올로기가 사적 관계에 시나브로 스며드는 좋은 본보기다.

분노를 비롯한 부정적 정서의 표현에 대한 실질적 금지는 일상적 사회생활의 다양한 영역에서 오랫동안 존재해왔다. 1983년 사회학자 알리 러셀 혹실드Arlie Russell Hochschild가 출간한 『감정노동The Mortgaged Heart』은 여성이 주로 맡는 새로운 형태의 서비스 중심 노동(혹실드의 주요 사례 연구는 항공기 승무원에 대한 것이었다)에 대한 고전적 연구서다. 이 노동 분야는 육체노동과 인지노동에 더해 감정노동에 대한 (최근 급증한) 규율을 동원한다. 가장 흔하게 볼 수 있는 예는 노동자가 고객에게 봉사하면서 느끼는 뚜렷한 쾌감은 고객이 감지할 수 있어야 하지만 노동자의 부담이나 불편에 대한 암시는 전혀 접하지 않도록 해야 한다는 요건이다.

감정노동은 더는 고객 서비스 전문가의 전유물이 아니다. 온라인 문화는 우리 모두를 감정노동자로 만들었다. 목공이나 육아나 민요 부르기의 능력을 홍보하려면, 우리가 무엇을 하는지 세상이 알게 하는 것으로는 충분하지 않다. 우리의 이상적 지아를 드러내고 수월한 성공과 만족감을 발산하는 개인 브랜드를 전파하면서 실패나 불행의 기미는 모조리 지워야 한다.

혹실드가 폭로한 강박적 행복 문화의 한 가지 효과는 '나쁜' 감정을 지하로 밀어넣어, 차마 말할 수 없고 달갑잖은 수치의 구름

속에서 시들게 하는 것이다. 우리에게 긍정적 사고를 가르치고 설교하는 사람들은 부정적 감정을 헌신, 생산성, 협력의 고갈 요인이자 자기최적화에 이르는 길을 가로막는 치명적 걸림돌로 여기라고 부추긴다.

바버라 에런라이크Barbara Ehrenreich가 2009년 저서 『긍정의 배신 Smile or Die』에서 인상적으로 보여주었듯, 급증한 자기계발서와 동기 부여 강사에 의해 퍼져가는 긍정의 복음은 나쁜 감정과 그런 감정에 빠진 사람을 단순히 반대하거나 피하라고 조언하지 않는다. 그들을 우리 삶에서 몰아내라고 이른다. 에런라이크가 인용한 비즈니스 코치는 이렇게 명령한다. "당신의 삶에서 부정적인 사람들을 제거하라." 또 다른 사람은 이렇게 선언한다. "부정적인 인간들은 역겹다! 그들은 당신과 나처럼 긍정적인 사람들의 기운을 빨아먹는다. …… 무슨 일이 있더라도 그런 사람들을 피하라. …… 내 말을 믿어도 좋다. 당신은 그런 사람들 없이 더 잘 살 수 있다."[5]

타인의 나쁜 감정은 긍정적 사고 전도사에게서 절멸적 분노를 자극한다. 그 이유는 그런 감정이 존재한다는 사실과 더불어 그런 감정을 일으키는 (자신을 비롯한) 세상이 존재한다는 사실을 떠올리게 하기 때문일 것이다. 그러면 아이러니나 자기인식에 구애받지 않는 무제한의 부정성이 터져나온다.

우리가 상상하기에, 긍정적 사고 전도사는 추종자들에게 부정적 생각을 하는 사람들을 가차 없이 축출하기보다는 가엾게 여기거나 용기를 북돋워주라고 권유할 것 같다. 하지만 구루와 코치의 말들에서 실상을 알 수 있다. 부정적인 사람의 나쁜 감정은 "당신과 나처럼 긍정적인 사람들의 기운을 빨아먹"을 것이다. 부정적인 사람은 기생충이요, 감염병이다. 그들을 긍정적으로 바꾸려다 오히려 그들에 의해 우리가 부정적으로 바뀔지도 모른다.

긍정적 사고 전도사의 분노에 대한 무관용적 반응은, 분노를 통제할 수 있고 테두리 안에 가둘 수 있다고 주장하는 현대 심리학의 더 온건한 '관리형' 입장과 흥미롭게 대조를 이룬다. 총체적 긍정성을 옹호하는 사람들은 분노에 이르는 안팎의 모든 경로를 차단해야 한다고 생각하지만, 분노 다스리기에 대한 대부분의 주류 요법과 책은 이와 달리 분노 감정의 보편성과 불가피성을 인정하는 데서 출발한다.

그들이 강조하는 대목은 다양한 실용적 기법을 동원하여 그런 감정을 통제하에 두는 방법이다. 그런 방법으로는 호흡, 이완, 운동, 창조적 활동, '인지 재구성'(자신과 타인에게 이야기할 때 쓰는 언어를 절제하는 것), 유머로 상황을 누그러뜨리기(무서운 사람보다는 우스운 사람이 되는 것), 알려진 촉발 요인[trigger] 피하기 등이 있다.

이 모든 기법이 향하는 방향은 분노를 자주적이고 합리적인 자아의 통제하에 놓는 것이다. 오늘날 주류 심리학자라면 일상생활이 이따금 분노 감정을 일으킬 수밖에 없고 때로는 마땅히 그렇다고 수긍할 것이다. 이런 감정이 시작될 때 우리의 과제는 그 감정을 이겨낼 논리와 절제의 역량을 끌어내는 것이다.

미국심리학회 웹사이트에는 이런 글이 올라와 있다. "논리는 분노를 물리친다. 분노는 정당할 때조차 금세 비합리적으로 바뀔 수 있기 때문이다."[6] 분노 관리는 분노가 현실을 왜곡하고 사소한 모욕, 불편, 짜증을 상처와 파국으로 비화시킬 수 있음을 전제로 한다. 분노를 관리한다는 것은 합리적 인지 모드가 비합리적 정서 모드의 우위에 있음을 재천명하고, 사물의 '실제' 모습에 대한 지각을 회복하는 것이다.

분노 관리 요법사가 내세우는 차분한 절충주의와 긍정적 사고 코치가 내뱉는 독설의 차이는 기본적으로 양적이다. 전자는 우리 모두가 어느 정도의 분노를 경험하고 그 분노를 최소화하려고 노력해야 한다는 사실을 인정하는 반면에, 후자는 분노를 유해한 힘으로 여겨 아예 불법화한다. 둘 중에서 분노를 일상생활의 불가피한 특징으로 받아들이는 분노 관리 접근법이 틀림없이 더 정확하고 더 인간적이지 않겠는가? 분노 관리는 정서의 강압적 힘에 맞서 인지의 힘을 동원하라고 독려함으로써 우리를 이성과 상식의 편에 놓는다. 미국심리학회에서 구사하는 유난히 명료하고 침착한 어조와 용어가 이런 인상을 배가한다.

이에 반해 '부정적인 사람들'을 없애라고 명령하는 에런라이크 책의 코치와 구루는 현실 감각과 공감 둘 다 심하게 결여된 것으로 보인다. 그들은 모든 나쁜 감정이 제거된 세상이라는 환상을 파는 약장수다.

그렇다면 분노 관리자들이 분노에 대한 (**유일하게** 기본적인 것은 아닐지라도) 기본적인 요점을 놓치고 있다는 느낌이 드는 것은 왜일까? 긍정적 사고 전도사들의 생각이 냉혹하고 투박할지라도, 또는 심지어 냉혹하고 투박하기 때문에 이 요점에 대해서는 그들이 더 제대로 알고 있지 않을까? 긍정적 사고 전도사들은 분노를 비합리적으로 거부함으로써 분노가 우리에게 어떤 영향을 미치는지 보여준다.

사실 분노 관리 접근법은 긍정적 사고 접근법 못지않게, 덜 유난스러울지는 몰라도 더 속속들이 자기모순적이다. 분노 관리는 우리가 감정의 위력에 사로잡히는 바로 그 순간 인지적 명료함으로 돌아서라고 조언한다. 하지만 분노가 (똑같은 이론에 따르면) 이성을 좀먹고 무효화하는 힘이라면 어떻게 이런 이성의 태도를 취할 수 있겠는가?

분노 관리자들이 말한다. "논리는 분노를 물리친다. 분노는 …… 금세 비합리적으로 바뀔 수 있기 때문이다." 하지만 논리가 비합리성을 반드시 물리친다는 가정은 별나게, 그러니까 비합리적으로 주제넘지 않나? 미국 정부가 악마적 소아성애자의 비밀 결사에 의해 조종되고 있다는 믿음, 전 세계 정치·산업 지도자의 절대다수가 지구의 기본적 생물학적·사회적 생태의 붕괴를 무시하거나 심지어 적극적으로 앞당기고 있다는 믿음을 중심으로 조직된 운동에 수백만의 일반 시민이 동참하는 세상에 우리가 살고 있음을 떠올리면, 이 점이 더욱 뚜렷해진다. 이 맥락에서는 논리 자체에 대한 호소가 일종의 광기처럼 들리지 않을 수 없다.

한편, 긍정적 사고 전도사들은 또 다른 부정에 매여 있다. 그것은 슬픔, 불안, 분노, 그리고 기저의 원인에 대한 부정이다. 하지만 분노의 전염성과 부식성과 영속성이 위험하리만치 강하다는 그들의 주장은 분노 감정의 경험적 핵심에 훨씬 가까워진다. 특히 우리 시대에 나타나는 분노 감정을 생각하면 더욱 그렇다.

이런 오늘날의 분노를 보여주는 유난히 감정적인 장면을 상상해보자. 소규모 '저스트 스톱 오일Just Stop Oil' 시위대가 붐비는 3차로 도로 바로 앞에 줄지어 느닷없이 차량 흐름을 막아선다. 날은 후덥지근하다. 통 움직이지 않는 차에 갇힌 채 햇볕에 그을린 운전자들의 살갗과 성미가 과열되기 시작한다. 시위대는 마치 장례 행렬처럼 보란 듯 둔중하게 걸음을 옮긴다. 운전자들은 자발적으로 행동을 통일하여 일제히 경적을 울리고 고함을 지른다. 이 장면의 배경 음악으로 딱 어울리는 무조음악 장송곡인 셈이다. 주황색 조끼를 입은 운전자가 밴에서 내려 시위대에게 삿대질을 하다 그들의 깃발을 움켜쥐더니 청년 하나를 땅바닥에 쓰러뜨리고 발길질한다. 그러자 어느 쪽과도 관계가 없어 보이는 여성이 운전자를 차로 데려간다.

유튜브에는 이런 영상이 수두룩하다. 마치 공공연한 분노의 분출이 새로운 포르노가 된 듯하다. 이런 장면을 보면 포르노를 볼 때와 같은 무기력한 강박에 빠진다. 갈등의 완전한 낯섦에 매혹되는 것이다. 우리는 서로 다른 시간 영역을 차지한 두 분노의 몸뚱이가 대치하는 광경을 목격하고 있다. 시위대는 마치 미래에서 온 듯하다. 마치 지구가 이미 사망한 듯 애도를 표하며 긴급한 차량 흐름을 좀비 행렬로 바꾼다. 어안이 벙벙한 생존자들이 죽은 행성의 초토焦土를 저벅저벅 걷는 종말 영화가 떠오른다. 그들의 분노가 먹먹하게 표현되는 것은 전술적 이유 때문만이 아니라, 그 분노가 철학자 티머시 모턴Timothy Morton이 말하는 '하이퍼객체hyperobject'에 의해 유발된 것이기 때문이기도 하다. 하이퍼객체는 어디에나 흩어져 있지만 어디에도 없는 대상으로 지구의 모든 생명, 즉 생명이 무엇인가와 무엇을 하는가를 아우른다.

하이퍼객체에 어떻게 분노할 수 있겠는가? 누구도 하이퍼객체를 시간이나 공간에서 지목할 수 없다. 단일한 장소나 사건에서 포착할 수 없기 때문이다. 모턴 말마따나, 열쇠를 돌려 차량의 시동을 거는 동작 하나하나는 통계적으로 무의미하지만, 그럼에도 "점화 장치를 켜는 것과 같은 그런 행동을 수십억 번 하게 되면 지구 온난화와 대량 멸종을 야기하게 된"다.[7]

시위대가 현재를 넘어서는 시간과 공간에서 생각하고 행동하고 있다면, 운전자들은 오롯이 현재에 사로잡혀 있다. 후끈후끈한 열기, 강요된 정체, 일상생활의 흐름에 불쑥 끼어든 사건 등이 모두 그들의 신경을 압박한다. 이 압박의 순전한 절박성은 그들의 주의력을 전적으로 이 순간에 집중한다. 아득히 먼 곳의 화석연료가, 정부의 이해관계와 금전적 이해관계가 자신의 길을 가로막고 있다는 것은 그들의 눈에 보이지 않는다. 수십억 번의 시동 걸기도 보이지 않는다. 그들에게 보이는 것은 어중이떠중이 남녀로 이루어진 남루한 행렬이 자신들을 격분시키도록 계산된 속도로 걷는 광경뿐이다.

하지만 운전자들의 감정을 이렇게 추론하는 것은 너무 단순한지도 모른다. 격렬히 경적을 울리는 사람들 중 일부가, 적어도 몇 명이 매서운 열기, 시스템 붕괴, 자신이 어쩔 수 없는 외부 세력 앞에서 느끼는 무력감 등 자신이 처한 난국의 깊숙한 아이러니를 직감하지 못하리라고는 상상하기 힘들다. 그들이 시위대에게 분노하는 것은 자신을 기다리는 미래를 조금이나마 맛보게 해주기 때문 아닐까?

메시지 전달자를 공격하는 것보다 인간적인 행위는 찾아보기 힘들다. 분노의 실제 대상을 호명할 수 없을 경우 우리는 분노를 유발하는 것이 무엇이든 누구든 가리지 않고 공격한다. 이 경우는 나쁜 소식을 가져온 자들, 번영과 성공을 향하는 시선을 가리는 자들이다.

분노 관리자는 시위대의 도발하는 분노와 운전자들의 대응하는 분노에 도움을 줄 수 있을까? 사회적·정치적 간극이 시위대와 운전자들을 가르고 있을지는 모르지만, 그들은 모종의 특이한 방식으로 통합되어 있다. 우리 모두는 (환경 운동가 그레타 툰베리Greta Thunberg 말마따나) '불타는 집'에서 살고 있기 때문이다. 그렇다면 양편은 한 가지에 대해서는 합의할 수 있을지도 모르겠다. 이 상황에 대응하는 방법 중 논리와 절제에 호소하는 것보다 더 미친 짓은 없으리라는 것 말이다.

그들이 의기투합하는 사실이 하나 더 있을지도 모르겠다. 그것은 어느 쪽도 분노를 현실화하여 해소하는 공격 행동에서 만족감을 느끼지 않으리라는 사실이다. 시위대는 경적이 울려퍼지고 운전자들이 고함지르며 마땅히 들어야 하는 경고에 귀 막고 있는 한, 자신들이 도로를 따라 터벅터벅 걸으며 증오를 끌어내야 한다는 것을 안다. 운전자들은 "네가 뭔데?"나 "대체 무슨 권리로!" 같은 정의로운 외침이 격렬한 삿대질과 주먹질과 마찬가지로 교통 정체를 해소하지도 못하고, 차 내부와 외부에서 거침없이 치솟는 온도를 낮추지도 못하리라는 것을 안다.

스토아주의의 역설

긍정적 사고는 현대판 당의정 같기도 하다. 감정노동의 요구를 사회 전체에 퍼뜨려 혹실드의 항공기 승무원이 짓는 억지 미소를 결국 우리 모두가 짓도록 하는 방법이니 말이다. 이 요구의 가장 충격적인 증상 중 하나는 고대 로마의 철학 전통인 스토아주의의 대중적 부활이다. 구글 검색을 잠깐만 해봐도 스토아주의 지혜를 현대생활의 스트레스와 혼돈에 대한 이상적 치료법으로 홍보하는 책, 팟캐스트, 온라인 강의가 수십 개나 뜬다.

우리 시대의 일상생활은 여러 이유로 감당할 수 없는 수준의 정서적 스트레스와 무기력을 자아낸다. 생활비, 과로, 세계적 불안정, 소비주의의 영구적 유혹, 끊임없이 불안과 부러움과 분노를 조장하는 소셜 미디어, 폭력과 분열의 주류 정치 침투, 그리고 이 모든 것의 밑바탕에서 점점 커져가는 생태 붕괴에 대한 웅성거림 등 원인은 다양하다.

우리의 감정이 점점 더 극단으로 치닫는 현실에서는 오히려 강렬한 정서의 관리와 절제에 기반한 생활양식의 매력을 쉽게 볼 수 있다. 이런 까닭에 스토아주의는 분노에 대해 특히 비판적이며, 분노가 모든 감정을 통틀어 가장 파괴적이면서도 가장 무익하다고 주장한다.

분노를 비판하는 글 중에서 으뜸은 로마 철학자 세네카가 45년경에 쓴 『화에 대하여 On Anger』다. 세네카의 에세이에서 발췌한 문장들이 최근 재번역되어 고대의 지혜를 현대 삶의 현실적 문제에 맞게 가다듬은 시리즈의 일환으로 재출간되었는데, 제목은 『어떻게 평정심을 유지할 것인가: 분노 관리를 위한 고대의 지침 How To Keep Your Cool: An Ancient Guide to Anger Management』이다.

『화에 대하여』는 최대한의 감정노동을 옹호하는 일종의 성명서다. 책의 핵심인 실용적 조언은 언제나 어떤 상황에서나 화를 억누르라는 것이다. 이것은 '내면에서 어떻게 느끼느냐'뿐 아니라 '세상에 어떻게 보이느냐'의 문제다. 분노의 상태에 대한 세네카의 놀랍도록 생생한 묘사는 정서 표현이 행동의 팔림프세스트 palimpsest● 라는 다윈의 견해를 예고한다. 세네카는 분노에 사로잡힌 남성에 대한 경구로 책을 시작한다.

● 원문을 전부 또는 일부 지우고 그 위에 새로 쓴 두루마리나 낱장 형태의 필사본.

화가 난 사람은 눈빛이 이글거리며 흔들리고, 가장 깊은 곳에서 피가 거꾸로 솟구쳐 올라와 얼굴이 시뻘겋게 달아오르고, 입술이 파르르 떨리고, 이를 부득부득 간다. …… 호흡은 거칠어지고 …… 신음하고 울부짖으며, 말도 또렷하지 않고 더듬거리며 …… 흥분한 온몸으로 엄청난 분노를 표현하며 상대를 위협한다. 화가 난 사람은 얼굴이 흉하게 일그러지고 부풀어 올라 역겨움과 두려움을 동시에 불러일으킨다.[8]

이것은 시쳇말로 '전투 모드'의 고통에 빠진 몸이다. 이 몸은 위험하게 흥분되었으며 팽팽하게 당겨진 공격 에너지를 방출해야 한다는 시급한 압박을 느낀다. 세네카가 분노의 겉모습에 비중을 두는 이유는, 그것이 까딱하다가는 폭력적 공격으로 전환될 수 있다고 생각하기 때문이다. 세네카가 보기에 분노한 태도는 이미 일종의 폭력이다. "흉하게 일그러지고 부풀어 오른" 것처럼 보이고 들릴 수 있으면 실제로 그렇게 된다.

세네카가 에세이를 마무리하면서 우리에게 단순히 분노에 이끌리는 행동을 피하는 것이 아니라, 분노의 모든 징후를 없애고 성난 기미를 조금도 비치지 말라고 촉구하는 것은 이런 까닭에서다. 그의 요점은 얼굴이 우리를 드러내면 우리가 스스로를 드러낸 꼴이 되며, 내면의 자아를 분노가 쥐락펴락하게 내어준 격이라는 것이다. 그는 이렇게 조언한다. "우리는 그것을 가슴 가장 깊숙한 곳에 꼭꼭 숨겨두지 않으면 안 된다. 우리는 그것을 가슴에 담고 견뎌야 하고 휩쓸려가서는 안 된다."[9] 실제로 "우리의 내면은 겉모습에 순응하게 되기" 때문에 우리는 분노를 계기로 자신의 가장 온화하고 차분한 모습을 보여주어야 한다.

이 구절을 읽으면서 올리브를 진료한 첫해가 떠올랐다. 그녀는 분노 감정과 폭력 행위가 위험할 만큼 가깝다는 세네카의 견해를 직관적으로 공유하는 듯했다. 남편은 그녀의 표정에 불쾌감이나 짜증의 기미가 비칠 때마다 "무슨 일 있어?"라고 물었다. 그러면 그녀는 공황으로 숨이 막혀 얼어붙은 채 의지력을 마지막 한 톨까지 끌어모아 밝게 미소 지으며 말했다. "아무 일 없어!"

그녀가 어느 월요일 아침에 겪은 상황에 대해 들려주었을 때, 나는 남편이 왜 그런 질문을 했는지 조금이라도 아느냐고 물었다. 그녀는 이마를 찌푸리며 남편이 자신의 의견도 묻지 않고서 이튿날 저녁 식사에 친구들을 초대했다고 답했다.

"그래서 남편은 당신이 이 문제에 대해 얼마나 불만스러워하는지 알아차렸던 것이군요?"

"하지만 아니에요. 전 불만스럽지 않았어요! 괜찮아요. 거긴 제프의 집인걸요. 사람을 초대할 수 있죠. 종종 저에게 미리 알려주지 않고 막판에 통보하긴 하지만요. 공교롭게도 일요일 밤까지 끝내야 하는 보고서가 있어서 타이밍이 안 좋았을 뿐이에요. 남편은 제가 요리해주길 기대해요. '내가 해도 돼. 하지만 내 요리 솜씨가 얼마나 형편없는지 알잖아'라는 식으로 말해요. 그러고는 '그냥 스파게티 같은 거나 좀 만들어줘!'라고 해요. 하지만 정말로 스파게티를 대접하고 싶었다면 직접 할 수도 있었겠죠. 그러니까 그의 말은 정반대 의미로 해석해야 한다는 생각이 들어요." 그러고는 깊은 한숨을 쉬더니 이렇게 말했다. "하지만 괜찮아요."

나는 그녀에게 모든 게 괜찮다면서 왜 남편이 무슨 일이냐고 물었을 때 그렇게 화들짝 놀랐느냐고 물었다.

"당연히 제가 자기한테 화났을 거라고 남편이 생각한다는 게 너무 싫으니까요. 남편은 나중에 사과하기까지 했어요. 저한테 먼저 물어봤어야 한다면서요. 그래서 제가 말했어요. 아니, 아니라고, 절대 아니라고. 그냥, 그냥······."

"괜찮다고요?"

그녀가 나를 바라보며 일그러진 미소를 지었다. 찡그린 표정을 애써 감추고 있는 게 분명했다. "저를 골리고 계시는군요."

나는 잠시 뜸을 들였다. "당신 말이 맞아요. 그랬던 것 같아요. 그래서 어떤 느낌이 들었어요?"

그녀는 내게서 고개를 돌리더니 신경질적으로 웃음을 터뜨렸다. "글쎄요, 괜찮다고는 말하지 않는 게 낫겠네요."

나는 분노를 언제나 꾹꾹 눌러 담으려다 보면 진이 빠질 거라고 말했다.

그녀는 대안이 뭐냐고 물었다. "주먹을 날릴까요? 면상에 대고 고함지를까요, 그릇을 전부 깨버릴까요, 주저앉아 바닥을 주먹으로 내리칠까요? 선생님께 저를 작작 비웃으라고 말하고는 나가면서 문을 부서져라 닫아야 할까요?"

세네카는 분노를 "가장 포악한" 여성처럼 그려야 한다고 생각한 듯하다.

> 그녀는 눈은 이글이글 불타고, 꽥꽥거리는 소리와 고통에 찬 울부짖음과 고함 소리, 식식거리는 소리로 엄청난 소란을 일으키고, 자기방어에는 관심도 없이 양손에 무기를 쥐고 마구 휘두르며, 광포하고, 피비린내가 나고 상처투성이에, 자기가 자초한 부상으로 군데군데 멍이 들고, 미친 듯한 걸음걸이로 어둠을 망토처럼 걸치고, 황폐와 공포를 퍼뜨리며, 모든 사람들에게, 누구보다 자기 자신에게 증오의 대상이 되면서, 달리 적을 해칠 길이 없다면, 해롭고 혐오스럽게도 땅과 바다와 하늘까지 전복시키려고 한다.[10]

이 관점에서 보자면, 분노를 느끼는 것만으로도 가장 어마어마하게 과잉한 폭력으로 이르는 길에 스스로를 놓는 격이다. 분노의 여신상은 그녀가 흘리는 피로 얼룩져 있다. 마치 성난 표정, 격한 고함이 칼을 휘두르기 위한 전주곡이 아니라, 칼을 휘두르는 행위 자체인 것처럼 말이다. 올리브는 자신이 아무리 작으나마 분노의 동요를 드러내는 순간 상대방의 얼굴이나 목소리에 비친 이 분노의 여신을 보는 듯했다. 겉모습은 덜 적나라했지만 그럼에도 유해하고 증오스러운 것은 조금도 덜하지 않은 여신 말이다.

세네카 이외의 어떤 사상가도 분노와 공격을 이토록 밀접하게 짝지은 적은 없을 것이다. 하지만 그의 견해에 따르면, 분노와 공격 중에서 분노가 훨씬 나쁘다. 불필요한 잔인성, 가학적 쾌감, 요란한 광분을 공격에 주입하는 정서적 연료이기 때문이다. 이것은 안토니오 다마지오 등의 현대적 관점과 정반대다. 다마지오에게 분노는 진화적·발달적 성취이며 행동 반사에서 감각 경험으로의 전환이다.

세네카적 분노는 무제한적 폭력에 빠져들어 모든 수단과 모든 경계, 급기야 이성 자체를 소멸한다. 그럼에도 『화에 대하여』 첫머리에서 그는 한발 양보하여 분노가 인간에게만 있는 정서임을 인정한다. "화는 이성의 적이지만, 오직 이성이 존재하는 곳에만 생겨난다."[11]

문제는 세네카가 이러한 양보에서 마땅한 통찰을 끌어내지 못한다는 것이다. 분노가 이성의 타자이기보다는 이성 속에 깃든 가능성이라는 통찰 말이다. 앞에서 보았듯, 개인과 집단이 폭력과 공격을 떠받치기 위해 분노를 동원할 수 있는 것은 분명하다. 하지만 분노가 폭력과 공격으로부터 구별되는 것 또한 사실이다. 분노는 외부적 현상이 아니라 심리 현상으로서, 행동이 아니라 감정의 가능성을 나타낸다. 분노가 공격 동작을 부추길 수 있다면, 반대로 늦추거나 멈추거나 돌이키거나 돌릴 수도 있다.

올리브가 정신요법을 받으려고 찾아온 것은 오래전 자신의 분노와 맺은 세네카적 관계에 시달리고 있던 탓도 있어 보였다. 그녀는 분노를 자신의 혐오스러움에 대한 서명날인이자 파괴적 힘의 인큐베이터로 여기는 법을 배웠다. 분노를 세상에 방출하면 타인에게 해를 끼치고 자신을 망칠까 봐 두려워했다. 그녀는 남편에게 주먹질하고 상담실 문을 쾅 닫는 폭력적 장면에 대해 이야기하면서 자신의 분노와 친밀해지는 감정을 느꼈다. 그것은 분노를 행동으로 옮기는 것과는 매우 달랐다. 분노를 해소하는 행동 지향적인 방법이 아니라 상상력을 발휘하는 방법이었다. 세네카는 분노가 과도한 잔인성을 보조하는 일종의 정신병이라는 견해를 유지하려면 이 가능성을 부정해야 했을 테지만 말이다.

『화에 대하여』의 역설 중 하나는 감정을 행동과 거의 동일하게 취급하면서도, 분노 묘사가 정서적으로 너무 생생하기에 마치 분노가 정신적·신체적 현실에 깊이 잠겨 있는 듯한 인상을 풍긴다는 것이다. 『화에 대하여』는 단순히 분노에 대한 논고가 아니라 분노의 내부에서 쓴 보고서처럼 읽힌다. 묘사의 수사적 표현에서는 비판 대상인 폭력이 넘실거린다. 세네카는 분노를 억누르라는 명령에 도달하기 위해 우리를 가장 스릴 넘치고 위험한 오지에 데려간다.

세네카가 독자들에게 억누르라고 촉구하는 분노는 로마 지배층의 명백한 특권이다. 마치 노예, 여성, 평민의 분노는 인지하거나 인정할 가치가 없다는 듯, 그가 다루는 분노는 오로지 노예주, 재판관, 총독의 분노다. 고관대작의 분노는 객관적 무게와 힘을 부여받았기 때문에 거부해야 한다는 것이다. 그것은 자신을 열등한 자들과 대등한 지위에 놓지 않고 태생에 의해 부여된 존엄에 값하는 존재로 살아야 하기 때문이다.

혹실드의 항공기 승무원(대부분 여성이다) 연구를 세네카와 비교하여 읽으면, 이 자격의 위계가 얼마나 단단하게 확립되어 있는지 알 수 있다. 감정노동의 구분이 뒤바뀌어도 달라지는 것은 없다. 혹실드가 말한다. "지위가 낮을수록 드러내놓고 화를 내는 것이 덜 용인된다."[12] 승무원들은 승객이 무례를 범하고 시비를 걸어도 내면에서 은밀히 끓어오르는 짜증과 분노를 감추고 태연히 미소지으며 응대해야 한다.

화났을 때 무슨 행동을 하고 싶으냐는 질문에 승무원들은 이렇게 응답했다. "욕을 한다. 승객을 한 대 때리고 싶어진다. 양동이에 대고 소리를 지른다. 운다. 먹는다."[13] 이 행동 순서에서 승무원의 공격 대상은 가해자에게서 자신에게로 점차 이동한다. 교육 담당자는 승무원들에게 이렇게 말한다. "**상대방**에 대해, 그들이 왜 화났는지에 대해 생각하면 자신과 자신의 불만으로부터 관심을 돌릴 수 있어요. 그러면 화가 덜 느껴질 거예요."[14]

감정노동의 궁극적 목표는 감정을 느끼는 자신을 소거하여, 분노가 표출되지 않을 뿐 아니라 대상에게 감지되지 않도록 하는 것이다. 여기에는 세네카적 수법이 집단적으로 동원된다. "우리는 화의 모든 증상들을 정반대로 돌려놓아야 한다." 기업 고객 서비스 센터의 토대는 감정을 위장하는 이 고된 노동이다. 여기서는 감정과 임금이 교환된다.

오늘날 잘못된 감정을 드러내면 복지 혜택을 잃을 뿐 아니라 해고당할 수도 있다. 윌리엄 데이비스에 따르면 2014년 영국 정부는 장해급여 수급자의 인지행동 치료 참여를 의무화했다. 이것은 노동 미참여자, 특히 우울증 환자에게 긍정적 태도를 주입하려는 포괄적 방안의 일환이었다.[15]

부패, 무능, 불공정에 대한 공분이 커짐에 따라 분노를 공격으로부터 분리하는 것이 정계와 재계의 관심사가 되었다. 그래야 분노가 사회 불안이나 전투적 노동 운동으로 비화하지 않을 것이기 때문이다. 하지만 기업과 정부의 문화에 긍정적 사고를 이식하는 것은 혼란을 예방하기 위한 것만은 아니다. 분노와의 생생한 접촉을 모조리 차단하여 분노를 내부의 적으로, 우리의 정서적 텃밭에 들어온 달갑잖은 침입자로 치부하려는 분위기가 점차 짙어지고 있다. 어쨌거나 "당신의 삶에서 부정적인 사람들을 제거하라"라는 명령에는 당신도 포함된다. 당신이 명령을 번번이 어기면 고용주와 국가는 당신에게 정말로 무척 화가 날 것이다.

수동 공격: 분노의 위장술

분노 문제의 해결책으로서 강요된 긍정성은 명백한 난점을 해결하는 데 효과가 별로 없었다. 직접 표현하지 않는다면 분노를 어떻게 해야 한단 말인가? 우리가 나쁜 감정을 숨기라는 압박을 상시적으로 받는다면, 그런 감정이 레이더 아래로 숨어들 방법이 있지 않을까?

다행스럽게도 인간은 창의성을 발휘하여 분노를 숨기면서도 전달하는 놀랍도록 효과적인 수단을 고안했다. 시쳇말로 '수동 공격passive aggression'이라고 불리는 방법이다. 만성적 과로나 자기애적 과시와 마찬가지로 수동 공격 또한 어느 시점에선가 우리 시대를 정의하는 증상이 된 듯하다.

수동 공격은 적대감이나 불응을 표현하면서도 그런 의도를 감쪽같이 부정하는, 은밀하고 간접적이고 종종 음흉한 수법이다. 이 수법은 가정에서나 직장에서나 중요하게 통용된다. 수동 공격이 직장에서 유난히 효과가 있는 것은 직장 내 소통 방식으로서 일종의 보호받는 행동이 되었기 때문이다. 직장 동료와의 관계는 친밀함과 데면데면함 사이의 독특한 회색 지대에 떠 있을 때가 많다. 이 때문에 소통의 경계를 놓고 불안한 불확실성이 생겨난다. 기본적 어조는 신중하고 조심스러운 정중함이지만, 너무 친근하거나 너무 느닷없거나 너무 우회적인 발언이 뜬금없이 불거져 나오기도 한다. 솔직함을 암묵적으로 억누르는 분위기에서는 수동 공격이 흥하는데, 언제나 존재하지만 결코 언급되지는 않는다. 수동 공격을 직접 지목하는 것은 수동 공격의 규약을 위반하는 행위다.

반면에 친밀한 관계는 대체로 그런 보호를 받지 못한다. 커플과 가족과 친구는 시간이 흐르면서 서로의 우회적 언어와 책략에 대한 무의식적 지식을 풍성하게 쌓는다. 그래서 이런 수법을 썼다가는 들통나기 십상이다. 침묵이나 머뭇거림, 억지 미소나 굳은 표정의 '고마워' 등은 외부인에게는 전혀 악의가 없거나 아무 의미도 없어 보일 말과 몸짓이지만, 신체적·정서적으로 가까운 사람들에게는 의미를 가득 담고 있다.

올리브는 분노의 명시적 표출을 사실상 금지당하며 살았던 탓에 (설령 무의식적일지언정) 번번이 수동 공격에 의존할 수밖에 없었다. 남편 제프가 저녁 초대에 대해 이야기했을 때 그녀가 느닷없이 얼어붙은 장면을 떠올려보라. 제프가 무슨 일이냐고 반사적으로 물은 것은 그녀가 얼어붙기 전에 언뜻 그녀의 얼굴에 스쳐간 불수의적 찡그림을 포착했기 때문이다.

올리브가 기겁한 것은 자신이 목격되고 간파당했다는 감각에 대한 반응이었다. 제프는 그녀가 화났음을 알았으며, 그녀는 남편이 알았다는 사실을 알았다. 이제 시급히 부정해야 하는 것은 이 상호지식이었다. 그녀가 그 부정을 감추기 위해 이를 갈고 입술을 앙다물며 지은 뻣뻣한 미소는 내가 자신을 '골린다'고 말하며 지은 미소와 같았을 것이다.

저 미소는 베를린의 유명한 (결국은 악명을 떨친) 정신분석가 빌헬름 라이히$^{\text{Wilhelm Reich}}$● 가 1930년대와 1940년대에 발전시킨 통찰을 떠올리게 한다. 라이히는 이런 동작을 이른바 '성격 갑옷'의 표현으로 여겼다. 성격 갑옷이란 몸의 근육을 감정에 맞선 방어용 차단벽으로 동원하는 것을 말한다.

- 오스트리아 출신 정신분석학자로서 신체 치료의 아버지라고 불리나, 오르곤 에너지나 성(性)정치 운동 등의 이론과 주장으로 논란을 불러일으키기도 했다.

올리브가 움츠러든 것은 자신의 분노가 드러나고 느껴질까 봐 두려워서였다. 성격 갑옷의 기능은 '느끼는 자아feeling self'(라이히는 '정동성 인격affective personality'이라고 부른다)를 지키는 것이다. 라이히가 말한다. "사람의 노출된 부분인 자아는 우리가 말했듯이 불안을 유발하는 외부 세계와 리비도적 욕구 사이의 동일하거나 유사한 갈등에 지속해서 노출될 때 스스로 굳어지며, 그 결과 만성이고 자동으로 기능하는 반응 방식인 '성격'을 얻게 된다."[16]

성격 갑옷 개념은 우리 시대의 강요된 긍정성을 떠올리게 한다. 이것은 내적 자유를 체계적으로 제한하여 모든 난감한 감정이 들어오지 못하도록 철벽을 치는 것이다. 올리브는 찰나의 순간에 자신의 분노를 포착하여 굳은 미소의 창살 뒤에 가뒀다. 분노는 탈출이 불허되었다. 그녀는 공격성이 능동적으로 바뀌기 전에 수동적으로 변하도록 했다.

수동 공격은 현대에 직장, 카페, 가게, 도로에서 일상적으로 벌어지는 상호 작용의 한 특징으로서 코미디, 짓궂은 일상 기사, 소셜 미디어 밈의 소재가 되었다. 하지만 친밀한 관계는 수동 공격에 좀먹힐 수 있다. 올리브가 그 사건으로부터 여러 달이 지나서 밝힌 바에 따르면, 그녀는 내가 자신을 골린다고 느꼈을 때 곧장 어릴 적 집을 떠올렸다. 그곳에서는 그녀의 고충에 대한 반응이 늘 농담이나 과장된 한숨으로 돌아왔다.

올리브의 부모는 그녀가 아들이 아니라 딸인 것에 대한 억울함을 드러낼 자신이 없었기에 골리기라는 위장막으로 분노를 가렸다. 이런 행동이 올리브에게 미친 영향은 오늘날이라면 유난히 악독하고 음흉한 형태의 가스라이팅이라고 부를 수 있을 것이다. 그녀의 부모는 그녀가 증오라고 착각한 것이 실은 애정 어린 장난일 뿐이라며, 그것을 받아들여야 한다고 끊임없이 세뇌했다.

친밀한 형태의 수동 공격이 그토록 해로운 이유는 무의식적인 경우가 비일비재하기 때문이다. 올리브의 부모는 딸에게 내비치는 경멸을 결코 의식적으로 자각하지 못했다. 그녀 또한 미소 띤 부정이 상대방을 심란하게 한다는 것을 거의 알지 못했다.

분노 혐오증이 점차 줄면서 올리브는 부모의 관계 맺기 방식이 자신의 결혼생활에 스며들었음을 알아차리기 시작했다. 제프는 한 번도 그녀를 조롱하진 않았지만, 자신이 그녀를 발끈하게 만드는 순간에 순진무구한 척하는 똑같은 패턴을 되풀이했다. 그녀를 발끈하게 만들 **의도**는 없었다고 언제나 강변했다. 느닷없는 저녁 손님 초대가 좋은 예다. 제프가 냉큼 부인하긴 했지만 이 달갑잖은 깜짝쇼에는 공격이 스며 있었다.

물론 올리브는 이 춤에 기꺼이 동참했다. 그의 순진무구한 척하는 얼굴 앞에서 얼어붙고, 침묵하고, 굳은 표정으로 미소 지으며 정말로 **괜찮다**고 되뇌었다. 더 고집스럽게 되뇔수록 실은 그렇지 않음이 더 뚜렷이 드러났다.

이런 교착상태에서 벌어지는 부정과 부인의 공방은 자가발전식으로 영원히 계속된다. 두 사람은 자신이 상대방을 도발하지 **않았고** 분노로 반응하지도 않았다는 주장을 똑같이 펼쳤다. 이를테면 이런 식이다. 당신 화났잖아! 내가?! 내가 보기에 화난 쪽은 당신이라고!

수동 공격은 왜곡된 논리를 통해 분노의 표출이 아니라 은폐에 힘을 부여한다. 수동 공격은 가장 효과적인 형태의 성격 갑옷이며 '정동성 인격'의 취약함을 가장 효과적으로 방어한다. 그 취약함이란 내가 화났음을 당신이 알면 나는 위태로운 무방비 상태에 놓인다는 뜻이다.

수동 공격적 소통의 분명한 가치는 분노와 공격을 표출하면서도 그에 따르는 위험을 겪지 않을 수 있다는 것이다. 수동 공격이 직장에서 잘 통하는 것은 이 때문인지도 모르겠다. 수동 공격은 용인되는 상호 작용 규범 덕에 성행할 수 있는데, 직장에서는 예의와 협력의 태도뿐 아니라 선해善解의 태도도 요구되기 때문이다.

우리는 동료가 사악하거나 음흉한 동기를 품고 있다는 의심이 들더라도 결코 대놓고 비판할 수 없다. 그래서 동료는 발표가 놀랄 만큼 좋았다는 '찬사'를 늘어놓을 수 있고, 상사는 5시 30분에 부하 직원에게 오스트레일리아 거래처와의 통화를 위해 오늘 저녁 조금 늦게까지 근무하고 '싶은지' 물을 수 있다.

도발하거나 훼방하는 이러한 행동은 수행되는 **동시에** 부인된다. 그래서 공격자는 당신이 어떻게 느끼든 자신의 의도는 결코 그렇지 않았다고 강변할 수 있다. 그들이 어떤 말이나 행동으로 당신을 발끈하게 했든, 의식적 자각이나 의도는 전혀 없었기에 그렇게 느끼는 당신에게 문제가 있다는 것이다.

이 전략은 온갖 행동에 대한 완벽한 위장막이 되어준다. 고의 태업 효과를 낳는 미루기나 깜박하기에는 비난의 경계에 걸친 변명이 동반되고("그게 **정말로** 급한 일이라고 얘기했어야지") 반감은 이중 화법이라는 방법으로 교묘하게 대상에게 투사되며("내 말에 화가 났다면 미안해") 끊임없으면서도 좀처럼 감지되지 않는 뚱한 분노의 태도는 '내가 원래 그래'라는 식으로 쉽게 둔갑한다. 직장에서는 서로 경쟁하는 성격 갑옷들이 부딪히는 금속성 불협화음을 쉽게 들을 수 있다.

2023년 4월, 직장 내 공격의 문제가 뚜렷이 불거진 사건이 있었다. 영국의 전 부총리 도미닉 라브Dominic Raab는 그가 전직 공무원들에게 위협적이고 공격적인 행동을 했다는 두 건의 불만을 입증하는 독립 보고서가 발표되자 사임했다.

하지만 본디 참회와 유감의 표현이었어야 할 그의 사임 성명은 그 자체로 공격적이었다. 그는 사임하자마자 언론 공세를 벌여 조사 과정에 결함이 있고 자신을 몰아내려는 사악한 음모가 있었다고 주장했다. 그는 BBC에 이렇게 말했다. "위험한 것은 이곳에 있는 극소수의 매우 운동가적인 공무원들입니다. 그들은 공무원 사회의 수동 공격 문화에 젖어 있으며 브렉시트든 가석방 개혁이든 인권 개혁이든 개혁을 좋아하지 않습니다. 사실상 정부를 틀어막고 싶어 하죠."[17]

라브의 수동 공격에서는 두 가지가 눈에 띈다. 첫째, 그는 무책임한 공복들이 인민 의지를 사보타주한다는 음모 서사를 제기한다. 이른바 딥 스테이트에 맞선다는 트럼프식 공격에서 익히 보았던 주제다. 둘째, 직장 문화의 규범을 노골적으로 정치화한다. 라브는 자신이 결코 이길 수 없는 게임에 휘말렸음을 암시한다. 그것은 자신의 솔직하고 '힘차고' 직설적인 리더십 스타일과, 모든 책임을 회피하고 조용하고 은밀하게 복수하는(그럼으로써 그의 정당하고 무시할 수 없는 분노를 부추기는) 공무원 집단의 수동 공격 사이에서 벌어지는 게임이다.

라브가 내세운 방어 논리의 문제는 자신이 거부한다고 주장하는 음모론적 사고방식에 의존한다는 것이다. 그는 인민 의지를 구현하는 불굴의 단호한 전사를 자처한다. 그는 거기서 멈춰 자신이 선거를 통해 위임받은 명령이 공무원의 예민함보다 우위에 있다고 주장할 수도 있었다. 이런 주장은 엉큼한 수동 공격에 맞서는 솔직한 능동 공격을 옹호한다고 말할 수도 있을 것이다. 하지만 이론의 여지 없이 트럼프의 전술을 연상시키는 수법에서 라브의 핵심 메시지는 자신이 피해자라는 것이었다. 어쨌거나 자신은 잘못한 것이 하나도 없으며, 오히려 자신의 의제를 방해하려는 '운동가적인 공무원'들이 자신에게 잘못을 저질렀다는 얘기였다. 설상가상으로 라브는 이 방어 논리의 연장선상에서 고전적인 "누가? 내가?!"의 입장을 취한다. 이것은 수동 공격자에게서 전형적으로 볼 수 있는 놀란 표정의 "나는 아무 짓도 안 했어"식 항변이다.

...

수동 공격은 공격 욕동의 본질적 유연성과 교활함을 잘 보여준다. 직접적 수단으로 만족을 얻을 수 없으면 자기주장을 더 은밀하게 내세워 발각을 회피하는 간접적 수단을 찾는 것이다. 올리브는 제프에게 자신이 화났다고 말할 용기를 낼 수 없었으며, 심지어 그 사실을 스스로 인정할 수도 없었다. 하지만 그녀의 무의식은 의식적 의도를 우회하여 자신의 짜증을 변장시켜 표현하는 수법을 고안했다.

앙드레 그린의 '수용화'는 임상 정신분석이 환자에게 가하는 정신적·신체적 상태를 묘사하는 용어로, 자신을 분석 상황에 내맡기는 능력을 뜻한다. 이때 환자는 대체로 소파에 누운 채 자기 뒤에 앉은 분석가의 시선 아래 놓인다.[18] 환자는 진행과 관련해 예정된 계획 없이 진료에 들어가며, 자기 마음의 예측할 수 없는 흐름과 방향 전환을 기꺼이 따르고 그것에 목소리를 부여한다.

나는 오랫동안 분석 훈련을 받았기에 이 경험을 속속들이 안다. 내가 처음으로 상담실을 가로질러 분석용 소파를 향해 걸어가는 광경이 보인다. 천장을 바라보며 고요한 기대의 분위기에 젖다가 느닷없이 근육이 수축하는 느낌에 사로잡혔다. 마치 내가 바야흐로 드러내야 하는 속내를 감추려고, 총체적이고 고통스러운 자기노출로부터 스스로를 보호하려고 몸이 오그라드는 것 같았다. 그 순간 입을 여는 것이 위험천만한 굴복처럼 느껴졌다. 마치 침묵의 권리를 포기하고 내가 믿어야 할 이유가 딱히 없는 사람에게 내 마음의 내용물을 맡기라고 강요받는 심정이었다. 불안의 표면 아래 도사린 저릿한 분노를 느끼고서 놀랐다. 그것은 나의 누운 자세에 의해, 입을 열라는 요구에 의해, 분석가에게 "제게 원하는 게 뭐죠?"라고 외치고 싶은 소망에 의해 자극된, 무력감에 대한 일종의 저항이었다.

분노를 공격으로부터 분리하는 경험 중에서 이보다 더 생생한 것은 나로서는 상상하기 힘들다. 분석 상황은 환자와 분석가를 둘 다 자신이 행동하고 개입하는 바깥세상으로부터 옮겨, 그 시간 동안 순전히 정신적인 현실에 머물도록 한다. 환자에게는 나쁜 감정을 행동으로 방출하지 말고 견디라고 요구한다. 수동 공격은 그 요구를 묵묵히 거부하는 한 가지 방법이다. 말이나 행동을 거의 하지 않는 위장술로 상대방에게 위력을 행사하는 수단인 것이다.

 자신의 감정을 견디는 능력은 언제나 불완전한 성취에 머문다. 우리의 저항으로부터, 자신의 취약함을 부정하고 감추려는 충동으로부터 영영 왜곡된다. 사랑의 관계에는 자신을 타인의 돌봄에 넘겨주는 동시에 그 돌봄을 거부하는 종류가 여럿 있는데, 정신분석도 그중 하나일 뿐이다.

기후 비상 시대의 우울

앞에서 보았듯, 분노의 목표 달성은 영영 좌절되거나 무산된다. 이 경향을 가장 적나라하게 보여주는 것은 기후 비상을 대하는 태도다. 임박한 생태계 붕괴가 예상되는데도 좌절스러운 무기력만 넘쳐나고 효과적 분노는 찾아보기 힘든 것은 왜일까?

 요즘 들어 이 문제를 가장 긴박하고 강력하게 제기한 책은 안드레아스 말름Andreas Malm의 2021년작 『송유관을 날려버리는 방법How to Blow Up a Pipeline』이다. 실제로 그는 이 질문에서 한발 더 나아가, 기후 정의 운동이 생태계 붕괴를 목전에 두고도 기어코 평화주의를 표방하는 이유가 뭐냐고 묻는다. 화석 자본의 뻔뻔스러운 폭력을 일상적으로 맞닥뜨리면서도 그에 걸맞은 대응의 시늉조차 엄두를 내지 못하는 것은 왜일까? SUV, 송유관, 또는 지구 붕괴를 가속화하는 장비와 시설에 대해 그가 촉구하는 다양한 에코타주ecotage● 행위를 왜 못 벌이는 걸까?

여기서 제기되는 문제는 폭력 대 비폭력 저항의 윤리적·전략적 난관에서보다는 기후 변화가 일으키는 감정과 이 감정으로 인한 행동(실은 행동하지 않음)의 복잡한 관계에서 비롯하는 듯하다. 수많은 사람에게서, 또한 당연히 내게서도 볼 수 있듯 분노가 효과적 행동으로 이르는 길이 가로막히거나 흐지부지하게 되는 원인은 무엇일까? 기후 비상에 대해 느끼는 분노가 걸핏하면 무력감이나 우울감으로 채색되는 이유는 무엇일까?

책의 절정부에서 말름은 감정에서 행동에 이르는 길을 성공적으로 주파했다고 느껴지는 사례를 묘사한다. 그는 갈탄을 쓰는 독일 동부의 거대 발전소 슈바르체 품페에 빈대하는 시민 불복종 운동 엔데 겔렌데Ende Gelände("여기서 그만")에서 벌인 행동에 참여한 적

● '에콜로지ecology'와 '사보타주sabotage'의 합성어로, '환경 사보타주', 즉 환경 파괴를 막기 위한 파괴 행위를 의미한다.

이 있었다. 운동가들은 공장을 봉쇄하고서 즉흥적으로 내부에 진입했다. 그들은 주변 울타리를 쓰러뜨리고 일대를 어슬렁거리다 경찰에게 두드려맞으며 끌려나왔다.

이튿날 아침 발전 회사 파텐팔은 전력 생산을 연기한다고 발표했다. 이에 회사의 최고경영자뿐 아니라 기후 변화를 부정하는 극우 정당 '독일을위한대안' 역시 분노했다. 이 국지적 승리의 느낌을 묘사하는 말름의 의기양양한 단락은 여기서 고스란히 인용할 만하다.

> 하지만 울타리 철거는 폭력 행위일지언정 가장 감미로운 폭력이었다. 나는 그 뒤로 몇 주간 희열을 느꼈다. 기후 붕괴가 매일같이 자아내는 절망감이 잠깐이나마 내게서 모조리 빠져나갔다. 나는 집단의 힘을 주입받았다. 『대지의 저주받은 사람들The Wretched of the Earth』에는 프란츠 파농Frantz Fanon이 폭력을 "정화의 힘"에 비유하는 유명한 구절이 있다. 폭력은 원주민에게서 "열등감과 좌절, 무기력을 없애주고, 그들이 용기와 자존심을 찾게 해준"다. 지구 가열화만큼 절망을 낳는 과정은 드물다. 언젠가 전 세계에, 특히 남반구에 쌓인 그 감정의 저수지가 배출구를 찾는다고 상상해보라. 간디식 기후 운동을 해야 할 때가 있었다. 어쩌면 파농식 운동을 할 때가 올지도 모르겠다. 그때가 되면 울타리 쓰러뜨리기는 매우 사소한 범법 행위로

치부될지도 모른다.[19]

여기서 우리는 절망의 타성적 분노가 직접 행동의 효과적 분노로 탈바꿈하는 것을 목격한다. 이 구절에 흐르는 뚜렷한 유토피아적 저류는 감정과 행동의 이상적 수렴이라는 감각에서 비롯한다. 하나는 잔류물을 남기지 않은 채 사라져 다른 하나로 바뀐다. 말름은 파농을 따라 이것을 "정화의 힘"이라고 부른다.

이 구절은 주류 기후 정의 운동의 폭력적 측면을 옹호하는 말름의 주장에서 정수를 뽑아낸 것이다. 그의 주장에 따르면, 폭력은 둔한 무정형의 분노를 고도의 정서 상태로 끌어올린다. 그러면 자아는 두려움과 자기의심으로부터 정화된다. 물론, 알제리의 정신과의사이자 정치 이론가 파농을 인용하면서 우리는 정신분석의 특별한 영역에 들어서게 된다. 바로 일상적 분노와 절망의 정신병리학이다.

말름의 파농식 관점에서 보면 절망은 바깥세상으로의 배출구를 찾지 못해 견딜 수 없을 만큼 커져버린 긴장이다. 몸과 마음의 좁은 테두리 안에 갇혀 옴짝달싹못하는 신세다. 정신분석의 관점에서 이 긴장은 공격 욕동, 즉 외부 환경에 대한 지배권을 추구하는 욕동이 촉발되었다는 징후다.

말름은 이 공격 욕동의 에너지가 절망의 폐소공포증적 감방에서 풀려난 황홀한 해방을 찬미한다. 하지만 프로이트가 일찌감치 간파했듯 격분한 절망이 언제나 이런 식으로 구원받는 것은 아니다. 구타당한 직원과 그 직원이 조용한 분노의 광란에 빠져들어 벌인 불수의적 히스테리 발작을 다시 한번 떠올려보자.

그는 최면 상태에서 "상사가 길에서 그를 학대하고, 지팡이로 구타하는 장면을 경험하고 있"었다고 털어놓았고, 며칠 뒤 최면에서는 두 번째 발작에 대해 이야기하면서 자신의 질환을 촉발한 사건인 "법정에서 학대에 대한 배상을 받는 데 실패하는 장면"을 몸짓으로 표현했다.

이 사례는 시대착오적(히스테리 발작, 공공장소에서 지팡이로 직원을 때리는 상사)인 동시에 현대적 의미로 가득해 보인다. 현재 기업과 국가가 지구를 지속적이고도 노골적으로 파괴하는 광경을 보고 많은 사람들이 억눌린 분노를 느끼며 말문이 막혀 있는 상황과 비슷한 무언가를 포착하니 말이다.

또한 이 사례는 의기양양한 발산의 상태에 있는 말름의 자화상이 반전된 일종의 거울상이기도 하다. 구타당한 직원은 절망으로 구부정한 자세를 효과적 행동에 필요한 신중한 곧은 자세로 꽃피우는 게 아니라 마치 굴욕의 수렁에 빠져드는 듯하다. 이 감정은 구제책을 찾으려 하면 오히려 두 배로 커진다.

말름은 프로이트 욕동 이론의 유명한 표현을 사용하여 분노를 폭력에 **납땜**soldering한다고 설명한다. 이런 납땜은 자신이 무슨 일을 하고 있는지 아는 신체 감각과 정서적 확신을 가져온다. 이것은 명료함과 옳음의 예리한 감각이다. 이에 반해, 정의를 추구하다 실패한 프로이트의 환자가 보인 히스테리적 무언극은 분노와 공격의 극단적 분리를 묘사한다. 이 분리는 공격 행동의 직접적 배출구를 빼앗는다. 그러면 남는 것은 신경계에 가해지는 무기력의 압박뿐이다. 그것은 발이 묶여 어디에도 가지 못하는 분노다.

이 압박을 기후 비상의 맥락에서는 어떻게 이해할 수 있을까? 이 질문은 다시 한번 우리를 말름의 책으로, 더 구체적으로는 기후 정의 운동의 역사적 계보에 대한 설명으로 데려간다. 그것은 노예제, 식민주의, 아파르트헤이트apartheid● 체제 반대 투쟁과 여성 참정권, 흑인 민권 쟁취 투쟁이다.

각각의 투쟁이 식민국, 법·경제 체제, 폭력 군중, 경찰·사법 기관 같은 지독히 억압적인 권력의 아바타를 향한 깊은 분노와 절망을 일으켰음은 의심할 여지가 없다. 또한 각각의 투쟁은 어느 시점에선가 폭력 저항의 방법을 동원했다. 즉, 익눌린 자의 절망을 구제하는 '정화' 폭력의 비유적인 폭발, 또는 문자 그대로의 폭발을

● 1948년부터 1994년까지 시행되었던 남아프리카 공화국의 극단적인 인종차별 정책과 제도를 일컫는다.

일으켰다.

말름은 기후 정의 운동이 이런 과거의 운동들과 분명한 연속선상에 있다고 생각하며, 기본적 단절이 있다는 주장을 대수롭지 않게 보거나 심지어 깔본다. 그가 보기에 화석연료 자본이 구조적 불의를 퍼뜨리는 것은 식민 지배나 인종주의적 법 체제와 다를 바 없다. 또한 이로 인해 생겨난 절망과 분노를 물리적 장소에 대한 공격 행동으로 활용하고 배출해야 하는 것은 (이를테면) 아프리카민족회의 무장 분파 '민족의창' 사령관인 넬슨 만델라Nelson Mandela가 아파르트헤이트 체제 남아프리카공화국의 군사, 에너지, 통신, 수송 시설에 대한 공격을 기도한 것과 마찬가지다.

그런데 왜 우리는 기후 비상이 조금이나마 다르다고 주장해야 할까? 오히려 기후 비상으로 인한 위협의 보편성과 위태로운 절박성은, 그에 걸맞은 분노가 적절하게 강력한 행동으로 구현되어야 한다는 요구를 증폭하는지도 모른다. 인종이나 성별에 기반한 억압에 맞서 동원된 저항 도구를 기후 행동으로부터 빼앗아야 하는 이유는 무엇일까?

...

이 질문은 우리를 슬로터다이크의 『분노는 어떻게 세상을 지배했는가』로 다시 데려간다. 그는 그리스 철학과 시에 등장하는 분노인 '티모스'가 "폭풍우나 태양빛과 같이 스스로 부풀어 오르"는 기본 에너지라고 주장한다.[20] 그는 분노가 인간 경험을 전개하고 형성한 근본적인 힘이었다고 상정한다.

'티모스'의 렌즈를 통해서 보면, 근대사는 분노를 혁명과 저항의 모터로서 생산하고 유지하려는 지속적 투쟁의 역사다. 다른 어떤 집단적 기분collective mood보다 분노는 정치 운동에 의해 "진행되는 기획"이자 "소유자의 보물 창고"로 계발된다. 대중적 분노를 끌어 모으고 방향을 이끄는 것은 그 형태와 모양을 변형하는 것이다. 분노는 "때와 장소를 가리지 않는 맹목적인 표출 방식에서 모욕당하고 고통당한 사람들을 위한 장기적 안목을 지닌 혁명의 전 세계적 프로젝트로 완전히 탈바꿈을 하게 되는 것이다."[21]

절망의 구부정한 굴욕이 자존의 곧은 위력으로 바뀌는 말름의 파농적 이행에는 의미심장한 실마리가 담겨 있다. 슬로터다이크가 특유의 유쾌한 선동적 어조로 말하듯 "모든 역사는 분노 응용의 역사"다.[22] 쉽게 말하자면, 전쟁과 혁명의 역사라는 뜻이다.

혁명 행위는 정동과 욕동, 또는 감정과 행동이 완벽한 조화를 이뤄 펼쳐지는 최적의 순간이다. 이때 감정이 행동에 공급하는 연료는 행동이 감정을 실현하기에 딱 알맞은 분량이다. 이런 일이 일어나려면, 국지적으로 분산된 분노의 조류가 하나의 "분노 은행"에

'저축'되어 "해방되기를 갈구하는 과잉 에너지에서 그 힘을 얻어"야 한다.[23]

　분노 은행은 수많은 구타당한 직원들의 계좌를 보유한다. 억압당한 세대들의 상처와 굴욕이 "저장되고 통합되어 가치와 에너지가 활성화된"다.[24] 이것은 말름이 의기양양한 자기묘사에서 내뿜는 가치와 에너지의 덩어리 아닌가? 그는 저장된 분노를 단일한 카타르시스적 행위로 똑같이 해방시키고 있지 않나?

　슬로터다이크는 분노와 행동이 매끄럽게 짝지어지는 이 일사불란한 축적과 분출을 분노가 만성적으로 흩어지는 현대적 조건, 즉 통일된 생각이 결여된 "허약한 조직"과 대조한다. 그는 2005년 파리 방리유^{banlieue} 봉기*를 예로 들어 "이같이 급작스럽고 지저분한 에너지를 모으거나 전환시킬 수 있는 능력과 의지를 지닌 어떤 정치적 당파도 없었"다고 주장한다.[25]

　여기서 슬로터다이크는 말름이 구제의 희열을 느끼는 순간의 이례적 특성을 두드러지게 강조한다. 말름은 일종의 '채집자'를 자처하여 집단 행위자의 에너지를 자기 자신에게 집중시킨다. 이런 일은 슈바르체 품페라는 특정 표적을 겨냥한 행동을 통해 이루어

● 파리 외곽에서 경찰 검문을 피하려던 십대 소년 두 명이 사망한 사건을 계기로 벌어진 대규모 폭력 시위를 말한다. 방리유는 대도시 외곽의 저소득층 주거 지역을 가리킨다.

지는데, 이 발전소는 화석 자본의 제유(提喩)이며 화석 자본은 그 자체로 생태 파괴의 제유다.

내가 앞서 인용한 말름의 글에 지우는 의미의 무게가 부당하게 보일 수도 있음을 안다. 내가 이렇게 하는 이유는 그것이 '기후 비상이 요구하는 항의 방식은 무엇인가'라는 중요한 질문을 명확하게 보여주기 때문이다. 말름의 시위에 담긴 주관성은 영감과 자기 긍정, 그리고 개개인을 통한 집합적 호흡이라는 뚜렷한 낭만주의적 언어를 구사한다. 이런 종류의 주관성은 정동과 목표가, 분노 감정과 공격 행동이 완벽한 조화를 이룬다고 암시한다. 하지만 이 태도가 기후 비상을 직면한 대다수 사람들의 경험과 맞아떨어지는지는 의문이다. 분노와 절망의 조류가 우리 모두를 관통하고 있음은 의심할 여지가 없지만, 이 조류를 저축할 정당이나 '은행'은 어디에도 없다.

많은 사람들에게 항의와 행동은 일상적 행동의 변화 시도와 마찬가지로 산발적이고 혼란스럽고 불안하고 들쭉날쭉하다. 우리가 충분히 대처하고 있지 않다는 쓰라린 자각은 해야 하는 일의 어마어마한 규모에서 비롯한다. 분노가 효과적 행동으로 스스로를 실현할 최적의 시점은 대상을 겨냥하여 특수 제작된 차량을 운전할 수 있을 때다.

역사적으로 노예제, 식민주의, 아파르트헤이트 반대 투쟁, 여성

참정권과 흑인 민권 쟁취 투쟁은 비록 상상할 수 없는 규모의 억압적 힘을 맞닥뜨리고 있었음에도, 각각 국지화된 역사적 상황, 지리적 영토, 노예제를 끝장내고 여성 참정권을 얻어낸다는 등의 확고한 목표에 의해 제한되었다.

지구 가열화를 가능한 한 낮은 수준으로 유지한다는 기후 정의 운동의 목표를 달성하려면 다양한 목표들을 정교하게 조율해야 한다. 이는 세계 인구가 국민 국가, 국제적 과학·정치 기구, 농업·운송·에너지 기업, 금융 기관 등에 협력해야 할 때도 있고 대항해야 할 때도 있다는 뜻이다. 다시 말하지만, 우리가 묘사하는 것은 단순한 대상이 아니라 티머시 모턴이 하이퍼객체라고 부르는 것이다. 이 대상은 규모가 어마어마하고 복잡하기에 도무지 대응시키거나 파악할 수 없다.

말하자면, 기후 분노에 대상이 있다면 그것은 극단적으로 분산적이다. 어디에나 흩어져 있으며 어디에도 없다. 그 대상을 화석 자본이라는 단일 성분으로 축소하더라도, 여전히 우리는 파괴, 착취, 부패의 물리적·금융적·정치적 방식을 가로지르는 힘들의 무시무시하게 복잡한 그물망에 대해 이야기하고 있다. 그 힘들은 우리 모두, 특히 북반구에 있는 모든 사람들과 관계가 있다. 비록 우리가 그 반대편에 서 있을지라도 말이다.

환경 운동가이자 저널리스트 조지 몬비오 George Monbiot를 비롯한

많은 사람들이 말하듯, 화석 자본은 지구 시스템 붕괴의 유일한 동인이 아니다. 몬비오의 지적에 따르면, 식량 생산 부문만 해도 현재 기후 모형에서 "지구 평균 기온이 1.5도 이상 상승하는 것을 막으려면 전체 탄소 예산을 두세 배 초과해야 할" 것이다.[26] "토질 악화, 담수 고갈, 해수 미생물 군집 붕괴, 서식처 파괴, 살충제를 비롯한 합성 화학물질"은 논외로 하고도 이 정도다.

기후를 비상 상황으로 몰아가는 힘들이 미로처럼 복잡하고 히드라의 머리처럼 끈질긴 탓에 거울상 분노가 생겨나기 십상인데(많은 사람들은 이 분노를 감당할 수 없다고 느낀다), 이 분노는 주어진 어떤 항의나 행동에서도 적절한 표상을 찾으려고 안간힘을 쓴다. 이런 조건에서는 분노가 자신의 무력한 절망에 빠져들어 우울해질 수 있다.

...

정신분석은 이 우울한 절망에 대해 우리에게 무엇을 말해줄 수 있을까?

욕동 개념에 따르면 우리는 불만에 빠질 운명이다. 욕동은 결코 온전히 달성되지 못할 성취를 추구한다. 프로이트는 이렇게 말한다. "성적 본능의 본질 중 어떤 것은 완전한 만족의 실현과는 어울리지 않는다."²⁷ 성 욕동의 짝인 공격 욕동도 마찬가지임은 의심할 여지가 없다.

앞에서 보았듯, 분노는 만족이 우리를 실망시키는 순간 느껴지는 감정이다. 다시 위니컷의 주장을 떠올려보라. 어머니는 삶의 첫 몇 달간 아기의 환상(자신이 세상을 전능하게 통제한다는 것)을 키워준다. 아기는 자신이 무력하고 의존적이고 분리되어 있다는 소식을 받아들이고 대처할 준비가 되어 있지 않기에 이를 부정하고, 대안적 사실로 이루어진 전혀 다른 이야기를 스스로에게 들려줄 계략을 꾸민다. 아기의 현실 혐오는 우리 성인에게도 남아 있어서, 우리는 주변 현실을 새로 만들 방법을 계속해서 찾는다.

아마도 적극적 부정주의^{denialism}•, 음모론, 고의적 탄소 과소비 같은 무도한 형태로 그 방법을 찾지는 않을 것이다. 하지만 탄소 소비를 줄이는 데 필요한 개인적 변화를 미루고 집단적 기후 정의 운동에 적극적으로 참여하지 않는 등의 은밀한 방법을 쓰는 사람은 많다.

탄소 소비는 일상생활의 얼개에, 우리가 먹고 난방하고 이동하고 안락을 누리는 방식에 정교하게 엮여 있기 때문에, 위니컷의 아기와 마찬가지로 우리는 체제의 붕괴를 가속화하려고 애쓰면서도

• 역사적 사실의 존재를 부정하거나 그 의미를 축소하려는 행위.

실은 그 체제와 우리가 상호 의존적 관계를 맺고 있다는 궂은 소식을 삭제하고 덮어쓴다.

　기후 변화에 앞서 벌어진 역사적 투쟁들에서는 명백히 불의한 지배 권력에 맞선 명백히 정당한 승리가 있었다고 말할 수 있다. 하지만 기후 정의를 위한 투쟁에서는 양편을 그렇게 명확하게 가르기 힘들다. 우리는 지구 가열화의 원인을 따질 때 국가와 기업을 나머지 사람들과 구별할 수 있지만, 이 문제를 면밀히 들여다보기 시작하면 국가와 기업이 나머지 사람들을 똑같이 파괴적인 정치적, 경제적, 문화적 회로에 끌어들이고 있음을 알게 된다. 정계와 재계가 우리 자신뿐 아니라 다른 모든 사람과 모든 것에 대한 범죄에 우리를 연루시키는 방식은 정계와 재계의 타성, 냉소, 부정행위에 대한 우리의 분노를 부추기는 동시에 억누른다.

　간단히 말하자면 어느 누구도, 심지어 셸, BP, 아람코 등의 기업 총수조차도 지구 가열화로부터 이득을 얻지 못한다. 누구도 기후 비상에 대한 책임으로부터, 그 파국적 영향으로부터 무사하지 못하다. 내가 보기에 말름은 기후 저항과 기후 행동의 주관성을 이런 식으로도 단순화하는 듯하다.『송유관을 날려버리는 방법』의 한 대목에서 그는 런던 거리 시위의 멸종반란^{eXtinction Rebellion}● 현수막

● 국제 기후 대책을 요구하는 환경 단체로 2018년 영국에서 시작됐다.

문구 "우리는 경찰 여러분을 사랑합니다. 이것은 여러분의 자녀를 위한 것이기도 합니다."[28]를 비판하면서, 이것이 기후 행동주의에 대한 잔혹한 탄압에 경찰이 일조했음을 외면하는 뜬금 없는 아첨의 표현이라고 말했다. 하지만 적어도 내가 해석하기로 현수막의 요점은, 경찰에게 그린워싱을 해주려는 것이 아니라 그들이 나머지 사람들과 함께 죽을 것이고 기후 비상이 아파르트헤이트나 성차별과 달리 누구에게도 유익하지 않음을 일깨우기 위한 것이다. 지구 평균 기온이 2도가 오르고 4도가 오르고 그 이상으로 치솟으면, 석유 기업과 그 임원들조차 자신의 고객 저변을 스스로 가차 없이 파괴한 탓에 머지않아 사멸할 것이다.

　이것은 북반구와 남반구 사이에, 부유층과 빈곤층 사이에, 기후 변화의 악영향이 퍼지는 모든 곳에 심각한 불평등이 있음을 외면하자는 것이 아니다. 하지만 기온이 상승하면 부자들은 이른바 '세계 없는 삶worldless life'을 살아야 할 것이다. 이것은 인공 거품 속에서 위태롭게 목숨을 부지해야 함을 뜻한다. 세계를 계속 가열하는 데는 어떤 유의미한 유익도 없다. 아무리 냉정하게 자기이익을 추구하는 사람에게도 말이다.

대안적 여정

"퀴 보노Cui bono, 즉 누구에게 이익이지?" 폴 슈레이더Paul Schrader의 2017년작 영화 『퍼스트 리폼드First Reformed』의 주인공인 목사 언스트 톨러는 분노한 기후 운동가 마이클 멘사나•와 대화를 나눈 뒤 일기장에 이 질문을 적는다.

톨러가 멘사나를 만난 것은 임신 20주째인 멘사나의 아내 메리의 부탁 때문이다. 멘사나는 반출생주의자anti-natalist••로 아내에게 임신 중단을 촉구했다. 그는 살 수 없는 세상에 새 생명을 낳는 것을 정당화할 수 없다고 톨러에게 말한다. 톨러는 프로이트의 유명한 농담에 나오는 목사와 비슷한 처지에 놓인다. 그 목사는 동네의 무신론자 보험 판매원에게서 방문 요청을 받는다. 임종을 앞두고 있던 판매원은 긴 밤이 지난 뒤에도 여전히 무신론자로 남지만 목사는 전부보험•••에 가입한다.

슈레이디는 이 농담을 씁쓸하게 재해석하는데, 그의 이야기에

• '건강한 마음'을 뜻하는 '멘사나Mensana'라는 성을 가진 인물이 우울증에 시달리다 자살적 폭력을 준비하는 장면은 이 영화의 여러 의도적 모호성 중 하나다. —원주
•• 인간을 지구와 자연에 해악을 끼치는 존재로 보고, 인간의 출산을 비윤리적 행위로 간주하는 사람을 말한다.
••• 보험 금액과 보험 가액이 같은 보험 계약으로, 보험자는 보험 사고로 말미암은 손해액의 전부를 지불할 의무를 진다.

서 임종을 맞은 남자가 남긴 것은 보험이 아니다. 다가올 환경 위기는 보험의 모든 보장을 무효화한다. 그 대신 멘사나는 톨러에게 절망의 끝없는 유산을 남긴다. 톨러가 오랫동안 음주와 점점 희미해지는 신학적 확신을 통해 막아내려 했던 것과 같은 절망이다. 이 절망의 물리적 표현이 멘사나의 자살폭탄 조끼다. 메리는 헛간에서 이 조끼를 발견하여 톨러에게 없애달라며 건넨다.

말름의 관점에서 저항의 주관성은 내적 절망의 둔한 덩어리를 생생하고 의식적인 분노로 전환하여, 화석 기반 시설을 겨냥한 겁 없는 폭력에 연료를 공급한다. 이에 반해, 멘사나의 절망은 다른 정서로 탈바꿈하는 게 아니라 시나브로 강해지다 결국 무력한 분노에 이른다. 말름은 정서와 행동의 관계가 섬세하게 조율되어 조화를 이룰 거라 상상하지만, 이렇게 방출되는 분노에서는 그런 모습을 전혀 찾아볼 수 없다. 분노는 멘사나에게서 모든 것을 빼앗아 일종의 무제한적 폭력을 승인한다. 첫 표적은 자신이다. 그 안에는 의로움과 허무주의의 결합이 녹아 있다.

톨러는 멘사나를 만났을 때 심한 우울 상태에 빠져 있었다. 군목인 아들을 이라크에서 잃었기 때문이다. 자신도 아버지를 따라 군목이었던 톨러는 아내의 완강한 반대를 무릅쓰고 아들에게 입대를 권해 아들이 무의미한 전쟁에서 목숨을 잃도록 몰아갔다는 심한 죄책감에 시달린다.

톨러가 동네 공원에서 만나자는 멘사나의 문자 메시지를 받고서 도착해보니, 멘사나는 소총으로 스스로의 머리통을 날려버린 채 눈밭에서 죽어 있었다. 연하의 멘사나가 남긴 폭력적 절망이라는 유산을 톨러가 선뜻 받아들이는 것은 이 죄책감 때문이다. 메리는 멘사나가 자살한 뒤 톨러에게 남편이 임신 전에도 "분노로 가득했"다고 말한다. 자신의 이야기를 듣고 있는 상대방 또한 스스로의 분노에 비슷하게 피폐해져 있으리라고는 생각지도 못한다.

멘사나의 자살적 분노라는 유산을 물려받은 톨러는 한밤중에 일기장에 이 질문을 적는다. "퀴 보노, 즉 누구에게 이익이지?" 이 문구를 처음 쓴 사람은 2세기 로마의 정치가 루키우스 카시우스다. 그는 키케로에 의해 가장 정직하고 현명한 재판관으로 칭송받았는데, 소송에서 판결을 내릴 때 이 질문을 한 번도 생략하지 않았다. 이 질문은 범죄를 이상적인 합리적 관점에 놓는다. 동기에서 행동까지 선이 끊임없이 이어져 있을 뿐 아니라, 둘이 비례한다고도 가정한다. 내가 한 사람을 죽여서 이득을 얻을 수 있으면 열 사람을 죽일 필요는 없다.

톨러의 질문은 인근의 여러 자연 보전 지역이 재벌이자 문구 제조업자인 에드워드 밸크에 의해 독성 폐기물 투기장으로 전락한 사건을 염두에 둔 것이다. 밸크의 공장은 멘사나가 계획한 자살 공격의 표적이었을 것이다. 톨러와 멘사나의 필사적 대화와 자살폭탄 조끼의 발견에서 보듯 영화는 시간에 쫓기는 스릴러라는 일반적 범주에 속한다. 하지만 영화의 속도와 구성은 이 급박함과는 딴판이다. 영화는 마치 등장인물과 똑같은 우울증에 걸린 듯 냉정하고 정적인 롱숏으로 전개된다. 모든 얼굴, 모든 방, 모든 풍경에는 돌이킬 수 없는 일종의 비애가 서려 있다.

슈레이더의 카메라는 밸크의 업체 때문에 유린되고 유독해진 호수 유역인 핸즈타운 킬스의 으스스한 고요를 느릿느릿 담아낸다(영화는 촬영 감독 알렉산더 다이넌Alexander Dynan이 찍은 아름다운 영상으로 이루어졌다). 녹슬어가는 금속, 플라스틱, 화학 폐기물이 물에 스며든다. 이 이미지에서 전해지는 회복 불가능한 자연적·심리적 피해의 깊이는 모든 대응을 조롱하는 듯 보인다.

막바지의 기이한 장면에서 영화는 환각적 반反자연주의로 급선회한다. 메리는 톨러를 찾아와 자신이 죽은 남편과 함께 행하던 내밀한 의식을 다시 행하게 해달라고 부탁한다. 남편 위에 (옷을 온전히 차려입은 채) 엎드려 몸을 바짝 붙이고서 신체를 최대한 접촉하고 얼굴을 바싹 대는 의식이다.

메리는 톨러와도 같은 의식을 행하여 두 남자의 심란한 동일화를 완성한다. 두 사람은 공중에 떠올라 순식간에 우주로 발사되는데, 이 영상은 일련의 키치적인 아름다운 열대 풍경으로 바뀌었다가 다시 생태 참사의 장면으로 전환된다. 가장 인상적인 것은 불탄

고무 타이어들이 끝없이 널브러진 장면이다. 이 폐허 위를 떠다니는 톨러의 얼굴이 분노로 일그러진다. 이 분노를 통해 톨러는 멘사나가 남긴 폭력적 절망의 유산을 온전히 흡수한다.

이 장면에 뒤이어 톨러는 (밸크의 재정 지원을 받는) 퍼스트 리폼드 교회의 250주년 기념식에 인파가 운집했을 때 멘사나의 자살폭탄 조끼를 터뜨린다는 계획을 세운다. 마치 기후 변화가 무고한 자와 죄지은 자의 구별을 치명적으로 부식시키듯 일반 시민들도 밸크와 함께 죽을 것이다. 따라서 그의 행동도 거룩한 정의와 인류에 대한 범죄를 구별하지 못한다. 조끼는 교회와 참석자를 터뜨리면서 톨러의 '퀴 보노?'도 날려버릴 것이다. 이 질문은 정의를 위한 오컴의 면도날처럼 정밀하게 죄인에게 이르는 길을 내고자 하지만, 면도날의 정밀한 정의에 대해 폭탄은 정의를 파괴하는 혼돈의 분노로 답한다.

메리는 스노브리지를 떠나기 전에 기념식에 맞춰 돌아오겠다고 약속한다. 톨러는 메리에게 오지 말라고 애원하지만, 자살폭탄 조끼 단추를 채워 성복 아래 감추고서 교회에 들어서기 직전 그녀가 돌아온 것을 발견한다. 그는 허둥지둥 조끼를 벗고 그 대신 기다란 가시철사를 두른다. 그의 몸통을 꽉 쥔 가시철사는 차마 보기 힘든 고행이다. 그는 피가 흐르는 몸통에 성복을 걸친 채 배관 세척제를 한 잔 따른다. 그가 컵을 입에 대는 순간 메리가 목사실에 들어선다. 잔이 손에서 떨어지고 두 사람은 서로에게 달려가 굶주린 듯 열정적으로 입맞춘다. 카메라가 두 사람 주위를 어지럽게 회전하다 느닷없이 화면이 암전된다.

알레고리적 의미는 지나칠 정도로 뚜렷하다. 톨러에게 메리는 성스러운 어머니이자 성적인 애인이다. 둘의 격렬한 포옹은 분노에 찬 절망의 에너지를 모조리 잠식성(영적이면서도 세속적이므로) 사랑으로 전환한다. 분노는 폭력 공격으로 고스란히 방출되는 것이 아니라 애욕적 굴복으로 스스로를 실현한다.

...

『퍼스트 리폼드』의 잔잔한 대화에서 간과하기 쉬운 것 중 하나가 멘사나의 자살 직후에 주고받는 대화다. 톨러가 메리에게 남편의 운동 방식을 어떻게 생각하느냐고 묻는다. 메리가 주저 없이 고개를 끄덕이며 말한다. "제 견해도 그이와 같아요." 하지만 '견해'가 같아도 '세상에서 어떤 행동을 선택하는가'는 같지 않다.

멘사나는 자살을 통해 톨러에게 무정형의 무한한 분노를 넘겨주고, 자신은 이 분노의 미명하에 사랑을 저버린다. 그리고 톨러의 분노가 바야흐로 무차별 폭력으로 실현되려는 순간에야 메리가 화면에 들어와 대안적 여정을 제시한다. 그것은 무제한의 사랑을 향한 즉각적이고 신비로운 방향 전환이다. 이 절정의 섬망이 분노에서 사랑으로의 전환만큼 직접적이거나 감상적인지는 모르겠다. 내게는 분노가 사랑 안에서 기이하게 폭발하는 장면에 가까워 보인다. 이 폭발은 두 감정을 온전히 살아 있게 한다.

이 마지막 장면이 내게 무척 감동적인 것은 내가 부지불식간에 알고 있는 것을 표면으로 끌어올리기 때문이다. 내가 기후 비상에 대해 '마땅히' 분노해야 하는 만큼 분노하지 않는다면 그 이유는, 분노와 슬픔에 나 자신을 고스란히 내맡겼을 때, 우리와 아이들의 미래가 얼마나 위태로운지 진정으로 **알게** 되었을 때 그 분노와 슬픔을 견딜 수 없을 것임을 직감했기 때문이다.

지금까지 나는 이 문제에 대해 거의 아무것도 하지 않았다. 나는 이 안쓰러운 상태를 변화시키기로 마음먹었다. 이것은 내가 이 책을 쓰게 된 이유 중 하나다. 하지만 우선 왜 내가 아무것도 하지 않았는지 이해해야 했다. 왜 내가 분노에 상상의 형태 같은 것을 부여하려 할 때 그것이 자존감을 회복시키는 적절한 정화 행위처럼 느껴지지 않고, 자신의 통제 밖에 있는 세상의 존재를 직감한 유아의 박탈적 혼돈과 해체처럼 느껴지는지도 말이다.

3장

냉소적 분노
선동가, 사기꾼, 감정 포식자

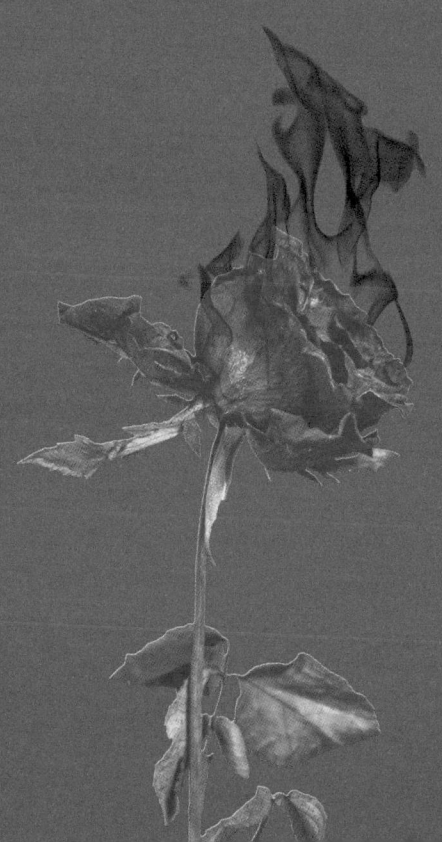

ALL THE RAGE

그래, 이것이야말로 내가 분노하는 이유야!

그날의 첫 환자 제라드가 소파에서 진료받을 준비를 하고 있었다. 이마에 결절이 보인다. 꽉 감은 눈꺼풀을 보면서 우리 사이의 공기가 무겁게 내려앉는 것을 느낀다.

제라드는 신체적·정서적 고통에 시달리는데, 이 둘은 상대방에게 의존하는 커플처럼 서로에게 달라붙어 있다. 일상생활을 불가능하게 하는 두통과 불면증은 영원하고 해소 불가능한 고독에 갇히리라는 두려움과 하릴없이 얽힌다. 그는 종종 공황과 분노로 가득한 채 숨 가쁘게 내뱉는 독백으로 이 이중적 고충을 배출한다.

제라드는 오늘 진료를 시작하면서 어맨다와의 관계가 영 풀리지 않는다고 말한다. 그녀와는 요 몇 달간 만나온 사이다. 이 지끈

거리는 두통을 하루 종일 달고 사는 것, 매일 밤잠을 이루지 못한 채 사실상 환각에 시달리는 것이 어떤 느낌인지 이야기하려 해봤지만 그녀는 이해하지 못한다. 두 달도 채 지나지 않아 그녀는 진저리를 친다. 누가 그녀를 탓할 수 있겠는가? 그는 어쩔 수 없이 쓰게 된 애인 찾기 앱이 오래된 사진, 오해의 소지가 있는 자기소개, 새빨간 거짓말 같은 가짜 정보를 끊임없이 들이민다고 욕한다. 인간의 취약함을 악용하는 썩은 버러지 같은 저 앱들이 제작사 말고는 누구에게도 유익하지 않다고 말한다.

사람들이 스스로를 살과 피를 가진 현실의 인간으로 드러내기보다는 온라인에서 상투적으로 보이는 허상으로 드러내고 싶어 한다고 비난하면서 그의 호흡이 빨라지는 것이 느껴진다. 이제 그가 나를 바라본다. 사랑스러운 아내와 귀여운 아이들을 가졌을 것이 틀림없는 내가 자신에게 연민을 느끼리라 생각한다. 아니, 그는 나의 연민이 필요 없다고, 자신을 달래려 들지 말라고 말한다. 말이 났으니 말인데 어제 보리스 '빌어먹을' 존슨의 허황한 의회 연설 장면을 보았느냐며 대체 이 나라 사람들은 거들먹거리는 저 끔찍한 말투를 어떻게 견디는 거냐고 묻는다. 그는 저 텁수룩한 금발을 움켜쥐고는 두개골이 쪼개질 때까지 존슨의 이마를 책상에 짓찧고 싶어 한다.

제라드가 불만을 내뱉는 강도는 자신이 거명하는 원인들보다

커 보인다. 그의 말을 듣다 보니 무언가 순서가 뒤바뀐 것 같다는 생각이 든다. 그는 애인 찾기 앱이나 보리스 존슨에 대해 생각하다가 발끈하는 게 아니다. 잠에서 깨는 순간부터 치밀어 오르는 분노를 이해하려고 원인인 자극물을 찾는 쪽에 가깝다.

프로이트는 성 욕동에 대해 비슷한 혼동을 관찰한다. 우리가 사랑에 빠질 때 경험하는 상냥하고 색정적인 감정의 거센 물살은 **욕동**(저 기이한 사랑 충동)과 **대상**(우리가 사랑하는 사람) 사이에 밀접하고 직접적인 관계가 있다는 믿음을 부추긴다. '진정한 사랑'이라는 신화는 이렇게 생겨난다.

하지만 이것은 착각이다. 사랑 감정이 다양하고 예측 불가능하고 변덕스러운 것으로 보건대, 오히려 "성 본능과 성 대상은 단지 서로 접합[납땜]되어 있"다. 욕동은 자신을 만족시켜줄 것을 간절히 찾는 욕망이다. 그러다 이따금 '그래, 어쩌면 이게 내가 찾는 건지도 몰라'라고 생각하게 하는 대상을 찾기도 한다.

내가 보기에, 이것은 제라드의 분노가 작용하는 방식과 매우 비슷하다. 분노를 설명할 원인을 찾아 세상을 훑으며 강해진 힘은 분산되어 자유롭게 떠다니면서, 그에게 "**이것**이 내가 분노하는 이유야!"라고 말하는 위안을 가져다준다. 하지만 안절부절못하고 변덕스러운 애인처럼 분노는 대상을 찾자마자 다른 대상으로, 또 다른 대상으로 눈을 돌렸다. 제라드의 분노는 난잡하기 짝이 없었다.

…

분노가 이토록 만족을 모른다면 우리는 어떻게 분노를 경계선 안에 가둬두는 것일까? 대부분의 시간 동안 그토록 거세게 우리를 들쑤시는 힘과 더불어 살아가는 것이 어떻게 가능할까?

나는 이 책 여기저기서 공격이 분노보다 더 원초적이며 분노는 감정을 반사적 행위로 배출할 때가 아니라 자기 자신으로 하여금 도발 대상에 대한 반응을 느끼도록 할 때에만 일어난다고 주장했다.

하지만 언제나 시시각각 이렇게 느껴지는 것은 아니다. 오히려 분노가 우리 안에서 동력을 얻어 행동(또는 흔히 공격이라고 부르는 것)을 향해 우리를 밀어대는 것처럼 보일 때도 적지 않다. 사실 이런 경우에 우리는 분노를 행동으로 표출하기보다는 정신 영역에 가둔 채 그것을 느끼고 그것에 대해 생각하려고 노력한다. 우리가 더는 분노를 억누를 수 없다고 느끼는 것은 분노가 너무나 압도적으로 절정에 도달할 때뿐이다. 그러면 고함지르고 주먹질하고 때려 부수지 **않을 수 없다**.

분노를 순전히 내적인 상태로 머물게 하는 능력은 우리가 맹목적 행동으로 치닫지 않도록 막아준다. 더 이상 분노를 스스로에게 표현할 수 없을 때, 더 이상 분노가 우리의 마음에 가하는 압력을 견딜 수 없을 때 우리는 거센 언어적 공격이나 신체적 공격을 퍼붓는다.

이에 반해 분노로부터 충분한 정신적 거리를 두어 분노에 의문을 제기하고 분노가 무엇에 대한 것이고 어떻게 해소할 수 있을지 물을 수 있으면 분노는 공격의 산파가 되기보다는 자기반성을 증진하고 공격의 자동적 충동을 억제할 수 있다. 물론 그렇다고 해서 분노가 단호한 행동으로(심지어 공격으로) 이어질 수 없고 그래서도 안 된다는 말은 아니다. 하지만 자기반성적 분노에서는 행동이 마음을 압도하기보다는 마음과 협력한다.

소년이 가장 친한 친구에게 소리 지른다. 자신이 등을 돌린 사이에 친구가 도시락통에서 초콜릿 바를 슬쩍한 것을 방금 알아차려서다. 친구는 마지막 조각을 여전히 질겅질겅 씹으며 어설프게 웃음 짓는다. 멋쩍게 사과하며 하나 사주겠다고 약속한다. 분노의 출처가 뚜렷하고 위안이 재빨리 따르기 때문에 이때 소년에게 자신이 당한 상실은 사소하고 일시적인 것으로 느껴진다.

하지만 덩치 큰 동급생이 매일같이 도시락을 통째로 빼앗고 선생님에게 이르면 혼쭐을 내겠다고 위협하면 어떨까? 어쩔 수 없이 그의 말을 따르면서 소년의 분노는 두려움에 의해 억눌러진다. 이것이 괴롭힘당하는 아이가 처한 곤경이다. 적어도 머릿속에서 **그는 말하는 것을 금지당한다.** 자신의 경험을 이야기의 형태로 표현하지 못한다. 표현을 거부당한 분노는 점차 무언의 형체 없는 덩어리가 되어 그의 내면에 퍼져나가 하루하루의 삶에 그림자를 드리운다. 이 경험이 너무 오랫동안 방치되면 소년에서 어른이 된 남자는 분노를 감당하는 데 어려움을 겪을 것이다. 그는 분노에 형체를 부여하는 언어를 찾지 못한다.

분노는 말해지고 들려질 수 있을 때 우리의 발달 건강에 이바지한다는 것이 위니컷의 주장이다. 굶주린 아기의 울음은 일종의 원초적 분노이자 근본적 욕구의 주장이다. 위니컷에 따르면 이것은 긍정적이다. 이것이 만일 유아가 자기 식대로 살아가려는 결단을, 남의 욕구에 적응하기보다는 자신의 욕구를 따르려는 결단을 매우 초보적으로 천명하는 것이라면 말이다.

울음이 목적을 달성하면, 이를테면 엄마가 아기에게 젖을 물리면 아기는 자신의 분노가 무엇에 대한 것인지 배울 수 있다. 하지만 울음이 상대방 성인에게 어떤 실질적 영향도 미치지 못해 기약 없는 지연과 무시가 돌아오면 정반대 효과가 발생한다. 위니컷이 특유의 절제된 표현으로 말한다. "그 사람은 분노와 그 표현에 대해 약간의 혼란을 겪는다."[1]

이 '혼란'은 훗날 괴롭힘당하는 아이가 경험하는 것과 비슷하다. 이것은 말해지거나 들려질 수단이 전혀 없는 상처다. 아이가 자신의 경험을 표현할 길이 막막할수록 분노는 더 많이 퍼져나가고 강해진다. 굶주린 아기와 마찬가지로 아이는 오지 않는 만족을 점점 필사적으로 찾는다.

제라드를 생각하면 이 두 인물과의 기이한 연속성을 보지 않을 도리가 없다. 질환이나 여성에 대한 그의 불만과 디지털 기기나 정치 계급에 대한 공포는 표적을 찾는 화살이다. 마치 그는 자신의 분노를 마침내 만족시켜 끝내줄 하나의 적대적 대상을 찾고 있는 듯하다.

하지만 아무것도 그렇지 하지 못한다. 그를 진료하는 시간이 고통스러운 영원처럼 느껴지면서도 (어쩐 일인지 그와 동시에) 찰나에 집어삼켜지는 듯한 것은 이 때문일 것이다. 그가 내게서 원하는 게 뭔지 궁금할 때가 많다. 그저 자신과 자신의 분노가 확장될 수 있는 공간을 마련해달라는 걸까? 이따금 진료 시간에 다음과 같은 심상이 나를 공격했는데, 어쩌면 이런 생각을 했기 때문인지도 모르겠다. 거대한 회색 고무보트가 갑자기 진료실에 들이닥쳐 금세 부풀어 나를 들어올린다. 얼굴이 천장에 닿을락 말락 한다. 뿜어져 나오는 공기가 내 코를 석고보드에 짓이긴다.

꼼짝없이 질식할 것만 같은 이 느낌을 맞닥뜨리면, 그가 도발하려는 개인적이거나 정치적이거나 도덕적인 논쟁이 무엇이든 나 자신을 그것에 밀어넣으려는 유혹을 받는다. 반론을 제기하여 그로 하여금 나를 자신의 분노를 담을 빈 용기가 아닌 독립된 인격체로 보게 만들고 싶어진다. 아니면, 그의 말에 동의하여 공유된 분노와 좌절의 연대감을 향유하며 세상이 정말로 잔인하고 아둔하고 짜증스럽다는 그의 확신에 맞장구치고 싶어진다. 그래, 번갈아가며 보리스 존슨의 대가리를 책상에 짓찧자고!

이 중 어느 접근법도 효과가 없는 것은 왜일까? '전이'라고 알려진 임상 정신분석의 가장 기본적인 전제에 따르면, 분석가에 대한 환자의 반응은 훨씬 오래된 관계 맺기 패턴의 반복이다. 분석가가 이 경향을 의식하지 못하면 반복을 해소하지 못하고 영속화하기 쉽다.

제라드의 관점에서 동의와 이의의 가능성은 돌아가신 아버지의 망령을 재까닥 소환했다. 그의 아버지는 이름난 변호사였는데, 상대방을 기죽이는 그의 논쟁 방식은 법정에서뿐 아니라 가정에서도 발휘되었다. 제라드의 어머니는 자신의 생각이 유치하고 비논리적이라는 남편의 핀잔에 늘 기가 죽어 있었다. 훗날 그녀는 제라드가 두 살 때 아빠가 격분하여 아들의 문법을 고쳐주더라는 얘기를 웃으며 꺼냈다. "걸음마쟁이가 너처럼 말하는 건 자연스럽다고 말했지만, 아빠는 아무리 어려도 가르칠 건 가르쳐야 한다고 고집하더구나!"

제라드가 나이를 먹으면서 말과 글과 생각이 발달할 때마다 아버지의 가차 없는 교정이 각각의 새로운 발달 단계에 그림자를 드리웠다. 제라드가 내놓는 아이디어나 의견은 매번 무자비하게 해부되어 표현 실수나 모순, 부적절한 증거나 정치적 미숙, 독립적 사고력 결여 등을 지적받았다. 제라드는 마지막 비판의 아이러니를 감지했다. 청소년 제라드가 대처주의Thatcherism의 경제 정책에 반대하거나 선거 개혁에 찬성하는 주장을 소심하게 내놓으면 그의 아버지는 씩씩거리며 말했다. "도대체 왜 단 한 번만이라도 너 자신의 '정신'을 쓰려고 하지 않는 거냐? 최신 《가디언》 사설에서 주워들은 구절을 들먹이기나 하지 말고."

하지만 그런 아버지의 아들이 자신의 정신을 가질 거라고 어떻게 기대할 수 있겠는가? 초중고, 대학교, 여러 직업을 거치는 동안 제라드에게는 지적·창조적·사회적 자기의심과 억압의 구름이 늘 드리워 있었다. 그는 언제나 교사, 동급생, 동료의 경멸을 예상하면서 분노의 침묵으로 물러났다. 그가 스스로에게 말할 자유를 주려 해도 그의 마음은 차라리 입 닫고 있는 게 낫다며 언제나 그를 만류했다.

제라드는 아버지와 자신을 동일시하여, 끝없이 자신을 깔아뭉개는 임무를 아버지에게서 넘겨받았다. 하지만 자신에 대한 성마른 경멸의 태도와 더불어, 자신이 한 번도 누리지 못하는 쾌감과 야심을 향유하는 세상에 대한 분노도 키워갔다. 그는 자신을 멸시하는 세상을 멸시했다. 유희를 즐기고 꿈을 꾸고 사랑을 할 수 있다고 스스로를 신뢰할 수 없었다. 그가 신뢰할 수 있는 것은 끝없는 불평에 연료를 공급하는 힘없는 절망감뿐이었다.

그의 분노 앞에서 나는 그를 향한 아버지의 비관적 견해를 승인하고 증폭하는 일련의 인물 중 가장 최근의 인물에 불과했다. 그는 내게 침묵해봐야 소용없다고, 내가 무슨 생각을 하는지 다 안다고, 그러니 털어놓으라고 말했다. 자신이 다 큰 어른이면서도 걸음마쟁이처럼 꼴사납게 울화통을 부리고, 자신을 통제하거나 이성의 힘을 조금도 구사할 줄 모른다고 이야기하라고 다그쳤다.

정신분석이 진행되는 동안 환자는 분석가를 생애 초기 핵심 인물의 화신으로 경험하기에 이른다. 이것은 의식적일 때도 있지만 그렇지 않을 때가 더 많다. 그 인물은 때로는 부모일 수도 있고, 때로는 교사일 수도 있고, 때로는 형제자매, 친구, 애인, 동료, 또는 앞에서 언급한 전이의 대상 중 둘 이상의 합성물일 수도 있다.

전이는 종종 환자의 감정을 마구잡이로 격화한다. 분석가는 사랑, 증오, 신뢰, 불신, 공포, 위안, 존경, 경멸의 대상이 되기 쉽다. 한 번의 진료에서 이런 일을 두루 경험할 때도 많다. 하지만 이 모든 감정 밑에는 깊은 의존 감각이 깔려 있다. 이것은 생애의 최초 시기, 우리의 생존 자체가 보호자의 돌봄에 달려 있던 시기로부터 비롯한다.

제라드가 소파에 누운 채 경험하는 나는 몇 마디 말로 그를 만들거나 부술 힘을 가진 사람이다. 자신이 나의 판단에 속절없이 휘둘린다는 자각은 그의 불안과 분노를 둘 다 증폭한다. 그는 어찌 된 영문인지 진료실에 자신의 아버지와 함께 앉아 있는 듯한 느낌을 받는다.

이러한 점은 분석가 역할이 내게 부여하는 힘에 대한 경각심을 느끼게 한다. 분석 드라마의 두 등장인물은 환자가 분석가를 기쁘게 하고 달래려는 충동을 느낄 뿐 아니라, 분석가를 방해하고 그가 제시하는 해법을 거부하려는 소망도 느낀다는 것을 생생히 감지한다. 나는 아주 사소한 긍정의 몸짓으로도 제라드에게서 깊은 위안을 불러일으킬 수 있고 그가 나의 질문이나 의심을 듣고서 지독히 낙담할 수 있음을 뼛속 깊이 느낀다.

정신분석의 기본 시나리오는 권력과 그에 따르는 모든 불안으로 가득하다. 환자는 자기 정신의 가장 취약하고 은밀한 영역을 꺼내어 분석가의 보살핌 앞에 내어놓고서 이 신뢰의 몸짓이 오용되거나 악용되지 않길 바란다.

하지만 이 희망에 스민 불안은 결코 온전히 떨쳐지지 않는다. 분석가가 내 편이라는 걸 어떻게 알 수 있을까? 그들이 내비치는 선량한 호기심과 호의가 교묘하게 위장된 통제와 조종이면 어떻게 해야 할까?

…

이런 프레임이 형성되었을 때 정신분석적 관계의 위험은 정치적 관계의 위험을 빼닮았다. 『군주론 The Prince』에서 마키아벨리 Machiavelli 가 가르치는 핵심은 모든 통치자가 인민과 평화롭게 지내야 한다는 것이다. 이 가르침이 상기시키듯 독재자에 의한 통치든 민주주의자에 의한 통치든 그것을 떠받치는 토대는 적어도 최소한의 신뢰다.[2] 독재자는 자신의 절대적 주권에 복종하는 것이 신민에게 최선임을 그들에게 확신시켜야 한다. 마찬가지로 민주주의자는 자신을 당선시키는 것이 시민에게 최선임을 그들에게 설득해야 한다.

한마디로 시민은 자기 자신, 그리고 자신의 열망과 소망이 지도자에게서 표상되는 것을 보아야 한다. 오늘날 사회적 분열의 위기가 퍼지는 것은 이 필요성이 배신당한 탓이다. 전 세계 자유민주주의 국가에서 절반 가까운 시민은 자신의 정치 계급이 자신의 삶과 희망이 처한 현실을 인식하지 못한다고 생각하는 듯하다. 이 현상은 권위주의적 선동가가 전면에 등장할 수 있도록 수레바퀴에 기름칠을 했다.

통치자가 자신을 실망시킨다는 대중의 인식이 오래가고 완전해질수록 시민 소요의 최종적 위험이 커진다. 그런 순간에 통치자는 성난 시민들에게 경찰, 법원, 정보기관 같은 공권력의 수단을 휘두를 수 있다. 하지만 한나 아렌트가 상기시키듯 지배 계급이 이런 폭력 위협에 의존하는 것은 강함보다는 약함을 의미한다. 이는 정치적 동의의 기반이 되는 기본적 계약이 허물어졌음을 의미하고 정권의 실패를 암묵적으로 인정하는 것이기 때문이다.[3]

분석가에 대한 신뢰와 정치인에 대한 신뢰를 논할 때 부모의 비유가 즐겨 동원되는 것은 결코 우연이 아니다. 그런데 이 은유가 두 맥락에서 모두 부적절한 데는 여러 이유가 있다. 분석가의 환자나 정치인의 시민이나, 좌절하거나 분노하여 이런저런 요구 사항으로 부모를 들볶는 아이 취급을 받고 싶어 하지는 않는다. 성인으로서의 사회적·개인적 책임을 다하려고 분투하는 성숙한 개인으로 인정받고 싶어 한다.

그럼에도 이 비유에 가치가 전혀 없는 것은 아니다. 우리는 국가를 상대로 청원이나 항의를 할 때, 또는 분석가에게 도움을 청할 때 성인으로서의 자신 못지않게 아이의 관점에서 이야기한다. 어쨌거나 성인은 가족에서 학교로, 또 직장으로 이어지는 제도에 의해 순응과 사기보진이라는 명목으로 울분에 재갈을 물리도록 유도되었다. 아이는 이 일, 즉 자신의 욕구를 희생하고 성인의 욕구를 소망하는 일을 거부하는 우리 내면의 힘이다.

그레타 툰베리가 우리 시대 저항의 본보기로 전 세계에 울림을 주는 것은 이 때문인지도 모르겠다. 툰베리의 분노가 우리를 무장

해제하는 것은 아이답게 직설적이고 명료하기 때문이다. 그녀는 이것을 (자신이 '초능력'이라고 부르는) 자폐증 덕으로 돌린다.[4] 어린 나이와 자폐증 때문에 그녀의 메시지는 닳아빠진 '현실주의'의 울타리에 갇히지 않았다.

전 세계 정치 계급에 대한 툰베리의 단호한 조급증은, 치명적 지구 비상을 목전에 둔 어른들의 조심스럽고 '이성'적인 자세가 (설령 유치하지는 않더라도) 지독히 정신 나간 것처럼 보인다는 불편한 진실을 우리에게 알려준다. 그녀의 거대한 분노에서 우리 중 많은 사람들은 자신의 감정이 기이하리만치 정확히 표현된 것을 보았다. 마치 그녀가 아이와 정치적 분노 사이의 긴밀한 연결을 드러내는 것 같았다.

이런 연결을 주장한다고 해서 정치적 분노를 유아적이라고 특징짓는 것은 아니다. 그보다는 의미 있게 성인이 되기 위해서는 예전의 자신이자 지금의 자신인 아이와의 접촉을 유지해야 한다고 주장하는 것이다. 우리가 닳아빠지는 때, 냉소적 무관심에 빠지는 때는 내면의 아이를 침묵시키는 시점이다. 우리는 자신의 기본적 욕구와 가장 깊은 소망에 귀 기울이지 않는 세상에 탄식하고 저항하는 목소리를 억누른다. 툰베리는 종種으로서 생존하려는 욕구뿐 아니라 살 가치가 있는 미래를 얻으려는 소망을 모두 망설임 없이 표현한다.

이탈리아의 정신분석가 마시모 레칼카티Massimo Recalcati에 따르면, 우리 시대의 청년이 도덕적 혼란, 무법, 의미 상실의 곤경에 처한 것은 고전적 오이디푸스 콤플렉스처럼 아버지를 살해하고 그의 자리를 차지하려는 욕망을 억눌러야 하기 때문이 아니다.[5] 오히려 그는 젊은 세대가 '텔레마코스 콤플렉스'에 사로잡혀 있다고 주장한다. 텔레마코스는 오디세우스의 아들로, 이타카섬에서 20년 전 집을 떠난 아버지가 돌아오기를 기다린다.

아버지가 집을 비운 동안 어머니 페넬로페를 노리는 위협적 구혼자들이 집에 쳐들어와 눌러앉은 채 방을 돌아다니고 식량을 약탈하고 하인들을 겁탈한다. 텔레마코스는 그들의 공격을 견디고 막는 한편, 수평선을 둘러보면서 아버지가 돌아와 유린된 집안의 질서와 정의를 회복하기를 기다려야 한다.

레칼카티가 툰베리와 그녀 세대 기후 저항자들에게 활력을 불어넣는 분노의 성격을 정확히 포착하고 있지 않은가? 그들의 요구는 살인적이지 않다. 나이 든 세대를 살해하고 왕위를 찬탈하려는 욕동의 표출이 아니다. 지구 보금자리가 침탈당하고 약탈당하는 동안 침묵을 지키거나 자리를 피한 수평선 너머 부모들에게 보내는 간절한 외침이다. 그들의 분노가 향하는 방향은 부모를 처치하는 것이 아니라 부모를 가장 필요한 곳으로 데려오는 것이다.

우리가 스스로는 차마 말하지 못하는 진실을 발언할 권한을 툰베리에게 부여하는 것은 그녀의 굴하지 않는 젊음 때문이다. 그녀는 성년기의 비루한 공모에 의해 우리 안에서 닳아 없어진 정직과 단도직입의 투사投射다. 그녀는 인류의 가장 기본적인 관심사를 대변함으로써, 정치적 신뢰가 송두리째 배신당했다는 우리의 감각과 그 신뢰를 되찾으라는 요구를 표현할 수 있다.

오늘날의 저항자 텔레마코스는 성인의 권위를 거부한다기보다 성인에게 자신의 지위에 걸맞은 존재가 되고 계속해서 그렇게 살라고 요구한다. 정치 계급에 대한 전 세계적 대중 불신은 그들이 이 요구에 귀 기울이지 않는 데에서 시작된다.

툰베리가 그 불신의 강력한 화신인 이유는 울림이 큰 이야기를 들려주기 때문이다. 흑백 논리의 명확한 힘이 요구되는 비상사태 앞에서, 그녀는 본보기가 될 수 있는 흑백의 정신을 소유하고 있다. 그녀의 시선 아래서, 과학에 의문을 제기하거나 환경과 경제의 '균형'을 주장하여 지구 가열화의 급박함을 얼버무리는 정치인, 전문가, 로비스트 들은 벌거벗은 임금의 행렬임이 폭로된다(우리는 그들의 옷이 눈에 보이는 척한다).

이 각도에서 보면 툰베리의 단식 투쟁과 수업 거부는 청소년기의 과장된 분노라기보다는 부정과 자기기만의 방어적 필터 없이 현실을 지각하는 사람의 온당한 반응처럼 보인다. 그녀의 분노는 자신이 상대하는 무도함의 규모에 꼭 맞게 조정되어 있다.

제라드가 상기시키듯, 분노는 욕동의 무자비한 논리를 뒤따르며 증식하는 자신의 불만을 먹고 살기 때문에 청중에게 마비 효과를 일으키기 쉽다. 분노는 제라드가 불행의 구체적 원인을 표현하는 수단이 아니라, 그가 살아가는 방식이자 숨 쉬는 공기가 되었다. 하루의 첫 발끈한 생각을 시작으로 몽상 속에서 치밀어 오르는 화에 이르기까지, 그의 분노는 스스로를 그 자신과 모든 사람에게 이해시킬 수 있는 형태를 광적으로 찾아 헤맸지만 결국 실패했다.

그가 내게 말했다. "이 모든 흥분으로부터 벗어난 휴식을 스스로에게 주고 싶습니다. 제 머릿속에서 사는 건 지옥이에요. 끝나지 않는 두더지 잡기 게임을 하는 것 같습니다."

감정을 악용한 조종과 통제

정신분석가의 역할은 제라드가 이 지옥 같은 게임을 그만두도록 돕는 것이다. 하지만 분석가가 환자의 분노를 받아주는 자신의 입장을 악용하여 환자를 조종하고 착취하려 들 수도 있다.

이 시나리오의 극악무도한 버전은 팟캐스트 〈의사 그리고 나$^{The\ Shrink\ Next\ Door}$〉에서 소개한 30년 된 치료 관계에서 펼쳐졌다. 이 팟캐스트는 2019년에 매우 인기를 끌었으며, 그 이야기는 2021년

애플 TV에서 드라마로 제작됐다. 언론인 조 노세라$^{Joe\ Nocera}$가 대본을 쓰고 진행한 이 팟캐스트는 2010년 처음 방송되었다. 당시 노세라와 아내는 이웃의 잔심부름꾼을 통해 햄프턴스에 있는 그의 별장 다과회에 정식으로 초대를 받았다.

그 이웃은 뉴욕의 정신과의사 아이작 '아이크' 허시코프$^{Isaac\ 'Ike'\ Herschkopf}$로, 화려한 삶과 명성을 좋아하는 것이 분명한 인물이었다. 별장의 벽은 허시코프가 귀네스 팰트로, 엘튼 존, 헨리 키신저, O. J. 심프슨을 비롯한 수백 명의 할리우드 인사, 정계 거물, 팝 스타와 부둥켜안고 찍은 사진으로 도배되어 있었다. 허시코프와 아내는 흠잡을 데 없이 우아하게 손님을 맞았으며 처음과 똑같은 잔심부름꾼이 차를 내왔다.

그 잔심부름꾼 마티 마코위츠$^{Marty\ Markowitz}$가 실은 집주인이자 30년째 허시코프의 환자였다는 사실을 노세라가 알게 된 것은 이듬해 여름이 되어서였다. 그 사이에 마코위츠는 장기 투숙객을 내쫓고 아이크와의 복잡한 치료적·사교적·금전적 관계를 끝냈다.

노세라는 계속해서 통제와 착취의 놀라운 이야기를 풀어낸다. 1981년 허시코프에게 첫 상담을 받을 당시, 마코위츠는 부모를 여의고 약혼이 깨졌으며 극장에 직물을 공급하는 가족 기업의 소유권과 경영권을 물려받은 상태였다.

자기의심에 압도당하고 기업 경영을 둘러싼 가족 간 분쟁에 시달리던 마코위츠는 랍비를 통해 젊은 정신과의사를 소개받았다. 상담을 마친 의사는 일주일에 세 번 정신요법을 받으라고 권하면서 자신이 (마코위츠의 기억에 따르면) "모든 것을 보살피"겠노라 장담했다. 그 뒤로 30년간 허시코프는 그 장담을 지켰다. 그는 마코위츠의 개인적·재무적 삶을 철저히 통제했다.

허시코프의 지시대로 마코위츠는 누이를 해고하고 관계를 끊었으며 27년간 소통을 거부했다. 허시코프는 마코위츠에게 자선 재단을 설립하여 전 재산을 기탁하도록 했다. 허시코프는 단독 유언 집행자로 지정되었다. 그 기간 내내 마코위츠는 사실상 허시코프의 개인 비서이자 집사로 무급 고용되어 있었다. 허시코프가 햄프턴스 별장에 유명인을 초대하여 개최한 호사스러운 연례 여름 파티에서도 시중을 들어야 했다. 이 모든 약탈적 권리 침해를 겪으면서도 마코위츠는 어마어마한 진료비를 계속해서 지불했다.

치료 계약을 이토록 뻔뻔스럽게 위반한 것 못지않게 심란한 사실은, 마코위츠가 모든 조항에 명시적으로 동의했다는 것이다. 어떻게 정신치료자가 환자로 하여금 스스로의 개인적 자율성을 이토록 극단적이고 지속적으로 포기하도록 할 수 있었을까?

환자가 치료자를 처음 만나는 순간 신기한 역설이 발생한다. 성인 환자는 자신의 고통을 해결하기 위해 도움을 청하겠다는 성숙하고 합리적인 결정을 내리지만, 일단 도움을 청하면 이 치료 상황으로부터 극심한 의존 감정이 생겨난다. 치료자는 이 의존 상태를 받아들이고 감당해야 한다. 환자의 유아성을 제거하고 성장을 요구해서는 안 된다. 하지만 환자에게 자신이 "모든 것을 보살피"겠노라고 장담하여, 환자의 의존성을 자신에게 유리하도록 냉소적으로 활용해서도 안 된다.

마코위츠는 이 점을 분명히 한다. 자아와 정신을 넘겨달라는 치료자의 초대는 "그에게 매우 위안이 되었"다. 이상적 부모를 만날 기회가 즉석에서 제시되었으니 말이다. 누가 거부할 수 있었겠는가? 파우스트가 그랬듯 허시코프는 전이의 초자연적 힘을 불러들여 평상시에는 성인의 무의식에 감춰져 있는 무력한 유아를 가시적으로 드러내고, 이것을 자기이익 추구의 수단으로 삼았다.

하지만 이 항복은 어떻게 그토록 오랫동안 그토록 전면적으로 계속되었을까? 마코위츠가 탈장 수술을 받고 입원했을 때 허시코프가 찾아오지 않았는데, 그제야 이상적 부모라는 난공불락의 거품이 터졌다. 그와 더불어 치료자가 선량한 의도를 품고 있다는 환상에 대한 마코위츠의 거대한 심리적 투자도 종료되었다. 단 한 번 무심결에 입힌 자기애적 상처가 수십 년간 이루어진 마음과 돈의 냉소적 착취보다 중대한 결과를 낳은 것이다.

노골적이고 폭력적인 절도와 모욕은 치료의 서사에 녹아들 수 있었던 것으로 보인다. 이런 행위가 오래갈수록 마코위츠의 눈에서 콩깍지가 떨어질 가망은 희박해졌다. 허시코프는 이것을 알고 대담한 도박을 벌였으리라 추정된다.

허시코프는 여러 자기계발서의 저자이며, 저서 중에는 2003년에 분노를 주제로 자비출판한 『옛 친구 어둠이여, 반가워: 분노를 보듬어 삶을 치유하는 법 Hello Darkness, My Old Friend: Embracing Anger to Heal Your Life』이 유명하다. 이 책은 그의 동기와 방법을 이해하는, 모호하지만 흥미로운 실마리를 던진다. 책의 기본 전제는 "분노를 지각하고 적절히 표출하는 것은 건강하다"라는 것이다.[6] 허시코프는 분노를 꾸준히 통제하면서 접촉을 유지하여, 그것을 유익하게 이용하고 좋은 관계를 다지는 법을 독자들에게 알려준다. 이 분노 관리 개념의 핵심에는 온전한 자기억제와 자기숙달의 환상이 있다. 허시코프의 실증적 일화, 특히 그 자신이 등장하는 일화는 직접성과 통제 사이를 섬세하게 오락가락하는 줄타기의 본보기다.

파티에서 친구의 어머니가 자신을 어느 신흥 종교(아마도 사이언톨로지)의 신자라고 밝히면서 허시코프에게 말한다. "정신과의사들은 가장 하등한 생명체예요. 당신네는 살인자보다 나빠요."[7] 허시코프는 분노가 치솟는 것을 느끼지만, 겉으로 드러난 그의 반응은 자리에서 일어나 물 좀 가지러 가겠다고 말하는 것이다. 친구는 그의 의연한 상황 대처를 칭찬한다.

분노의 말馬이 아무리 사납더라도 허시코프는 자신이 다스릴 수 있다고 언제나 확신한다. 그는 "분노의 건강한 건설적 표출"과 "불건강한 파괴적 표출"을 가르는 차이가 무엇이냐고 묻는다. 이어지는 그의 대답에 따르면, 건강한 분노는 과거를 곱씹기보다는 미래를 바꾸는 데 초점을 맞추며 "끝없이 계속되기보다는 유한한 종착점에서 멈춘"다.[8]

하지만 욕동의 특징은 뭐니 뭐니 해도 끝없이 계속된다는 것이다. 프로이트가 상기시키듯 욕동의 본질에는 만족을 용납하지 않는 무언가가 있다. 햄프턴스 별장의 벽에 덕지덕지 붙은 유명인 셀카를 머릿속에 그리면 이 사실이 떠오른다. 이것은 "끝없이 계속되는" 욕동의 요구가 표출된 것이리라. 욕동은 자신이 갈망하는 욕망의 해소를 가져다줄 신기루 같은 대상을 영원히 찾아다닌다. 언젠가 이곳의 사진이 충분히 부러움을 사고 나면 그때 마침내 사진을 그만 전시해도 될 거라고 벽이 말하는 듯하다.

팟캐스트에 따르면, 허시코프와 마코위츠는 둘 다 홀로코스트 생존자의 자녀다. 허시코프는 아버지에게 매 맞은 일화를 유대인 신문에 칼럼으로 썼다. 마코위츠는 가족의 삶을 규정한 트라우마를 둘러싼 금지와 침묵의 분위기에서 자랐다. 극단적 박탈의 경험은 한편으로 인정과 보상에 대한 격렬한 갈망을 낳았고, 다른 한편으로 만성적 결핍의 감각을 낳았다. 물질적 풍요는 바닥 모를 내적 결여를 오히려 증폭했다.

허시코프는 분노를 보듬어 몸을 데우는 불로 써먹으라고 조언하지만, 정작 자신은 그것을 몸을 태우는 불로 써먹었다. 그는 이를 이용하여 환자에게서 부모에 대한 잠자는 분노를 깨웠고(마코위츠는 가족을 향한 울분을 표출할 방안을 성실히 이행했다) 별장과 막대한 유산과 근사한 유명인 친구들을 얻어냈다. 이것은 결코 청산될 수 없는 환상 속 부채였다.

놀랍게도, 허시코프와 깊숙한 의존 관계를 맺은 것은 마코위츠만이 아니었다. 여러 환자들이 내밀한 상처와 취약함을 드러냈는데, 그들의 치료자인 허시코프는 이것을 환자들의 자기이해를 위해 활용하지 않고 자기 자신의 힘을 키우는 데 썼다. 허시코프가 그토록 위험해진 것은 전이를 이해하지 못해서가 아니라 제대로 이해해서였다. 그는 자기의심을 품은 평범한 신경증 분석가라면 누구나 얼굴을 붉힐 정도로 총체적 힘에 대해 확신을 품었다. 그가 환자의 마음과 삶을 그토록 완전하게 손아귀에 넣을 수 있었던 것은 이 덕분이다.

...

이 총체적 통제와 굴종의 드라마는 지난 10년간 세계 정치에서 벌어진 주요 현상을 이해하는 실마리를 던진다. 그것은 스트롱맨 지도자의 부상이다. 마코위츠가 허시코프를 상담가로 선택하고 자신의 권리와 자율성을 기꺼이 넘겨준 것과 마찬가지로 러시아, 미국, 헝가리, 브라질, 튀르키예, 인도, 필리핀의 유권자들은 자유와 저항권을 억압하고 소수자에 대한 제도적 차별을 일상화하겠다고 공언하는 지도자를 선택했다. 허시코프와 마찬가지로 이 지도자들은 삶에 대한 제약이 실은 확장이라고 국민을 설득했다.

스트롱맨 지도자와 기회주의적 정신치료자는 같은 방법을 구사한다. 대상의 취약점을 찾아 그것을 (약탈하는 이민자나 시기하는 가족으로부터, 수상쩍은 정치 엘리트나 독단적인 친구와 연인으로부터) 보호해주겠다고 맹세하고는 오히려 들쑤시는 것이다. 시민이나 환자는 이런 적대적 힘 앞에서 불안정을 느낄수록 자신이 이상화한 지도자나 치료자에게 매달린다.

프랑스의 정신분석가 다니엘 라가슈Daniel Lagache는 1960년 논문 「공격성Aggressivity」에서 공격의 기본 성향이 인간의 삶과 관계를 추동한다고 주장했다. 타인의 세계에서 살아가는 것은 지배와 복종의 매듭에 매이는 것이다.

라가슈에 따르면, 기본적 '인간 간 현실'은 각 사람의 욕구와 욕망이 나머지 모든 사람과 갈등하는 것이다.⁹ 아기가 좋아하는 과자를 얻지 못해 폭발하는 모습을 마주하거나, 두 형제자매가 플라스틱 장난감을 놓고 격렬히 싸우는 광경을 보거나, 나 아닌 사람이 가진 요구나 욕망의 존재를 참아주는 일의 어려움을 실감해봤다면 누구나 공감할 수 있을 것이다. 우리의 자기애적 핵심부에서 보자면 타인은 우리가 원하는 것을 가로막는 걸림돌이요, 우리의 만족을 방해하는 장벽이요, 우리의 공격성을 자극하는 도발자에 불과하다.

개인적·사회적 발달의 주요 과제 중 하나는 공격성을 지하로, 즉 의식의 표면 아래로 내려보내어 길들이는 것이다. 그러면 공격성은 거품처럼 사라졌다가 범죄, 폭력, 테러, 탐욕, 조종, 악용, 만행, 모욕 등 끝없이 달라지는 가면을 쓴 채 표면에 분출한다. 이것은 같은 얘기를 다르게 표현한 것이다. "나는 중요하고 너는 중요하지 않아."

인류에 대한 이 정신분석적 묘사에는 마키아벨리와 토머스 홉스Thomas Hobbes의 메아리가 뚜렷이 울려퍼진다. 그러면 우리는 이런 반동적인 정치적 결론을 내릴 수밖에 없는 듯 보인다. 자유가 갈등의 박차이고 평등과 박애가 순진한 망상이라면, 지고의 정치적 명령은 무슨 수를 써서라도 사회 질서를 유지하는 것 아니겠는가?

원초적 공격의 관점에서 보자면, 우리는 한 사람 한 사람이 적에게 둘러싸여 있다. 우리는 홉스가 말하는 "만인에 대한 만인의 투쟁"의 병사들이다. 우리가 완강하게 적대적인 이유는 너무도 속절없이 무력하기 때문이다. 스트롱맨은 이 역설을 간파하여 악용한다. 그는 분노하고 박탈당한 유권자를 찾아내어 적(도시 엘리트, 딥 스테이트, '깨시민' 전사, '프로 불편러')을 지목하고는, 유권자의 피해자 지위를 조만간 승리자로 탈바꿈시키겠노라 약속한다.

허시코프가 쓴 책의 부제 '분노를 보듬어 삶을 치유하는 법'은 정신분석의 스트롱맨을 위한 특제 처방이다. 허시코프가 환자에게 쓴 조종 수법은 트럼프가 지지 기반을 부추기는 데 쓴 것과 같다. 허시코프는 마코위츠가 느끼는 불안과 불안정의 급소를 건드려 그의 분노를 유발하고 부채질했다. 분노는 자아 및 관계의 균열을 보수하기 위한 것이었지만 오히려 간극을 벌리고 깊게 했다. 평범했던 가정불화는 가족 관계를 단절하거나 재정, 주택, 자아를 치료자에게 넘겨주는 등의 극단적 수단으로만 해소할 수 있는 서사시적 생존 투쟁의 차원으로 비화했다.

가족과 동료에 대한 마코위츠의 평범한 짜증을 에너지 삼아 허시코프는 그를 마음대로 쥐락펴락했다. 하지만 권위주의적 지도자를 떠올리게 하는 그의 놀라운 정치적 수법은 이 총체적 지배를 마코위츠의 개인적 해방으로 둔갑시킨 것이다.

냉소주의와 트럼프

분노를 조종하는 이 선동적 수법은 곧잘 일종의 냉소주의로 불린다. 하지만 어쩌다 냉소주의가 타인의 취약함과 고지식함을 계산적으로 악용하는 행위를 일컫는 상투어가 되었을까? 냉소주의는 본디 철학 학파(견유주의)로 지금과는 사뭇 다른, 거의 정반대의 의미였다.• 최초의 견유주의 철학자들과 현대 냉소주의 정치인들은 양쪽 다 인간을 약점으로 가득한 존재로 여긴다. 하지만 '이 문제를 어떻게 할 것인가'에 대해서는 전혀 다른 결론에 도달한다.

기원전 410년경 흑해의 도시 시노페에서 태어난 디오게네스는 견유주의 학파 Cynic(개를 뜻하는 그리스어 'cyn'이 어원이다)의 첫 주창자였다. 그의 저작은 하나도 남아 있지 않지만 후대 역사가들의 기록, 무엇보다 약 600년 뒤에 쓰인 디오게네스 라에르티오스의 『유명한 철학자들의 생애와 사상 Lives of the Eminent Philosophers』에서 그의 가르침에 대해 많은 것을 배울 수 있다.

디오게네스의 가르침은 일화집의 형태로 간추려져 있다. 모든 소유와 순응의 적이었던 그는 극단적으로 자족하는 삶을 살았다. 의식주를 최소한으로 줄이고 필요할 때는 염치 불고하고 구걸했

• 이 책에서는 영어 'cynicism'을 문맥에 따라 '냉소주의'와 '견유주의'로 번역한다.

으며, 어떤 위계질서도 존중하지 않고 어떤 권위에도 허리 숙이지 않았다. 가장 유명한 일화에서, 디오게네스에게 매료된 알렉산드로스 대왕이 그에게 무엇을 해주면 좋겠느냐고 묻는다. 플루타르코스가 전하는 이야기에서 디오게네스는 이렇게 툴툴거린다. "나를 비추는 햇빛을 가리지 말아주시오."[10]

라에르티오스의 글에 따르면, 그는 왜 스스로를 개라고 부르느냐는 질문에 이렇게 답했다. "베푸는 사람들에겐 꼬리를 흔들고, 그렇게 하지 않는 사람들에게는 짖어대고, 나쁜 놈들은 물어버리기 때문이다."[11] '나쁜 놈들을 물어버리는 개' 디오게네스는 권력자에게 진실을 말하는 자의 본보기다. 그는 개를 본떠 공공장소에서 배변하고 수음하며, 사회적 훈련에 의해 주입된 수치심으로부터 자유롭다. 지위나 소유에 구애받지 않으며 잃을 것이 없기에 두려워할 것도 없다.

디오게네스가 욕구와 수치심을 버리고 싶어 하는 이유는, 무엇보다 그것들이 인간을 취약하고 겁먹게 하는 힘이기 때문이다. 우리는 이 감정들을 증오하기 때문에, 주변 사람들에 대한 권력을 얻을 수만 있다면 무슨 짓이든 한다. 하지만 디오게네스와 달리 복수와 피해가 두려워 공격성을 드러내놓고 표출하지는 못한다. 그래서 몸과 마음을 더 강하고 자족적으로 연마하기보다는 권력과 호사의 방어벽으로 스스로를 둘러싸려 한다.

권력은 돈, 든든한 뒷배, 사회적 지위의 형태를 띠며 우리가 위해를 당하지 않게 해준다. 호사는 고운 아마포처럼 우리 자신과 적대적 환경 사이에서 보호막이 되어준다. 한때 우리는 추위와 굶주림의 횡포 앞에서 무력한 존재였으나, 이 보호막 덕에 유아적 자아를 잊을 수 있다. 하지만 권력과 호사에는 문제가 있는데, 그것은 바로 그것들을 유지하려는 끊임없는 욕망 상태를 낳는다는 것이다. 상실의 두려움으로 인해 욕망은 커져만 간다. 이 난국은 디오게네스 사후 약 500년 뒤에 그리스의 저술가 루키아노스가 소크라테스 양식으로 쓴 대화편 「견유학자 The Cynic」에 명쾌하게 요약되어 있다.

이 대화편을 읽어보면 놀랍게도 프로이트가 즐겨 인용하는 흥미로운 교훈을 찾을 수 있다. 하지만 그 출처는 루키아노스가 아니라 불운한 평민 이치히에 대한 이디시Yiddish 민담•이다. 이야기의 두 판본 모두 야생마를 탄 남자에 대해 말한다. 야생마가 맹렬히 내달리자, 행인이 남자에게 어디 가느냐고 묻는다. 남자가 대답한다. "그건 말한테 달렸소."

더욱 흥미로운 사실은 루키아노스와 프로이트가 이 이야기를 같은 목적에 쓴다는 것이다. 바로 우리를 밀어붙이는 모호한 욕망

• 유대인 공동체에서 전해 내려오는 이야기.

(프로이트가 '욕동'이라고 부르는 것)이 우리를 위험할지도 모르는 미지의 목적지로 데려간다는 사실을 보여주기 위해 쓰는 것이다(욕망이 우리의 통제하에 있다고 생각할 때는 더더욱 위험하다). 루키아노스의 「견유학자」에는 다음과 같은 말이 나온다.

> 이제 누군가 당신에게 어디로 가느냐고 물으면, 만일 당신이 정직하다면 욕망(쾌락, 탐욕, 야심의 욕망)이 결정한다고만 말할 것이다. …… 그런 다음 분노, 또는 두려움 같은 그 밖의 정서가 당신을 이끄는 것처럼 보인다. 당신은 한 마리가 아니라 여러 마리의 말을 탄다. 때마다 말이 다르다. 하지만 어느 말도 말을 듣지 않는다. 그래서 당신은 결국 도랑에 빠지거나 절벽 아래로 떨어진다. 당신은 그런 재앙이 기다리고 있음을 조금도 예감하지 못한다.[12]

견유주의는 인간의 욕동을 제약하려는 시도이자, 영구적 불만에 시달리지 않는 삶의 방식을 빚어내려는 시도였다. 허영과 허세에 사로잡혀 행복을 숨 가쁘게 추구해봐야 더 화나고 더 두려워질 뿐이니 말이다.

이렇게 보면, 그레타 툰베리를 견유주의의 전통에 놓아야 마땅하지 않겠는가? 이 청년은 세계에서 가장 부유하고 힘 있는 거물들 앞에 티셔츠 차림으로 서서 기업의 온갖 공허한 녹색 구호

('혁신, 협력, 의지', '녹색 일자리!', '매끄러운 전환')를 읊다가, 같은 문구를 "어쩌고저쩌고"로 반복하며 조롱했다.[13] 툰베리를 견유주의 전통에 놓는 특징은 그녀의 거침없는 조롱만이 아니다. 기술 관료적 정·재계 지도자들의 '해결책'이 실제로는 문제를 악화하고 있으며, 자신들의 힘이 낳은 결과를 회피하는 교활한 수법임을 폭로하는 방식은 견유주의 논증의 논리를 따른 것이다.

툰베리의 2021년 밀라노 연설은 그녀의 고대 견유주의를 정·재계의 현대 냉소주의에 대비한다고 말할 수 있을 것이다. 그녀는 디오게네스와 마찬가지로 오늘날의 권력 안에 치명적 약점이 있다는 전제에서 출발한다. 스스로에 대해 의심을 품는 것을 병적으로 혐오하며 자신의 욕구에 제동을 거는 어떤 생각도 한사코 거부하니 말이다. 세계 지도자들은 대량 소비의 수준 하락을 옹호하느니, 차라리 인류의 생존을 위험에 빠뜨릴 심산이다. 고대 견유주의는 인간이 그토록 불운하고도 영구적으로 좇는 만족이 결코 실현될 수 없다면, 달음질을 멈추고 욕망의 범위에 엄격한 한계를 두라고 제안한다. 반면에, 현대 냉소주의는 똑같은 영구적 불만족을 권력의 입맛에 맞게 동원한다.

현대 냉소주의는 불만족을 치유하는 것에도, 없애는 것에도 관심이 없다. 고대 견유주의자는 인간 불만족에 대한 관심을 토대로 이성과 영적 고결성에 가장 유익한 삶의 태도에 대해 사심 없는 질문을 던진 반면에 현대 냉소주의자(정치인, 광고업자, 로비스트)는 불만족에 대한 같은 통찰을 활용하여 정치적·경제적 이익을 도모한다. 그들의 관심사는 불만족을 유지하고 대상의 영구적 분노에 불을 지피는 데 있다. 냉소적 정치인들은 맨 앞에 서서 부패와 불의에 분노의 화살을 돌리지만, 그 부패와 불의는 철옹성 같고 미로 같은 장소에 고이 놓여 있어 누구도 접근할 수 없다.

트럼프와 마가^{MAGA}● 운동이 적을 지목할 때 구사하는 언어(딥 스테이트, 지구 엘리트, 깨시민 부대, 진정한 미국에 반대하는 음모가들의 얽히고설킨 연결망, '이주민 떼, 백신, 과격주의, 무신론'의 은밀한 독을 미국에 주입하면서 일자리, 총기, 석유를 빼앗는 자들)의 모호함은 사전에 계산된 것이다.

이 은밀한 독을 퍼뜨리는 장소는 점점 더 확산하며 접근하기 힘들어진다. 이런 생각의 정점에 있는 큐어논 운동의 판타지는 모든 정부 기관을 운영하는 은밀한 악마적 소아성애 사교 집단을 영웅적 트럼프주의 대리인이 조만간 폭로하고 처단할 것이라는 이야기를 퍼뜨린다. 트럼프와 그의 부하들이 이 자극적 헛소리를 전혀 반박하지 않음으로써 위험스러운 유포를 조장한다는 사실은 종종 언급된다. 하지만 그들이 승인 시도도 결코 하지 않았다는 사실은

● '미국을 다시 위대하게Make America Great Again'의 약자로, 트럼프의 2016년 대선 구호.

좀처럼 언급되지 않는다. 이것은 명백해 보인다. 큐어논의 주장에 명시적으로 신빙성을 부여하는 것은 트럼프에게조차 정치적 자살 행위일 테니 말이다. 하지만 더 중요한 사실은 트럼프의 침묵이 큐어논의 유포와 성장에 무척 유리한 분위기를 조성한다는 것이다. 큐어논 추종자들에게 이것은 음모론의 진실성을 암묵적으로 승인한다는 신호다.

이런 태도는 더 나아가 음모론 이야기를 꼼꼼한 팩트 체크라는 규칙으로부터 보호하기도 한다. 트럼프는 구체적 음모론 주장에 대해 침묵을 지킴으로써 그 주장이 (긍정적이든 부정적이든) 어떤 증거도 가닿을 수 없는 아득한 변방에 머물도록 해준다. 확실한 팩트("큐어논 같은 것은 없어!", "민주당은 비밀 소아성애 집단이 아니야!")가 제시될 때마다 '참된' 신자들은 이것이 **진짜** 팩트의 부도덕한 은닉을 확증할 뿐이라고 믿는다.

냉소주의가 음모론을 동원하는 것은 대중 불만족을 설명하거나 해명하기 위해서가 아니라 유지하고 심화하기 위해서다. 냉소주의 정치인은 자신이 매도하는 불의를 바로잡을 방법이 전무하다는 사실이 그 불의를 정의하는 역설적 상황을 독특하게 활용한다. 당신이 소아성애자를 적발하거나 부정 선거를 폭로할 수 없는 이유는, 그 범죄자가 흔적을 지우는 능력이야말로 그런 범죄를 정의하기 때문이다. 말하자면, 그런 범죄를 찾아내어 처벌해야 하는 체제가 오히려 그들의 은밀한 지배하에 있기 때문이다.

  이것은 음모론 추종자들이 갈망하고 요구하는 만족이 그들에게 거부된다는 뜻이다. 이 부정의 이점은 그들을 영원히 해소되지 않는 분노 상태에 머무르게 한다는 것이다. 그 덕에 냉소주의자들은 귀중하고 끝없이 재생되는 자원을 얻는다. 분노가 계속해서 주어지는 정치적 선물이라면, 관건은 그 분노가 계속해서 흐르도록 하는 것이다. 불의를 바로잡았다가는 화수분이 깨질 위험이 있다.

  하지만 얻지 못한 만족은 애매한 선물이다. 정신분석에서 인간은 불만족을 어느 정도까지만 견딜 수 있음을 다시 한번 떠올려보라. 불만족으로 인해 야기된 긴장 고조의 상태가 내면에서 어느 지점에 도달하면, 우리는 그것을 어떤 식으로든 영락없이 배출해야 한다고 느낀다. 2021년 1월 6일 트럼프 지지자들의 미국 의회 의사당 난입은 이 충동을 보여주는 사례였다.

  트럼프와 그의 어릿광대 소송팀이 제기한 선거 부정否定 캠페인은 대중의 분노에 불을 지폈다. 그 불이 어찌나 왕성하고 거셌던지 한낱 말이나 분위기 조성으로는 가라앉힐 수 없었다. 신경계는 이런 규모의 긴장을 무한정 지탱할 수 없으므로 현실 행동으로 방출할 방법을 찾지 않을 수 없다. 성적 흥분이 오르가즘을 통한 시급한 방출을 요구하듯 분노 역시 결국 공격을 통한 시급한 방출을 요구한다.

분노는 영구적 반란 위협이자 앙갚음의 미실현된 약속으로서 냉소주의 정치인의 생명수다. 그날 이후 트럼프는 대중 분노에서 대중 폭력으로 넘어가라고 부추김으로써 냉소주의 정치인의 크립토나이트•를 만지작거렸다. 트럼프 폭도들이 의사당 복도에 싸지른 똥 웅덩이와 똥 무더기 사진은 트럼프의 오만에 대한 알레고리를 닮았다. 도둑맞은 선거라는 서사는 전파와 인터넷이라는 비물질적 통로를 통해 마구잡이로 퍼지는 동안에는 정치적 황금이었다. 하지만 이것은 미국 권력의 물리적 중심부에 들어서는 순간 똥이 되었다.

적어도 이것이 나 자신을 비롯하여 트럼프 포퓰리즘을 역사의 쓰레기통에 간절히 처넣고 싶어 한 전 세계 진보파와 좌파가 스스로에게 되뇐 말이다. 앞서 말한 역逆 연금술은 트럼프가 '도둑맞은 선거' 루머를 악용할 뿐 아니라 실제로 믿는 순간에 시작되었다는 것이 우리의 주장이었다. 트럼프는 선거 결과를 의심과 모호함의 공상 세계에 떠다니도록 내버려두는 게 아니라 부정 선거를 공격적으로 주장했다. 트럼프의 홍보 책임자는 텔레비전에 출연하여 출처를 알 수 없는 종이 뭉치를 부정 선거의 확고한 증거라며 흔들어댔다. 트럼프의 개인 변호인은 선거 결과와 관련해 제기한 소송

• 슈퍼맨을 죽일 수 있는 가상의 물질로 악당에게는 비장의 무기가 된다.

이 잇따라 기각되어 웃음거리가 되었으며, 결국 애리조나주 하원 의장에게 이렇게 실토했다. "가설은 많이 있습니다. 증거가 없을 뿐이죠."

이 사건들이 전개되는 것을 보면서 이제 돌아올 수 없는 강을 건넜다는 생각이 들었다. 정치적 냉소주의는 검증 가능한 진실을 놓고 실제 내기를 거는 순간 핵심 자원 중 하나를 잃는다. 자신의 주장에 대한 반증 불가능성 말이다. "이것이 진실임을 입증할 작정이다"라고 말하는 순간, 당신은 진정한 냉소주의자가 아니게 된다. 당신은 공유 현실 shared reality ●이라는 비교적 좁은 테두리 안에서 운신해야 하며, 당신의 말은 그 현실에 비추어 검증된다. 뜨끈뜨끈한 루머가 대중의 분노를 떠받칠 수 있으려면 공격으로 번지지 않을 만큼의 모호함을 남겨두어야 한다. 하지만 루머가 진실 주장으로 변화하면 분노는 공격으로 비화할 수밖에 없다. 이것이 2021년 의사당에서 벌어진 일이다.

냉소주의 지도자들이 주도하는 운동은 사악하고 은밀한 적을 겨냥한 막연하고 유동적인 분노를 먹고 산다. 그 분노가 실제 공격으로 전환되면 운동이 지도부보다 앞으로 나선다. 폭도가 의사당을 습격했을 때 트럼프가 그 장면을 텔레비전에서 멀뚱멀뚱 구경

● 사람들이 공통적으로 인식하고 경험하는 현실.

할 수밖에 없었듯 말이다. 그 시간 동안 트럼프가 지킨 침묵은 냉소주의자의 교활한 모호함이 아니라 궁지에 몰린 쥐의 무력한 허둥지둥함이었다. 그가 할 수 없었던 단 하나는 숨는 것이었다. 정적들로부터도, 지지자들로부터도 숨을 수 없었다.

이튿날 트럼프가 텔레비전에 나와 미 의사당에 대한 "무도한 공격"을 비난하는 무기력한 대통령 연설을 하며, "폭력, 무법, 혼란"에 대한 격분을 토하고 "우리를 묶어주는 사랑과 충성의 신성한 끈"을 되살리자고 마지못해 촉구했을 때, 그의 거짓 진심을 꿰뚫어 보지 못한 사람은 지지자와 반대자를 막론하고 거의 없었다.

트럼프의 발언이 명백히 부정직했던 이유는 그가 그때의 선거를 도둑맞은 선거라고 믿는다는 사실을 모든 시청자가 알고 있었기 때문이다. 그늘 속 조종자들의 감쪽같고 일사불란한 네트워크에 미국 국민이 속아넘어갔다고 믿는, 실제로 '아는' 사람의 관점에서 의사당 난입 행위는 지극히 합당하고 합리적이다. 그런데 대체 왜 트럼프가 비난하겠느냐는 것이다.

트림프는 닝소주의자의 유서 깊은 태도로 '늪'이나 '체제'를 맹렬히 비난하면서, 견유주의자의 자세를 취하고 싶어 한다. 권력 없는 자에게 거짓을 말하면서도 겉으로는 권력자에게 진실을 말하는 시늉을 하는 것이다. 트럼프가 처한 정치적 문제는 이것이다. 그의 추종자들 입장에서 보자면, 거짓말을 분리하려는 시도가 점점 초심리학의 영역으로 옮아가는 탓에 이 시도를 관리하는 방법은 큐어논 같은 판타지 세계로 도피하는 것뿐이었다. 당신의 지도자가 임박한 구세주라는 음모론적 환상에 푹 빠져 살아가는 것은, 트럼프라는 이름으로 불리는 따분하리만치 횡설수설하고 비루하리만치 기회주의적인 늙은 남성을 보지 않도록 스스로를 보호하는 유일한 방법일 것이다. 의사당 난입으로부터 2년이 지나고 그의 정치적 별이 천천히, 하지만 확실히 저물었을 때 트럼프의 후원자와 투표자가 내린 결론이 바로 이것이었으리라.

희망을 품은 진보 논객들이 예상하지 못한 것은 트럼프식 냉소주의의 지독한 유연성이었다. 이 거대한 정치적 강점은 진실이나 일관성에 대한 구속에서 벗어난 후보에게 쌓인다. 트럼프는 의사당 난입을 충동질했다는 혐의로 주정부와 연방정부로부터 여러 차례 기소되어 점점 수렁에 빠져들었다. 몰락에 이르는 합당한 클라이맥스가 기다리고 있었다. 하지만 이 기소는 오히려 그의 부활에 시동을 건 것으로 드러났다.

지지 기반이 자신보다 앞서 나가도록 내버려둔 채 트럼프는 입지를 만회하기 위해 폭도의 대규모 기소라는 정부의 정치적 '삽질'과 자신의 법적 위기를 다시 선거의 황금으로 탈바꿈시켰다. 모든 선거 개입 주장이 여지없이 논파될 지경에 이르자 그는 더욱 공격적으로 주장을 펼쳤다. 트럼프가 미다스의 손으로 어루만지자 확고한 팩트는 딥 스테이트와 민주당 정적들의 날조로 둔갑했으며, 그는 스스로를 순교자이자 복수의 천사로 빚어냈다.

우리는 트럼프의 모든 주장이 반증 불가능하고 모든 기록 증거가 검증 불가능한 세계로 돌아왔다. 이곳은 대중 분노에 씨를 뿌려 무한한 수확을 얻기에 안성맞춤인 토양이다.

푸틴의 '분노 설계자'

지난 10여 년에 걸쳐 블라디미르 푸틴Vladimir Putin은 모든 반대와 저항에 대한 탄압을 정당화하기 위해 노골적으로 독재적인 표현에 점점 더 의존했다. 국내외 정적을 투옥하거나 살해하고, 대중 시위를 잔혹하게 진압하고, 정권 비판 보도를 내놓는 언론사를 폐쇄하고, 경배하듯 깃발을 흔드는 군중을 물끄러미 내려다보며 그는 점점 전체주의 통치자의 전범에 가까워지고 있다. 무엇보다 러시아 제국주의를 되살린다는 명분으로 우크라이나에 흉악한 침략 전쟁을 벌였다. 이 글을 쓰는 지금도 전쟁이 잦아들 기미는 전혀 보이지 않는다.

트럼프는 푸틴을 비롯한 전체주의 통치자와 정권을 존경하는데, 그 뿌리는 자신의 이익에 반하는 규범을 짓밟을 자유에 대한 부러움일 것이다. 소송 기각 코미디에서 똑똑히 볼 수 있듯, 그가 처한 난국은 민주주의 제도하에서 운신해야 하기에 입증 책임과 정치적 책무 같은 부담을 짊어져야 한다는 것이다.

여기서 잊지 말아야 할 사실은 푸틴 또한 민주적으로 선출되었으며 대통령 임기를 시작할 때만 해도 토니 블레어Tony Blair와 조지 W. 부시George W. Bush를 비롯한 여러 서방 지도자들에게 경제적·지정학적 동맹으로 환대받았다는 것이다. 서구 정치권은 푸틴이 민주 국가의 제도적·법적 구조를 건설하고 확립하리라고 생각했다. 이제 와서 돌이켜 보니 그가 주무르던 것은 민주주의의 기본적 메커니즘과 관례를 기발하게 흉내 낸 냉소주의적 패스티시pastiche●에 가까운 무언가였다. 민주주의의 의복은 매우 하늘하늘하기 때문에 쉽사리 흘러내려 그 아래 언제나 도사리고 있는 알몸의 독재를 드러낸다.

정치적으로 무명이던 푸틴은 1999년 올리가르히oligarch●●와 크렘린 내부의 폐쇄적 집단에 의해 보리스 옐친Boris Yeltsin의 후계자로 지명되면서 정치 무대에 등장했다. 그때 그는, 지난 10년간 나라를 혼란에 빠뜨린 시장 개혁에 반대하여 민족주의자, 네오파시스트,

---

● 어떠한 실현 욕구 없이 다른 사람의 작품에서 내용, 형태, 표현 방식 따위를 차용해 모사본을 생산하는 행위.
●● 러시아 경제를 장악하고 있는 신흥 재벌.

공산주의 부흥 운동가들이 한데 모여 벌인 요란한 시위에서 드러난 지리멸렬하고 미조직된 대중 분노의 파도에 올라타야 했다.

푸틴에게 필요한 것은 이 분노의 폭풍을 이겨내는 것만이 아니었다. 러시아에서 권력을 유지하려면 분노를 활용하고 분노의 옹호자이자 대변자를 자임해야 했다. 하지만 빈곤과 무법에 의해 상처받고 격분한 대중을 어떻게 달래야 하나? 프랑스 대혁명에서 보았듯 인내와 끈기를 발휘하라는 진심 어린 호소는 굶주린 자들에게는 별 효과가 없을 터였다.

트럼프와 푸틴 같은 정치인들이 분노를 활용하는 방법은 냉소주의를 외부로 몰아가는 것이다. 그들은 합의된 원인이나 대상이 전혀 없는 분노의 깊은 균열을 찾아낸다. 이 분노는 기본적으로 허구적이며 내키는 대로 주무를 수 있는 희생양, 즉 이민자, '소아성애자', 극좌파, 성별 '폐지론자', 유럽연합, 미국, 서구를 향한다. 대중 분노는 분산한다. 이 떠다니는 자원은 최고가 입찰자에게 낙찰되어 끝없이 재생 가능한 정치적 자본의 저장고 역할을 한다. 상상 속 적을 소환하는 것은 냉소주의 기획의 핵심이다. 냉소주의는 현실 자체가 허구로 치부되는 정치적 분위기를 조성한다. 그 안에서 묘사되는 세상은 팩트의 유한한 영역에 부합하는 것이 아니라, 환상과 소망의 무한히 늘일 수 있는 재료와 맞아떨어진다.

정치권력을 장악하는 가장 효과적인 경로는 엄연한 현실 문제를 마치 무게 없는 허공의 창작품처럼 다루는 것 아니겠는가? 정치적 영토를 마치 자신의 상상 속 놀이터처럼 다스리는 것이야말로 절대주권의 정의인지도 모르겠다.

...

모리스 블랑쇼Maurice Blanchot는 1949년 에세이 「문학 그리고 죽음에의 권리Literature and the Right to Death」에서 프랑스 혁명을 바로 이 관점에서 들여다본다. 그는 이렇게 말한다. "혁명적 행동은 모든 점에 있어서, 이를테면 아무것도 아닌 것으로부터 전체로의 이행······ 등과 같이 문학이 구현하고 있는 행동과 유사하다."[14] 블랑쇼의 말은 문학은 백지 위의 무게 없는 자국을 가지고서 살아 있는 현실을 만들어낼 수 있는데, 프랑스 혁명의 공포정치는 똑같은 일을 거꾸로 했다는 뜻이다. 즉, 살아 있는 현실을 "순수한 추상"으로 돌려세워 현실을 비현실로 만들었다.

구체적으로 말하자면, 공포정치는 인간 개개인을 텅 빈 추상물로 바꿔 그들을 살아 숨 쉬는 시민에서 익명의 부호로 둔갑시켰다. 그 본질은 오로지 '혁명의 동지로 인식되는가, 적으로 인식되는가'에 따라 결정되었다. 공포정치 체제에서 혁명이 시민을 아무렇지도 않게 참수할 수 있는 이유는 그들을 살아 있는 존재로 정의하는 개인성을 말살함으로써 이미 그들에게서 생명을 앗았기 때문이다. 소설가가 등장인물을 대수롭지 않게 죽이듯 시민도 그런 죽임을 당할 수 있다.

모든 전체주의 정권은 이 미학의 순수 세계에 빠져들 논리를 찾는다. 그러면 사회는 총체적 예술 작품이 된다. 내키는 대로 만들고 부수고 다시 만들 수 있는 공예품이 되는 것이다. 이 관점에서 보면, 트럼프가 국가 기구를 장악하지 못한 것은 일종의 미학적 미숙함처럼 보인다. 그의 숨 가쁜 흥분 상태는 이 과업에 필요한 가차 없는 작가주의적 솜씨에 걸맞지 않다.

그가 배움의 열의가 있었다면, 이 장악을 실행하여 10년 넘도록 놀라운 성공을 거둔 사람에게서 많은 교훈을 얻었을지도 모른다. 푸틴의 수석 '정치기술자' 블라디슬라프 수르코프Vladislav Surkov는 1990년대 후반부터 자신이 '주권민주주의'라고 부른(반어적 뉘앙스가 없지는 않았다) 허구적 통치 모형을 만들어냈다. 트럼프와 마찬가지로, 수르코프의 위업은 러시아를 뒤덮은 무질서한 분노에서 무한한 정치적 보물 창고를 발견한 것이다. 2012년 첫 정치적 파문을 당하기 전까지만 해도 수르코프는 고위직을 잇달아 맡으며 (저술가이자 선전 전문가 피터 포메란체프Peter Pomerantsev의 말마따나) "러시아 사회를 거대한 리얼리티 쇼처럼 감독했"다.¹⁵ 수르코프는 여당인 통합러시아당의 사실상 영구 집권을 추진하는 한편 '야당'을 만들어냈으며, 명목상 좌우파 독립 정당인 양당의 정책과 투표가 크렘린의 이익에 최대한 부합하도록 미세 조정을 실시했다.

수르코프의 주권민주주의는 모든 정치적 발언과 활동을 중앙집중화했다. 크렘린의 자금 지원을 받는 운동 단체와 정당은 영구적인 정치적 빚을 진 탓에 크렘린의 이해관계에 얽매이고 크렘린의 지시를 따랐다. 수르코프는 블랑쇼의 혁명가 모형에 들어맞는 예술가가 되었다. 민족주의 정당이든 공산주의 정당이든, 역사와 이념의 유산을 지닌 정당들은 현실 정치 주체의 시뮬라크룸simulacrum(가짜 복제품)으로 전락했다. 그들은 현재의 질서에 반대하는 것처럼 보였지만, 그들의 발언과 활동은 그 질서에 들어맞았으며 어떤 타격도 가하지 않았다.

수르코프가 공들여 지어낸 신화의 핵심은 문학·연극 교육과 러시아 보헤미아 예술계와의 연계였다. 2021년 저널리스트 헨리 포이Henry Foy와의 인터뷰에서 그는 코메디아 델라르테commedia dell'arte● 훈련을 정치 관리를 위한 일종의 형이상학적 도제 수업으로 회상한다. "사람들은 무대에 선 자신을 보아야 합니다. 이 가면 희극에는 연출자가 있고 플롯이 있습니다. 저는 이때 제가 무엇을 해야 하는지 이해했습니다."[16]

● 16~18세기 유럽 전역에서 유행했던 이탈리아의 극 형식.

코메디아 델라르테에서는 제한된 규모의 상투적 등장인물들이 플롯과 정형화된 연기를 반복하는데, 이야기가 어떻게 흘러갈지는 처음부터 밝혀진다. 마찬가지로 러시아 야당과 (그들이 대변한다는) 부글부글하는 대중적 불만은 대본에 갇힌 신세다. 대본은 이따금 수정되기도 하지만, 그것은 결과의 필연성을 강조할 뿐이다. 수르코프는 예술과 문학의 상상 세계를 모델 삼아 정치적 참여를 공허한 볼거리로 전락시키고 그 배우들을 거듭되는 환각의 갑갑한 지옥에 가뒀다.

2009년 수르코프는 가명으로 출간한 소설 『거의 $0^{Okolonolya}$』에서 문학과 현실의 이 교류를 확장하여 더욱 뒤섞었다. 주인공 예고르는 도덕관념이 없는 홍보 담당자로, 지하 문학을 밀반입한다. 말과 세상의 연결을 맺기보다는 끊는 책의 능력에 심취해 있다. 수르코프는 블랑쇼에게 빙의된 듯한 구절에서 이렇게 말한다. "예고르는 사람이 아니라 이름의 모험에 관심이 있었다."[17] 사람이 아니라 이름으로 존재하는 것은 다름이라고는 없는 세상에서 탈육신화된 추상물로 전락하는 것이다. 그 세상에서는 이것과 저것을 구별하는 선이 녹아 없어진다. 그 뒤에 남는 현실은 그것을 장악하는 자에 의해 영구적으로 만들어지고 부서지고 다시 만들어지는 원료에 불과하다. 블랑쇼의 혁명에서 보듯 이 새로운 '무자아'의 탈육신화된 관점의 역설은 무한한 폭력의 길을 닦는다는 것이다.

...

　수르코프는 2012년 처음으로 푸틴의 눈 밖에 났다. 그의 꼭두각시 줄이 손가락 사이로 빠져나갔다. 그에게 매끄럽게 지휘되고 통제되던 야권 단체들이 마침내 독자적 생명을 얻어 그의 무대 연출에 반기를 들고서 제4의 벽*을 뚫고 나왔다.

　시위대 수천 명이 그의 대본을 무시하고 모스크바 거리를 점거했을 때 수르코프는 진압 명령을 내리기를 거부했다. 그가 야당에 은밀히 동조한다는 소문이 퍼졌다. 아무리 못해도, 시위를 자신이 만들어낸 환각 통치의 필연적 붕괴로 여기는 듯했다. 이로 인한 수르코프의 실각은 푸틴 정권이 다원민주주의의 억지 허울마저 벗어버리고 언제나 그 뒤에 도사리고 있던 잔혹한 독재를 드러내는 길을 닦았다.

　하지만 이것은 결코 수르코프의 최후가 아니었다. 2014년 그는 우크라이나에서 다시 떠올랐다. 역사가 티머시 스나이더^{Timothy Snyder}가 『가짜 민주주의가 온다^{The Road to Unfreedom}』에서 기록하듯, 그는 마이단^{Maidan}** 시위에 맞서 폭력을 선동하고 크림반도에서 친

● 　배우와 관객을 분리하기 위해 무대와 객석 사이에서 있다고 간주되는 가상의 벽이다.
●● 　'광장'이라는 뜻으로, 우크라이나에서 2013년 11월~2014년 2월까지 벌어진 대규모 반정부 시위를 일컫는다.

러시아 분리주의 소요를 부추겼다. 그가 돌아온 이튿날인 2월 15일 "우크라이나 기동대에 실탄이 지급되었"다.[18] 의회의 헌법 개정 논의 결과를 기다리던 "마이단 시위대는 거대하고 살인적인 폭력에 기겁했"다.

우크라이나에 정정 불안을 조장하는 비밀 작전을 주도하고 돈바스의 자생 분리주의 '공화국들'을 지휘한 지 6년 뒤인 2021년 11월에 수르코프는 이 작전들을 단순한 '물리학' 논리로, 특히 제임스 클라크 맥스웰James Clark Maxwell이 정립한 유명한 엔트로피 법칙으로 개념화한 글을 썼다.

1999년 수르코프는 푸틴이 엔트로피 붕괴와 혼돈으로 치닫는 나라와 체제를 물려받아 경제와 통치를 안정시켰다고 쓴다. 그러고는 이렇게 덧붙인다. "하지만 열역학 제2법칙이 참이라면(물론 참이다)"[19] 엔트로피를 결코 마법처럼 사라지게 할 수는 없고, 엔트로피를 생성하는 것은 모든 닫힌계의 본성이며 여기서 어떻게 해야 하는가의 문제가 제기된다고 말이다. 수르코프가 내놓는 답은, 그가 드러내놓고 인정하듯 모든 힘겨워하는 제국의 냉소주의적 수단이다. 바로 혼돈을 다른 곳으로 수출하는 것이다. 푸틴 정권에 의해 생겨나고 또 푸틴 정권에 반대하여 생겨난 "사회적으로 유독한" 엔트로피 에너지는 유서 깊은 제국주의 전략을 새롭게 되풀이하며 우크라이나로 방출되었다. 그 전략이란 다음과 같다. "혼돈을 수출하는 것은 결코 새롭지 않다. '분할하여 정복하라'는 오래된 비법이다. …… 우리를 합친다 + 남들을 나눈다 = 둘 다 통치할 수 있다."

석 달 뒤, 러시아는 우크라이나를 침공했다.

낄낄거리는 감정 포식자들

냉소주의는 대중적 분노를 악용하기만 하는 것이 아니라, 그 분노에 코웃음 치는 무적의 허울을 씌운다. 이것을 완벽하게 집약한 것이 트럼프의 2020년 선거 캠페인에서 등장한 비공식 구호 "감정 따위 좆 까Fuck Your Feelings"다. 이 구호의 아이러니한 대목은 우익 포퓰리즘이 감정으로부터 자신의 모든 힘을 이끌어낸다는 것이다. 마가 운동은 산업 쇠퇴와 그에 따른 경제 불안의 영향, 사회적·문화적 특권 하락을 겪는 유권자의 분노와 쓸쓸함에 호소한다.

트럼프는 이 상실을 마법처럼 역전시키겠노라 약속했다. 2016년에는 한 집회에서 "우리는 너무 많이 이길 것입니다. 여러분은 이기는 게 지긋지긋하고 신물이 날 것입니다"라고 장담했다. 하지만 저 문장에는 뒤집힌 현재의 현실이 숨어 있다. 우리는 너무 많이 지고 있으며 지는 게 지긋지긋하고 신물이 난다는 현실 말이다. 패

배가 승리로 바뀌는 연금술은 정치적인 것 못지않게 정서적이다. 무능력과 취약함의 우울감을 총체적 승리의 상태로 탈바꿈시킨다.

여성혐오의 현대적 형태를 해부한 로라 베이츠Laura Bates의 책 『인셀 테러Men Who Hate Women』에서 가장 충격적인 대목 중 하나는 온라인 남성우월주의자 지도부가 지독한 경멸감에 사로잡혀 있다는 것이다. 여성을 향한 악독한 증오는 익히 예상할 수 있지만, 이와 더불어 남성에게서 드러나는 아무리 사소한 나약함의 기미에 대해서도 이죽거리는 혐오를 볼 수 있다.

폴 엘램Paul Elam이 주도하는 남성권리인식제고men's rights awareness, MRA 운동은 여성주의에 대해(여성 일반에 대해서는 말할 필요도 없다) 병적 적개심을 품은 집단(대부분 온라인이다)의 연계망이다. "남성 적대 사회 때문에 '골탕'을 먹"거나 "삶이 '망가졌'"다고 주장하는 남성 수백 명이 연락을 해왔을 때 그는 그들이 기대했을 확고한 연대를 보이지 않았다. 오히려 "고난에 빠진 남자들에게 보내는 공개 답변"이라는 제목의 블로그 게시물에서 이 억울해하는 피해자들에게 "니네 문제는 딴 데 가서 징징대라"라고 말했다.[20] 이렇듯 여성주의나, 심지어 실제 여성을 증오하는 것으로는 그들에게 충분하지 않은 듯하다. 참된 MRA 전사는 모든 인간에게 있는 '여성적' 성향(무엇보다 고통스러워하거나 힘들어하는 감정에 대한 감수성)의 가장 사소한 암시조차 증오하며, 스스로에게서 그런 성향의 흔적을 모조리 없애려고 부단히 노력한다.

알고 보면, 이것이야말로 인터넷 전반에서 전개되는 전투적 반여성주의 운동의 공통된 특징이다. 이런 집단에서 진정성의 증표는 나약함이나 자기의심의 기색을 조금이라도 보이는 구성원에 대한 사나운 조롱의 어조다. 그야말로 '감정 따윈 좆 까'라는 얘기다.

이 구호는 한낱 경박한 농담이 아니었다. 고도로 계산된 수사적 조치였으며 마가 운동의 정수를 뽑아낸 것이었다. 온라인 트럼프주의 주동자와 전투적 반여성주의 주동자 사이에서 커다란 교집합이 발견되는 것은 결코 놀랄 일이 아니다. 그들은 단일한 세계관의 서로 맞물리는 일부다. 그 세계에서는 강한 알파 남성이 지배하고 여성과 나약한 남성을 자신들의 욕구와 욕망에 봉사하도록 무자비하게 짓누른다. 수만 명의 회원을 자랑하는 온라인 단체들이 가정 폭력과 여성 강간의 자연적 정의$^{natural\ justice}$*에 대한 확신을 공유하는 것은 이런 맥락에서다. 그들의 목표는 특정한 스타일로 분노하는 것이다. 미국의 저술가 앤드루 머랜츠$^{Andrew\ Marantz}$는 여기에 "분노의 베이스 노트$^{base\ note}$**를 가진 낄낄거리기"라는 절묘한 이름을 붙인다.[21]

- • 사람들의 합의와 무관한 절대적 정의.
- •• 마지막에 풍기는 향수의 잔향.

낄낄거리기는 분노를 증폭하는 동시에 의심에 부치는 역설적 효과가 있다. 분노가 커지는 것은 평범한 대화에서는 허용되지 않는 수준의 공격을 웃음과 농담이 승인하기 때문이다. 또한 분노를 의심하게 되는 것은 '그냥 농담일 뿐'이기 때문이다. 이때 따라 웃지 않으면 농담한 사람의 잔인성이 아니라 듣는 사람의 유머 감각 결여를 드러내게 된다.

머랜츠는 대안우파 선동가이자 프라우드 보이스Proud Boys의 창립자 개빈 매키니스Gavin McInnes의 일화를 들려준다. 머랜츠는 매키니스가 이끄는 대안우파의 준유명인 무리를 따라 디플로러볼DeploraBall●에 참석했다. 2017년 1월 트럼프 취임식 전날 밤 그의 대통령 취임을 축하하는 무도회였다. 매키니스는 입장하면서 파시즘 반대 시위자의 얼굴에 주먹을 날렸는데, 그 후에 기자에게 이렇게 말했다. "주먹을 날렸을 때 내 주먹이 그놈 입에 들어가는 바람에 빼내는 과정에서 이빨에 긁힌 것 같아요. …… 이제 루저 에이즈에 걸릴지도 모르겠군요."[22]

이 '농담'은 듣는 이의 격분을 미리 중화하기 위한 장치다. 그 잔인함과 우둔함이 너무도 적나라하고 과장되어 누구도 진지하게

● 2016년 대선 캠페인에서 힐러리 클린턴Hillary Clinton이 트럼프 지지자를 '개탄스러운 패거리basket of deplorables'라고 부른 것을 풍자한 트럼프 당선 축하 무도회.

받아들이지 않을 테니 말이다. 이것이 요점이다. 인터넷 대안우파 진영에서는 말이나 생각이나, 심지어 정책까지 진지하게 받아들이거나 진심으로 대하거나 그에 대해 **격한 감정**을 품는 것은 스스로를 웃음거리로 만드는 꼴이 된다. 대안우파 남성의 관념적 이상理想은 정치 이념을 (자기들의 주장에 따르면) 여성 대하듯 대하는 것이다. 즉, 그 순간의 필요에 부응하는 편리한 도구로 써먹는 것이다.

냉소적 정치인은 냉소적 치료자와 마찬가지로 분노를 자신이 숙달하여 활용할 자원으로 여긴다. 둘 다 전능한 아버지라는 이미지와 공통의 분노로 단결한 공동체라는 이미지를 내세워 모호한 위안을 선사한다. 여기서 이렇게 공유된 분노의 상당 부분이 여성과 성을 겨냥하는 이유가 궁금해진다. 우파 포퓰리스트 지도자는 철저하게 엄격한 가부장적 통제의 세계를 약속한다. 그곳에서는 불복종하면 어김없이 면상에 느닷없는 주먹질을 당하며, 모든 사람과 모든 것이 자신의 자리를 알고 자신의 자리에 있다. 이런 상황에서 낄낄거리기는 당신이 자신의 분노를 온전히 다스린다는 신호를, 신경 쓰지 않는 능력과 (여성에게 존재하는) 나약한 감상주의에 굴복하지 않는 능력이야말로 힘의 원천이라는 신호를 보내는 방법이다.

낄낄거리는 대안우파 선동가 중에서 피자게이트Pizzagate• 같은 명백히 망상적인 음모론을 퍼뜨리는 '주작충'과 '어그로꾼'이 많은 이유는 이렇게 이해할 수 있다. 이 두 역할은 진실에 대해 같은 관계를 공유한다. 비위가 약한 여성과 계집애 같은 남성만이 여전히 어수룩하게도 진실을 중요시하며, 진정으로 강한 남성은 진실 여부와 상관없이 무슨 말이든 할 수 있다는 것이다.

 트럼프 취임 전과 임기 동안 많은 대안우파 인사들은 '탈진실' 정치의 첨병인 러시아 언론을 위해 글을 쓰고 방송을 했다. 수르코프의 이력에서 보듯 충분한 솜씨와 노력을 발휘하면 팩트에 기반한 진실을 정치 영역에서 사실상 제거하고 진공을 만들어 푸틴이 원하는 이야기로 채울 수 있다. 정치의 공간 전체를 하나의 정권이 독점한다는 점에서 러시아는 미국과 전혀 다르다. 자신과 다른 생각을 가진 사람들과 정치 공간을 공유하지 않을 도리가 없는 마가 극단주의자들에게 러시아는 부러움의 대상일 것이다. 분노를 품은 낄낄거리기는 이 불운한 상황을 만회하는 방법이다. 푸틴과 달리 마가 전사들은 정적을 투옥하거나 살해할 수 있는 특권을 누리지 못한다. 하지만 적들의 인간적 의미를 말살하여 그들을 한낱 조롱거리로 전락시키는 분위기를 조성할 수는 있다.

 푸틴은 높은 곳에서 조롱하는 것을 틀림없이 좋아할 테지만, 격

- 2016년 미국 대통령 선거 기간에 온라인에서 퍼진 음모론으로, 큐어논의 전신으로 간주된다.

에 떨어지게 광대짓을 하거나 농담을 하지는 않는다. 국가 권력을 송두리째 손아귀에 넣고 있어서 모든 반대를 짓이길 수 있으므로 그럴 필요가 없다. 그의 지배하에 있는 국민은 국가 선전을 꾸준히 주입받고, 대안적 정보를 전혀 접하지 못하며, 이른바 우크라이나 '특수 군사 작전'에 대한 그의 논리에 공개적으로 의문이나 반대를 제기하는 자를 체포하겠다는 협박에 굴복하여 몸을 사린다.

푸틴은 러시아를 서구의 데카당스(퇴폐)에 맞서는 유일한 보루로 묘사하는데, 이를 떠받치는 것은 시민에게 행사하는 거의 총체적인 권력이다. 티머시 스나이더는 푸틴 정권이 서구의 성적 자유 방임과 '전통 가치'에 대한 위협을 증오하는 강박적 적개심에 오랫동안 사로잡혔다고 말한다. 2014년 러시아 군대가 크림반도를 침공했을 때 외무장관 세르게이 라브로프[Sergei Lavrov]는 러시아를 서구와의 갈등으로 인한 진짜 피해자로 내세우는 글을 발표했다. 라브로프에 따르면, 진짜 공격을 벌인 자들은 "국제적인 게이 로비스트들"이었다.[23]

2021년 트럼프를 세계화 테크노크라시[technocracy]● 에 맞선 전쟁 영웅으로 표현한 장광설에서, 푸틴의 궁정 철학자이자 반계몽주의 네오파시스트 알렉산드르 두긴[Alexander Dugin]은 성별 권리 운동의 진

● 1930년대에 미국에서 유행한 기술주의적·개량주의적 사회 경제 사상.

짜 목표가 이질적인 생물학적 특징을 모조리 제거함으로써 개인을 비인간화하는 것이라고 주장한다. 실제로 두긴은 진보적 젠더 정치˙가 "인간을 부분적으로나마 사이보그, 인공지능 네트워크, 유전공학 산물로 대체하"려는 "서구"의 정교한 책략의 골자라고 주장한다. "선택적 성별에는 필연적으로 선택적 인간이 따른"다는 것이다.²⁴

푸틴식 수사와 트럼프식 수사 둘 다에서 공들여 다듬어진 특질은 피해자와 공격자의 위치를 영구적으로 뒤바꾼다는 것이다. 철학적 계보와 실천 면에서 명백히 파시즘적인 정권의 지도자인 푸틴은 자신의 적과 피해자에게 영구적 파시스트 딱지를 붙인다. 두긴은 여성을 집에 가두고 동성애자를 벽장에 가두자고 주장하면서도, 여성주의 운동과 LGBT 운동이 인간성을 파괴한다고 비난한다. 공유 현실을 폐기하는 이점이 이것이다. 말하는 사람은 이제 무게와 형체를 잃은 현실을 멋대로 구부릴 수 있다.

마가 운동과 푸틴 정권은 성별과 성적 권력의 고정된 질서를 회복하려는 공동의 소망을 품고 있다. 이 열망은 '민주당이 주도하는 소아성애 결사'라는 음모론적 날조에 국한되지 않는다. 미국 보수

● 주로 성별의 차이와 불평등, 성별 고정관념과 관계된 문제나 사안을 해결하고자 하는 일련의 정치 활동.

파 단체들은 최근 동성애 및 트랜스젠더 권리를 비롯한 학교 성평등 교육을 후퇴시킬 일사불란한 전략을 수립했다. 그 방법은 학교 이사회를 '그루밍 가해자'라는 악의적 표현으로 공격하고 성 포괄적inclusive sex 교육●을 아동 학대와 동일시하는 것이었다.

적들이 병적인 성적 상태에 빠져 있다는 이 환상이 강박적으로 되풀이되는 것은 왜일까? 이러한 극단적 성도착의 투사와 공격은 음모론자 자신의 깊은 무의식에서 비롯한다. 타자의 퇴보에 대한 비난, 모든 일탈을 일소한 '전통적' 성별과 성적 위계질서라는 이상, 나약한 남성과 강인한 여성에 대한 경멸적 조롱은 모두 성에 대한 공포를 의미한다. 그리고 이 공포는 통제하에 두어야 하는 내적 위험과 혼돈의 힘이다.

냉소주의 정치가 활용하고자 하는 것은 이 공포와 그로 인해 생겨나는 분노다. 그들은 성평등과 성적 자유로 인해 무질서에 빠진 세상에 질서를 회복하겠노라 약속한다. 하지만 이런 약속에는 위험이 따른다. '도둑질을 그만두라Stop the Steal'●● 시위와 마찬가지로, 이 약속들이 자극하고 부추기는 분노는 쉽게 공격으로 비화할 수

● 성별, 성적 지향, 성 정체성에 관계없이 성과 관련된 지식과 기술을 배울 수 있도록 하는 교육.
●● 트럼프 진영이 2020년 대선에서 조 바이든Joe Biden이 승리하자 부정 선거를 주장하며 사용해온 해시태그 구호로, 2021년 의사당 난입 세력의 핵심 슬로건이기도 했다.

있기 때문이다. 자신의 성욕에 부응해주기를 거부하는 여성에 대한 모솔의 분노는 온라인 비방글에서 분출되는 동안에는 정치적 자원으로서 쓰임새가 있다. 하지만 분노에 휩싸여 실제 여성에게 총격을 가하면 그 분노는 더는 쓸모가 없다.

베이츠는 트럼프의 오랜 조언자인 대안우파 책사 스티브 배넌Steve Bannon이 2016년에 모솔의 잠재적인 정치적 가치를 알아보았다고 말한다. 그에 따르면, 배넌은 정치 컨설팅 기업 케임브리지 애널리티카의 서비스를 이용해 모솔을 "경합주에서 막대한 효과를 거둘 수 있"는 유권자 대상으로 삼았다.[25] 하지만 이런 관계는 반드시 모호해야 하며 그럴듯하게 부인할 수 있어야 한다. 배넌은 모솔 집단과 남성권리인식제고 운동 집단을 명시적으로 승인할 만큼 어수룩하진 않았다. 그들을 조용한 연합으로 끌어들여 써먹을 만큼 가까이 두는 동시에 관계를 부인할 수 있을 만큼 멀리 둠으로써, 그는 그들의 분노를 정치적 자원으로 동원할 수 있었다. 트럼프 캠페인에서도 다양한 증오 집단과 극우 지도자 들에게 같은 수법을 썼다.

이런 관계를 모호하게 유지함으로써 배넌은 효과적으로 이들 집단의 분노를 활용하는 한편 그들의 공격을 부인할 수 있다. 1월 6일 의사당 난입에서 보았듯 분노가 현실 공격으로 전환되면 환멸과 씁쓸함이 따르게 마련이다. 원하는 변화를 가져오리라 기대한 행동이 그 결과를 낳지 못하기 때문이다. 모솔 총격범은 자신이 여성들에게 겁을 주면 그들이 남성 권위에 굴복할 거라 흥분에 겨워 상상하지만, 그의 행동은 슬픔과 공포를 낳을 뿐이다. 총격범과 그를 추종하는 온라인 치어리더들은 이성애자 백인 남성이 지배하는 유토피아를 꿈꾸지만, 결코 달성하지 못한다. 냉소주의자의 약속은 그들의 모든 비겁한 공염불에서 실체가 드러난다.

구제의 희망

내가 보기에 제라드는 분노를 연료 삼아 자신이 주위 사방에서 본 냉소주의에 홀로 맞서 전쟁을 벌인 듯하다. 애인 찾기 앱과 정치인이 그의 분노를 자아낸 이유는 인간의 취약함, 특히 그의 취약함을 노렸기 때문이다. 마음속에서 그는 멍청하고 어수룩하고 필사적인 모습이 폭로되는 새로운 굴욕의 경계에 영원히 내몰려 있었다.

그는 내게 접근하면서 마코위츠가 허시코프에게 품었던 것과 같은 소망을 부지불식간에 품었던 것 같다. 그것은 내가 자신의 "모든 것을 보살피"라는 소망이다. 하지만 제라드와 마코위츠 두 사람에게는 이 소망을 매우 복잡하게 만드는 이력이 있다.

어릴 적 제라드는 아버지를 경외했다. 빼어난 지성, 민첩한 재치, 근사한 세련미를 갖춘 아버지는 그에게 끝 모를 간절한 존경심의 대상이자 아득히 먼 존재였다. 그는 아이인 자신이 아버지의 눈길, 흥미, 관심, 호기심을 결코 얻을 수 없으리라 느꼈다. 창의적 작품을 보여주거나 학교에서 겪은 문제에 대해 털어놓거나 세상에 대해 질문하면 아버지는 귀찮다는 눈빛으로 쏘아보았다. 제라드가 보채면 어김없이 짜증 섞인 대답이 돌아왔다. "제라드, 아빠 바쁜 거 안 보이니? 나중에 얘기하자." 아버지가 대답하면서 이를 가는 소리가 들렸다.

제라드는 '나중'이 결코 오지 않을 것임을 금세 깨달았다. 그는 아버지에게 인정받길 갈망했지만 그 순간은 언제나 다시 한번 연기되었다. 어머니는 제라드가 질문과 걱정을 가져가면 적어도 따뜻하고 자상하게 받아주었다. 하지만 어머니도 남편이 모든 것을 알며 권위와 승인의 최종 보증자이기에 자신이 하는 말은 별 의미가 없다고 생각했다. 제라드가 괴롭힘당한 일을 털어놓자 어머니는 이렇게 말했다. "오, 우리 제리. 너무 끔찍하구나. 불쌍해라. 오늘 밤 아빠한테 이야기하자. 그러면 방법을 알려주실 거야!"

제라드와 어머니는 암묵적으로 버려진 가족이 되었다. 가부장이 돌아와 자신들에게 방향을 알려주고 명령을 내리기를 수동적으로 기다렸다. 문제는 가부장이 한 번도 그들 곁을 떠나지 않았지만 결코 실제로 함께 있지도 않았다는 것이다. 아버지의 존재가 허깨비 같은 '신체를 가진 유령'에서 벗어나고, 그가 가족을 보면서 그들이 정말로 그에게 존재함을 확인해주길 바라는 간절한 희망은 결코 실현될 수 없었다. 이 무한한 균열의 감각 때문에 제라드는 스스로 행동할 수 있다는 확신을 가질 수 없었다. 아버지에게 화낸다는 생각이나, 아버지가 한 번도 자신에게 관심을 보이지 않는다면 자신이 스스로에게 관심을 보여야겠다는 결론은 결코 머릿속에 떠오르지 않았다. 자신의 실망과 분노를 아버지에게 드러내지 못한 것은 아버지가 그를 영구적으로 거부하여 최종적인 진짜 대면의 가능성을 차단함으로써 복수할까 봐 두려웠기 때문이다. 제라드와 어머니가 버틸 수 있었던 것은 이 가능성 때문이었다. 이 가능성마저 없었다면 둘은 무너져내렸을 것이다.

말하자면, 제라드는 누군가 모든 것을 보살펴주리라는 희망에 무한정 볼모로 잡혀 있었다. 아버지의 철저한 정서적 방임이 그 반대인 포괄적이고 무궁무진한 사랑으로 탈바꿈하리라는 무의식적 환상에 짓눌렸다. 그가 나를 보러 온 순간 그 희망이 내게 전이된 것은 필연이었다.

하지만 내게 진료받기 시작한 시점은 이미 그가 마흔 줄에 들어섰을 때였기에, 그의 희망은 너무 오랫동안 충족되지 않은 탓에 일종의 영구적이고 지긋지긋한 분노로서 스스로를 표현하게 되었다. 첫 만남에서 나는 그에게 우리의 작업에서 무엇을 바라느냐고 물었다. 그는 퉁명스럽게 대답했다. "뻔하지 않습니까? 저는 지독히 뒤죽박죽입니다. 분하고 억울하고 지칠 대로 지쳤습니다. 이후의 삶까지 엉망이 되기 전에 이 상황을 멈추고 싶습니다. 그게 가능이나 하다고 생각하십니까? 그렇지 않다면 제 시간이든 선생의 시간이든 낭비하지 말자고요."

내가 허시코프처럼 모든 것을 보살피겠다고 대답했다면 크나큰 위로가 되었을 것이다. 정신분석을 받으려고 찾아오면서 내심 이런 약속을 기대하는 것은 드문 일이 아니다. 약속이 위험한 것은 이 때문이다. 치료자가 타인의 삶에서 모든 고통과 피해를 만회해주겠다고 맹세하는 것은 그 고통과 피해가 계속되도록 할 뿐이다. 그래서 나는 그런 약속을 할 수는 없지만 그가 얼마나 고통스러운지 들어줄 수는 있다고 대답했다. 상황의 원인을 이해하고, 더 나은 쪽으로 바뀔지도 모르는 방법을 생각해내기 위해 함께 노력하겠노라 말했다.

치료 목표만 놓고 보자면, 이 말이 힘 빠질 만큼 모호하게 들리리라는 것을 안다. 내 직업을 비판하는 많은 사람들이 보기에, 확실하게 정의된 뚜렷한 목표를 정하려 들지 않는 것은 정신분석의 냉소주의를 확인시켜줄 뿐이니 말이다. 결국 이 모든 '노력'과 '생각'과 '……지도 모르는'을 가지고서, 나는 허깨비 당근을 흔들며 그의 꼭두각시 줄을 잡아당겨 (실질적인 결과는 전혀 얻지 못하면서) 시간과 돈과 희망을 잡아먹는 소용돌이로 그를 끌어들이고 있는 것은 아닐까? 냉소주의 정치인처럼 제라드의 분노를 내게 이익이 되도록 활용하고 있는 것은 아닐까? 이 질문에 대한 유일하게 솔직한 답은 '그럴지도'인지도 모르겠다. 우리가 함께 노력하면서 몇 달, 심지어 몇 년을 보낸 뒤에도 그의 분노와 비통함과 피로는 조금도 줄어들지 않을지도 모른다.

하지만 내가 보기엔, 보장된 결과가 없다는 사실이야말로 정신분석이 냉소주의로 바뀌지 않도록 막아주는 듯하다. 제라드의 감정처럼 압도적이고 버거운 감정을 직면했을 때 당신이 그 감정을 길들이고 통제하에 둘 수 있다고 주장하는 것은 순전한 오만일 것이다. 그것은 행동으로 위장한 미사여구에 불과하다.

반면에, (역설적이게도) 고통스러운 분노에 사로잡힌 사람에게 당신이 그 분노를 기꺼이 받아들이고 그것에 귀를 기울일 것이며 필요한 만큼 그와 함께 그것에 대해 생각할 것이라고 말하는 것은 실질적 효과를 낳는 실제 행동에 가깝다. 이렇게 하면 그에게는 이전에 존재하지 않던 세계가 창조된다. 그 세계에서는 다른 누군가가 그의 내면의 삶을 인식하고, 궁금증을 품으며, 그 삶이 다시 그에게 반영되도록 돕고, 그 삶에 형태와 의미를 부여하고 싶어 한다. 어쨌거나 이것이 그의 삶에서 처음부터 완전히 누락되어 있었으며, 이 때문에 그는 영구적이고 치유 불가능한 분노 상태의 절망에 빠지는 신세가 되지 않았던가.

제라드는 더는 이 상태에서 벗어날 수 없다고 느끼지 않는다. 그가 여전히 화가 나 있기는 하지만, 나를 공격하던 이미지, 즉 그의 분노가 진료실을 물리적으로 꽉 채워 내게서 움직이거나 숨 쉴 공간을 빼앗는 이미지는 점차 사그라들었다. 그의 분노는 여느 때만큼 실제적이지만, 어떤 질문도 던질 수 없고 어떤 호기심도 품을 수 없는 근본적 힘처럼은 더는 느껴지지 않는다.

제라드는 분노에 압도되는 게 아니라 우리의 작업에서 분노를 표현하고 분노의 원인과 대상을 둘 다 이해하는 능력을 조금씩 길렀다. 자신의 분노에 들어 있는 '누구'와 '무엇'을 정의하면서, 그는 자신이 누구에게 분노했는지뿐 아니라 누구에게 분노하지 **않았는지**도 인식하는 방향으로 나아갔다. 그의 분노는 더는 한 표적에서 다음 표적으로 거침없이 퍼지며 모든 사람을 성토하고, 따라서 아무도 성토하지 못하는 지경에 머무는 것 같지 않다.

물론 제라드가 자신이 아버지에게 화났음을 모른 것은 아니다. 문제는 아버지가 제라드의 마음속에서 어마어마하게 큰 형상으로 변이했었다는 것이다. 아버지는 판결하고 처벌하는 신이었으며, 그의 앞에서 아들은 허리를 숙이고 굴종하는 수밖에 없었다. 제라드는 자신의 진짜 아버지에 대해 말하기 시작하면서 독자적인 정서적 이력을 가진 인물을 회복시켰다. 제라드의 아버지가 정서적 방임과 성마른 경멸을 일삼는 괴물로 온전히 형성된 채 세상에 태어난 것은 아니다. 그 또한 어릴 적 방임의 유산을 지니고 있었다. 아버지의 아버지는 수수께끼 같은 인물로, 정부의 은밀한 임무를 해외에서 수행하느라 많은 시간을 보냈으며 자녀에게 어정쩡한 존경을 받는 대상이었다.

한번은 진료 중에 제라드가 자신이 열한 살 때쯤 나눈 대화를 회상했다. 그는 아버지에게 한 번도 본 적 없는 할아버지에 대해 물었다. 아버지는 평소와 달리 무응답으로 질문을 일축하지 않고 멀지도 가깝지도 않은 곳을 응시했다. 무언가 진정으로 골똘히 생각하는 듯한 침묵이 감돌았다.

제라드가 말했다. "한 번도 본 적 없던 표정이 아버지 얼굴에 떠올랐습니다. 당신이 슬퍼하신다는 걸 알 수 있었습니다. 그 감정이 저를 짓누르는 듯했습니다. 제게는 아버지가 짜증 말고는 어떤 감정도 못 느낀다는 은밀한 믿음이 있었던 것 같습니다. 아버지는 한참을 쳐다보시더니 말했습니다. '아빠가 네 나이 때 할아버지에 대해 알 수 있었던 건 나라에 무척 중요한 사람이라는 것뿐이었단다. 그때는 그게 무슨 뜻인지 몰랐어. 할아버지가 무엇을 하든 그게 아빠보다는 할아버지에게 훨씬 중요하다는 것만 알 수 있었지.'"

제라드가 말을 이었다. "이제야 아버지께서 하려던 말씀이 뭔지 알겠습니다. 그건 아버지께서 자신이 할아버지에게 중요한 존재라는 감각을 한 번도 못 가져보셨다는 것이었습니다. 아버지께서 보이신 그 모든 매몰찬 태도와 경멸은 여전히 제게 쓰라립니다. 하지만 이제는 양상이 달라졌습니다. 저는 아버지가 결코 반신半神이 아니라는 걸 알 수 있습니다. 지독한 피해를 입은 사람이죠."

제라드가 기억하던 아버지는 가혹할 정도로 경멸적인 아버지의 증폭되고 과장된 모습이었다. 자녀의 사랑과 욕구를 일축하는 아버지였다. 그런데 다른 아버지, 너무나 상처받고 자신의 욕구에 대해 너무나 방어적인 태도를 취하는 탓에 자녀를 사랑하는 위험을 감당할 수 없는 아버지를 인식하고서, 제라드는 자신이 가진 아버지를 향한 분노를 자신이 가질 수 없었던 아버지에 대한 슬픔으로 천천히 누그러뜨릴 수 있었다.

냉소주의 정치인은 대중적 분노를 부추기고 부채질하면서도 유의미한 구제의 희망은 조금도 보여주지 않기에 추종자들에게서 이러한 슬픔을 빼앗는다. 음모론과 집단 증오에 빠진 사람은 풍차 앞의 돈키호테와 같이 결코 달성할 수 없는 목표에 매달린다. 냉소주의자는 세계를 구하고 국가의 모든 달갑잖은 타자를 일소하는 지도자라는 환각적 목표와 대상에 추종자들을 너무 깊이 몰두하게 해 그들이 결코 포기하지 못하게 한다.

'감정 따윈 좆 까'는 슬픔을 거부하는 구호다. 화난 채로 살아야 하는 저주를 받은 자들, 자신이 가질 수 없는 것을 슬퍼할 수 없고 자신이 가질 수도 있었던 것에 에너지와 욕망을 돌릴 수도 없는 자들의 아우성이다.

4장

유용한 분노
사랑, 정의, 창조성

ALL THE RAGE

당신, 이 책 읽어야 해

오랫동안 모든 학생, 동료, 친구가 내게 엘레나 페란테(Elena Ferrante)를 읽으라고 닦달하는 것 같았다. 첫 장부터 코가 꿰일 거라고 그들은 장담했다. 인간적 친밀함의 위험에 대해 그토록 대담하고 가슴 저리고 놀랍도록 진실하게 쓰는 작가는 없다고 말했다. 나는 호기심이 동하는 것 못지않게, 무엇을 읽고 보고 들으라는 말을 들을 때 품게 되는 독특한 경계심도 느꼈다. 게다가 읽을거리는 언제나 너무 많다. 항상 또 다른 작가가 기우뚱거리는 책 더미에 비집고 들어올 기회를 노린다. 그래도 언젠가는 페란테에게 다가가야겠다고 생각했다.

그런데 그녀가 내게 다가왔다. 2021년 11월 하순의 어느 평일 밤이었다. 이미 침대에 누워 딴 책을 읽고 있었는데, 아내가 귀가

하더니 멍한 눈빛으로 나를 바라보았다. 나는 심란해져 괜찮으냐고 물었다.

아내는 시선을 피하며 이마를 살짝 찡그렸다. 그러고는 말했다. "그래, 괜찮아." 아내는 영화감독 친구를 따라 올리비아 콜먼Olivia Colman의 신작 〈로스트 도터The Lost Daughter〉를 관람했던 일을 언급했다. "음, 페란테 소설●을 영화화한 작품이야."

아내는 침대 맞은편에 걸터앉아 밤 풍경을 물끄러미 내다보았다. 그러다 우리 둘 사이의 짙은 적막을 문득 깨뜨리며 말했다. "그래. 그 책을 읽어봐야겠어."

이틀 뒤 아내는 책을 내 손에 쥐여주었다. 그러면서 이렇게 말했다. "**당신** 이 책 읽어야 해. 분노에 대해 쓰고 있잖아. 이 책을 읽지 않으면…… 안 돼."

'물론 읽어야지.' 나는 생각했다. 아내가 나의 마음과 계획에 진심으로 관심을 가져줘서 고마웠다. 게다가 얇아서 금방 읽을 수 있을 것 같았다. 다들 입에 올리던 어마어마한 두께의 나폴리 4부작과는 딴판이었다. 마침 금요일이어서 늦게까지 읽을 시간이 있었다. 그런데 첫 장을 펼치면서 머리 언저리에서 약간 심란한 느낌이 들었다. 선물을 받긴 했는데 어떤 선물인지 잘 알 수 없는 느낌

● 한국어판 제목은 『잃어버린 사랑』(한길사, 2019)이다.

이었다. **당신 이 책 읽어야 해.** 하지만 왜 읽어야 하지? 읽지 않으면 어떻게 되려나?

소설이 여성적·모성적 분노의 소용돌이로 나를 집어삼키면서 질문은 더 현실적으로 바뀌었다. 화자 레다는 말한다. "너무 화가 나서 악을 썼다. 내 어머니처럼. 어깨를 짓누르는 책임감 때문이었다. 부모와 자식이라는 관계의 숨 막히는 속성이었"다. 그러다 **당신 이 책 읽어야 해**가 책 자체와 떼려야 뗄 수 없는 차원처럼 느껴지기 시작했다. 나의 신경을 맹공하는 또 다른 전선戰線 같았다.

이튿날 아침 책을 다 읽고 나서 머릿속이 불안한 질문들로 부글거렸다. 아내는 내가 무엇을 읽기를 바랐을까? 내가 쓰고 있는 분노 책에 자양분을 공급할 여성적 불만을 적나라하게 해부한 것? 아니면, 22년간 아들 셋을 키운 뒤 세상에 대고, 대체로 내게 대고 **화가 나서 악을 쓰는** 소리를 들려주고 싶었을까? "알겠어? **이제 알겠냐고?!**"

...

즐거울 때는 시간이 쏜살같다. 지켜보는 냄비는 결코 끓지 않는다. 이런 민간 심리학은 모든 기분에 나름의 독특한 시간성이 있음을 떠올리게 한다. 즐거움은 시간의 흐름을 증발시키는 반면에 지겨움은 매초를 가학적으로 늘인다.

분노로 말할 것 같으면, 시간의 연속체 밖으로 우리를 끄집어내어 과거와 미래를 삭제하고 현재 순간의 숨 막히는 방('붉은 안개')에 가둔다. 일순간 우리는 (친근하든 사랑스럽든 무관심하든) 모든 역사를 분노의 대상과 함께 쓸어버리고 어떤 관계도 다가오지 못하도록 다리를 죄다 불사른다.

분노가 장기적 관계에 그토록 해로운 것은 이 때문이다. 상담실에서 종종 볼 수 있듯 분노는 결혼의 지속성을 갉아먹는 방법이다. 지속성이란 자신이나 상대방의 스쳐 지나가는 파란만장한 감정을 넘어서서 지속되는 포괄적 구조의 감각이다. 충분히 오래고 깊어진 분노는 우리가 사랑하는 사람이 우리에게 어떤 존재였고 어떤 존재일 수 있는지에 대한 정서적 토대를 공격하여 그들을 지금 찰나의 적대적이고 혐오스러운 대상으로 전락시킨다.

이 경향을 가장 극단적으로 보여주는 사례는 사산 왕조의 샤리아르 왕과 신부 샤흐라자드의 이야기 『천일야화』의 서사에서 찾아볼 수 있다.[1] 이야기에 따르면, 왕은 아내들 중 한 명의 불륜을 알고서 그녀를 처형한다. 모든 여성의 심성이 그와 같으리라고 믿은 왕은 잇따라 처녀와 결혼하고는 그들이 자신을 욕보이기 전인 이튿날 아침에 죽인다.

왕이 허가받은 연쇄 살인을 저지르는 것은 자기애적 상처 때문이다. 상처는 왕이 결혼할 때마다 다시 벌어지고, 처형할 때마다 좀 더 단단히 꿰매진다. 왕이 처형하는 것은 신부만이 아니라 흐르는 시간의 가능성이다. 미래의 정서적 위험을 예측할 수 없기에 아예 가능성을 없애려는 것이다. 신부를 살해하면 아직 일어나지 않은 일의 고통으로부터 스스로를 보호할 수 있지만, 강박적으로 되풀이되는 똑같은 폭력적 분노 행위 안에 스스로를 유폐하는 끔찍한 대가를 치러야 한다.

대신의 딸 샤흐라자드는 미래의 불륜녀를 벌하는 왕의 살인극에 대해 듣고서 대담하게도 자신이 왕의 다음 신부가 되겠노라 나선다. 신혼 첫날밤 그녀는 샤리아르에게 이야기를 들려주되 클라이맥스 직전에서 멈춰 그가 결말을 듣고 싶으면 처형을 연기할 수밖에 없도록 한다. 그녀는 이야기 하나를 마무리한 뒤에 다른 이야기를 시작하는데, 이번에도 결말을 뒤로 미룬다. 처형의 연기는 천일 밤에 걸쳐 반복되며 그동안 그녀는 왕에게서 아들 셋을 낳았다. 샤흐라자드가 왕에게 마침내 이야기가 바닥났다고 말했을 때 왕은 그녀에게 푹 빠진 터라 끝없이 연기된 처형을 집행하지 않고 그녀를 왕비로 삼는다. 한 명의 등장인물이 들려주는 『천일야화』의 이야기들은 수 세기에 걸쳐 아시아와 아프리카의 여러 지역에서 채집되어 이슬람 학자들에 의해 아랍어로 기록되었다. 상당수는 최초의 문명으로 거슬러 올라가는 이야기들이 반복된 것으로, 새

언어와 문화로 번역되었다.

말하자면, 샤흐라자드는 신랑에게 다른 미지의 목소리, 이야기, 세계를 보여주어 그를 분노의 쳇바퀴에서 구해낸다. 그녀의 생존을 보장하는 것은 단지 서사적 서스펜스만이 아니라, 이 미지의 사람과 풍경을 왕이 이해할 수 있도록 그녀가 창조하는 시간과 공간인지도 모르겠다. 그녀는 왕을 폐소공포증적 확실성에서 끄집어내어 낯섦과 호기심의 새로운 영역으로 데려간다.

내 아내가 준 뜻밖의 선물과 연관시켜 보자면 샤흐라자드 이야기는 지나치게 과장되고 생뚱맞게 보일지도 모르겠다. 페란테의 소설은 나의 분노를 지연시키기보다는 아내의 분노에 대한 신호를 보내는 것 같았으니 말이다. 하지만 여기서 나는 두드러지는 점에 주목한다. 페란테, 샤흐라자드, 내 아내는 (자신의 분노이든 배우자의 분노이든) 분노를 딴 사람의 이야기라는 간접적 형식으로 언급한다. 어쨌거나 이야기는 언어와 서사로, 말하자면 시간의 흐름에 따라 전개된다. 이야기에서 분노를 표현하는 방법은 비난과 모욕을 집중적으로 폭발시키는 것이 아니라, 우리가 알아야 하는 다른 목소리, 등장인물, 상황을 정교한 솜씨로 빚어내는 것이다.

내 아내는 『잃어버린 사랑』을 건네면서 자신의 결혼과 모성 경험에 대한 내밀한 개인적 진실을 소통하는 동시에 전치한 것 아닐까? 책의 메시지는 등장인물에 대한 것인 동시에 아내 자신에 대한 것 아니었을까? 메시지의 진짜 발신자는 아내이고 진짜 수신자는 나 아니었을까? 오래된 커플 관계에 있었거나 그런 커플 주변에라도 있던 사람이라면, 공격이 자기확신(또는 앞에서 '옳음의 앎'이라고 부른 것)의 어조로 전달될 때 부부 싸움이 가장 파국적이라는 사실을 알 것이다. 중산층 가정을 본의 아니게 우스꽝스럽게 패러디하는 것처럼 보일까 봐 약간 걱정되지만, 가시 돋친 말을 주고받을 게 아니라 소설을 주고받으라고 커플들에게 조언하고 싶다.

약간 추상적으로 말하자면, 샤흐라자드의 이야기 책략에는 '분노와 어떻게 함께 살아가야 하는가'의 문제를 해결하는 열쇠가 들어 있다는 것이 나의 주장이다. 분노가 공격 행동(이를테면 아내나 정적을 처형하거나 난민을 추방하거나 선거를 부정하는 것)의 정서적 전주곡 이상의 역할을 하려면 그것을 부추기는 자기확신을 제거해야 한다.

분노에 사로잡힌 사람이 겪는 고통은 자신의 목소리를 제외한 모든 목소리를 박탈당한다는 것이다. 분노는 나머지 모든 것을 마음의 귀로부터 차단하고 배제한다. 그 목소리들이 들리도록 할 방법을 찾아야 한다. 귀 기울일 시간과 공간을 빚어내야 한다.

...

하지만 이 듣기 좋은 제안은 목표를 어떻게 달성할지 묻는 순간 미심쩍어진다. 타인의 목소리를 차단하는 것이 분노의 기본 논리라면, 단순히 그러지 말라고 제안하는 것은 별 효과가 없다.

최근《가디언》기사에서 분노를 다스리는 유용한 기법을 추렸는데, 그중에는 셋까지 세기, 베개에 주먹질하기, 자연에서 걷기 등 유서 깊은 꼼수도 있다.² 어떤 기법은 분노를 일시적으로 유예하고, 어떤 기법은 '수압'으로 배출하고, 또 어떤 기법은 분노로부터 완전히 관심을 돌린다. 하지만 이 기법들을 가장 열성적으로 지지하는 사람들조차 자신이 분노를 실제로 몰아낼 수 있다고 주장하지는 않는다. 기껏해야 잠깐 멈추거나 속력을 늦추거나 분노가 우리에게 가하는 압박을 슬며시 덜어주는 게 고작이다.

분노를 몰아낼 믿음직한 방법이 전혀 없는데(정신분석도 예외가 아니다) 왜 꼼수에 반대해야 하나? 숫자를 세거나 고함지르거나 심호흡을 하는 것으로 분노의 가장 무모하고 파괴적인 결과로부터 스스로를 보호할 수 있다면, 그런 방법을 얕보거나 일축하는 것은 오만이다.

이런 실천 철학에 문제가 있다면 그것은 낱낱의 쓰임에서 생겨나는 것이 아니라, 그로 인해 우리 자신과 분노 감정 사이에 형성되는 내적 관계에서 생겨난다. 행동적 해법은 우리가 분노를 덜 느끼게 하는 것을 목표로 삼기 때문에, 우리를 분노와 척지도록 하고 분노를 적으로 대하게 만든다. 분노에 브레이크를 걸거나 몰아내거나 애써 잊으라고 권하지만, 어쨌든 분노와의 접점을 끊으라고 말한다.

샤흐라자드는 비슷한 기법을 써서 남편의 분노가 마침내 소진될 때까지 그 분노를 연기하고 딴 데로 돌리지만, 남편을 분노로부터 꾀어내려 들지는 않는다. 오히려 매일 아침 여명이 밝을 때마다 남편에게 선택지를 제시하여 그가 스스로의 감정 상태에 귀 기울이도록 한다. 그 선택지란 여성에 대한 분노를 방출하여 자신을 죽이든지, 이야기의 결말을 들을 수 있도록 하루를 더 허락하든지 하라는 것이다. 매 순간마다 샤리아르는 분노와 욕망 둘 다에 귀 기울임으로써 둘을 저울질해야 하는 상황에 놓인다. 여성에 대해 그동안 쌓인 분노가 호기심과 희열보다 큰지 스스로에게 물어야 하는 것이다.

이 딜레마를 이해하기 위한 실마리를 조금이나마 얻으려면 이탈리아의 정신분석가 에우제니오 가디니Eugenio Gaddini에게 시선을 돌려야 한다. 그의 1972년 논문「공격과 쾌락 원리Aggression and the Pleasure Principle」는 공격에 대한 정신분석 이론을 발전시킨다. 이를 살펴보기 위해서는 먼저 두 종류의 인간 에너지를 구별해야 한다. 첫 번째는 그가 공격 에너지라고 부르는 것으로, "**행동** 개념과 연결된"다.³ 이 에너지는 항상성을 달성한다는 생물학적 목표에 동원된다. 항상성은 "운동 기관을 통한 에너지의 **외부** 방출"을 통해 유기체 주변의 자극이 가장 낮고 고르게 분포하도록 한다.[4] 이 방출의 모형은 생애가 시작될 때 마련되는데, 말하자면 아기의 "근육질 빨기 기관"이다. 이 기관은 "조율된 행동의 처음이자 완전한 모형" 역할을 한다.[5]

굶주림이 커져 긴장이 쌓였을 때 아기는 엄마 젖이나 젖병을 빨면서 입과 턱 주변의 근육을 움직여 이 긴장을 방출한다. 몸의 "운동 기관"(신체 욕구를 충족하기 위해 일사불란하게 일하는 팔다리와 장기와 근육)을 자신의 영양 섭취 필요에 부응하도록 놀림으로써 바깥세상에서의 첫 공격 행동을 개시하는 것이다. 이렇게 공격 에너지는 생존이라는 이름으로 필수적 욕구를 충족하는 일에 주로 동원된다. 이 의미에서 공격 에너지의 질은 기본적으로 비개인적이며, 개인으로서가 아니라 종의 일원으로서의 발달을 지향한다. 거칠게 표현하자면, 내가 원하는 것보다는 내게 필요한 것에 더 관심을 기울인다고 할 수 있다.

공격 에너지와 뚜렷이 대조되는 가디니의 두 번째 에너지는 정신분석의 맥락에서 훨씬 친숙한 리비도 에너지다. 공격 에너지가 바깥으로 행동을 지향한다면 리비도 에너지는 안으로 **정동**, 즉 감정을 지향한다. 리비도 에너지는 욕망의 매질로, 종의 일원으로서보다는 개인으로서 행동하기 위한 수단이다. 낱말에서 암시하듯 감정은 내면의 평형을 교란하여 우리가 이해하지도, 통제하에 두

지도 못하는 격정을 불러일으킨다. 우리의 개인성은 감정 안에서, 감정을 통해 정의된다. 감정이 없으면 우리는 자신의 맹목적 생존이라는 굴레에 영원히 갇힌, 상호 교환 가능한 기능 단위에 불과하다. 공격은 우리를 익명화하는 반면에 리비도는 우리를 개인화한다고 말할 수 있다.

공격 에너지의 방출은 필수적이며 아기는 오랜 지연을 감당하지 못한다. 이를테면, 굶주리는 시간이 길어질수록 심리적으로뿐 아니라 신체적으로도 조절 기능을 잃기 쉽다. 이에 반해, 리비도적 긴장은 감당하기가 전반적으로 더 수월하다. 실제로 아동과 성인 둘 다 쾌락의 충족이 (미적 쾌락이든 성적 쾌락이든 그 밖의 쾌락이든) 종종 지연에 의해 강해질 수 있음을 안다. 가디니가 말한다. "리비도적 긴장은 …… 덜 경직되고 더 유연하며 쾌락의 원천이므로 오래 지속될 수 있다."[6]

샤흐라자드의 이야기에서는 이 두 종류의 에너지가 빚어내는 긴장을 볼 수 있다. 샤리아르의 신부 연쇄 처형은 항상성 교란(이 경우는 부정한 아내로 인한 치욕)이 생겨나기도 전에 가능성의 싹을 잘라버리려는 시도다. 여기에는 생존이라는 이름으로 취하는 맹목적 행동의 절박성과 비개인성이 있다. 물론 신부가 산다고 해서 샤리아르가 실제로 죽는 것은 아니다. 하지만 신부의 배신 가능성은 그에게 개인적 완전성과 조화로움의 기본적 감각에 대한 견딜 수 없는 위협처럼 느껴진다.

가디니가 공격 에너지에 부여하는 비개인성은 여기서 가장 극단적으로 작용한다. 신부 개개인이 얼마나 진실하고 다정하고 조신한지는 샤리아르에게 중요하지 않을 것이다. 각각은 '여성'이라는 증오스러운 범주의 추상적 대표물로서만 존재하며, 그가 그녀를 처형하는 것은 개인으로서라기보다는 그런 대상으로서다. 그의 살육에 리비도 에너지의 요소가 작용하고 있는 것 또한 분명하다. 그가 여성의 성애로부터 느끼는 위협을 보면, 그가 통제하에 둘 수 없는 분노와 욕망의 양을 가늠할 수 있기 때문이다. 하지만 이 리비도 에너지는 상대방을 지배하려는 공격 시도에 동원된다.

샤흐라자드는 남편을 이야기의 그물에 가둬 공격 에너지와 리비도 에너지 사이 분배의 균형을 회복한다. 샤리아르는 공격에 지배당하는 동안에는 행동의 지연을 허용할 수 없다. 다음 신부가 또 다른 굴욕을 안겨주기 전에 죽여야 한다. 하지만 샤흐라자드의 주문에 걸리자 '더 유연한' 리비도적 긴장을 감당하고 생존보다는 욕망을 위해 살 수 있게 된다.

샤흐라자드는 왕실 권력과 특전의 연결망에서 자신이 차지하는 위치 때문에 분노의 표현이 허용되지 않는다. 우리는 그녀가 교태를 부리고 재치를 발휘하고 경의를 표하는 모습밖에 보지 못한다. 왕실에서 그녀는 이런 태도와 소질만 드러낼 수 있기 때문이다. 하지만 여성 살해의 흐름을 중단시키고 남편의 의지에 서린 가차 없는 폭력성을 꺾어야 한다는 일종의 성난 절박성이 그녀의 이야기 책략에 암묵적으로 영향을 미쳤음은 쉽게 상상할 수 있다. 샤리아르의 경직되고 뻣뻣한 공격 에너지에 대해 그녀는 적응적이고 유연한 리비도 에너지를 맞세운다.

과도한 공격 에너지는, 위니컷의 용어를 빌리자면, 내가 "격리된 존재"라는 환각을 부추긴다. 이것은 나머지 모든 존재로부터 밀폐된 완전한 존재이며, 나는 삶의 필수 요소를 얻기 위해 나머지 모든 존재와 경쟁해야 한다.[7] 이에 반해, 리비도 에너지는 나의 존재가 타인에게 떼려야 뗄 수 없이 엮이고 의존함을 보여준다. 자신이 타인에게 의존하지 않는다고 확신할 수 있다면 타인에 대한 감정으로부터 스스로를 단절하기가 훨씬 수월하다.

샤리아르가 똑똑히 상기시키듯 이 의존성은 커다란 분노와 굴욕을 느끼게 하기 쉽다. 심지어 이 감정들을 감당하기보다는 감정을 유발하는 자를 죽이고 싶어 할 수도 있다.

스텔라의 결혼 생활

내가 만난 모든 내담자는 지울 수 없는 감각 자국을 남긴다. 그것은 목소리나 걸음걸이나 옷차림이나 미소의 어떤 측면이다. 스텔라의 얼굴, 섬세하고 갸름하고 창백한 얼굴을 떠올리면 그녀가 눈을 희번덕거리는 모습이 생각난다. 마치 삶의 지독한 아이러니로부터 한시도 달아날 수 없다는 듯한 모습이었다. 이 몸짓은 의미가 너무도 뚜렷해서, 그녀의 얼굴에서 말과 동작의 무심한 리듬으로 번지는 것처럼 보였다. 마치 온몸을 희번덕거릴 수 있다는 듯이 말이다.

문학 이론가들은 반어법(의도와 다르게 말하는 것)을 이용하여 의미를 불안정하게 만들 수도 있고, 제자리에 고정할 수도 있다고 언급한다. 스텔라의 반어법은 후자에 매우 가까웠다. 그녀가 뭐라고 말하든 나는 그녀가 실제로 어떻게 느끼는지 긴가민가한 적이 별로 없었다. 그녀는 말을 한 번도 머뭇거리지 않았다. 목소리의 부드러움에도, 심지어 음높이에도, 말할 때 손을 벌려 공기를 가르는 우아한 모습에도 전혀 변화가 없었다. 그럼에도 나른한 우아함 뒤에 도사린 순수한 분노를 숨기려는 시도는 조금도 없었다.

그녀를 처음 만난 것은 3월이었다. 그녀는 내게 결혼생활이 점점 견딜 수 없어진다고 말했다. 이유를 묻자, 9년째 함께 살고 있는 남편 맥스가 심장병리학 전문의로서는 유능하지만 남편, 아버지, 연인으로서는 "구제 불능"이라고 대답했다. "남편은 가슴에 대해 모르는 게 없어요." 눈썹을 둥글게 치뜨며 나직한 목소리로 말하더니 그녀는 이렇게 덧붙였다. "불가사의하게도 제 가슴만 몰라요."

첫 만남부터 나는 그녀의 심리전 팀에 선발되고픈 유혹을 알아차리고 경계했다. 그녀가 표적을 해치우는 경쾌한 명중률을 내가 덥석 만끽하게 될까 봐 우려스러웠다. 대부분의 사람들은 나를 처음 찾아올 때 뚜렷하게 불안하고 혼란한 상태다. 자신이 무슨 감정을 느끼는지, 왜 느끼는지 이해하지 못한다. 반면에, 스텔라는 둘 다 남달리 분명하게 알고 있었다. 정서지능이 심하게 낮은 남자와 결혼한 것에 대해 분노와 좌절을 느끼고 있었다.

초기 상담은 금세 원격 내장 적출 수술로 바뀌었다. 우리는 맥스의 다면적 무능을 잔혹하면서도 법의학적으로 정밀하게 해부했다. 그는 딸에게 스커트를 거꾸로 입히는가 하면, 디너파티에서 최신 관상동맥 의약품에 대한 이야기를 지루하게 읊어댔다. 일주일 내내 아내에 대해서나 아내의 삶에 대해 한 번도 물어보지 않을 때도 있었다. 하지만 주말이 되면 어김없이 성욕의 신호를 보냈다. "어처구니없게도 함박웃음을 지어요. 제 딴에는 유혹하는 미소를 보내는 줄 일죠. 그러면서 물어요. '위층에서…… 그러니까…… 재미 좀 보고 싶지 않아?' 그러면 이렇게 답해주고 싶어요. '어떤 재미, 맥스? 디아제팜 복용하고서 보드카 한 병 따자고?'"

이 연극적 암살의 가장자리에서 나는 유혹의 기미를 느낄 수 있었다. 그녀가 맥스의 무능을 조목조목 까발리는 것은 나와 그를 구분하는 방법 같았다. 성인으로서의 나를 덩치만 큰 아이인 그와 대비하여 **나라면** 우는 아이를 어떻게 달래야 하는지, 식기세척기에 그릇을 어떻게 넣어야 하는지, 클리토리스를 어디서 찾아야 하는지 알리라 확신한다는 것을 알리려는 듯했다.

나는 나 자신이 이상화 전이의 대상임을, 저런 과시적 사랑은 무의식적 증오의 이면일 뿐임을 스스로에게 의무적으로 상기시켰다. 하지만 나는 이 경고에 형식적으로만 신경 쓰고 있었는지도 모르겠다. 허깨비 남편에게 승리하는 미심쩍은 자기애적 쾌락을 계속 만끽할 수 있도록 경고를 무의식적으로 무시했을 수도 있다.

몇 주가 지나 부활절 휴진 이후 처음으로 진료에 돌아온 스텔라는 눈에 띄게 핼쑥하고 풀이 죽어 있었다. 1~2분가량 가만히 누워 있다가 심드렁하게 통보했다. "그이가 떠났어요, 저를."

내가 말했다. "남편이…… 당신을 떠났다고요?"

그녀가 대답했다. "제가 그렇게 말하지 않았나요? 그이가. 절. 떠났다고요."

어안이 벙벙하여 입이 떨어지지 않았다.

"그이에 대해선 이 말 한마디만 할게요. 그이는 절 놀라게 했어요. 목소리를 들어보니 선생님도 놀라신 것 같네요."

나는 아무 말도 하지 않았다.

그녀가 말을 이었다. "그래요, 이렇게 되리란 걸 몰랐어요. 하지만 선생님도 모르셨잖아요. 그리고 선생님은 정신과의사이고요. 어디선가 큰 누락이 있었으리라는 생각이 떨쳐지지 않아요." 그러다 처음으로 경쾌한 반어적 어조에 격렬한 균열이 생겼다. "그래요. 대단히 비싸고 빌어먹을 누락이라고요, 교수님! **당신은 정신분석가잖아요! 왜 뭐라도 말해주시지 않았죠?**"

그리스어 '아나그노리시스anagnorisis'는 이야기에서 핵심 인물이 과거 경험을 새롭고 결정적으로 조명하는 발견을 하는 순간을 뜻한다. 가장 유명한 예는 정신분석의 '로쿠스 클라시쿠스locus classicus'•인 (아버지를 살해하고 어머니와 결혼한 사실에 대한) 오이디푸스의 발견이다. 그 순간 이 단어가 불현듯 떠오르며 놀라운 사실을 깨달았다. 그 시간 내내 내가 아무 말도 하지 않은 것은 그녀의 이야기를 듣는 동안 내가 들어야 하는 것을 포착하지 못했기 때문이었다. 말하자면, 그녀가 자신의 쓸모없는 남편에 대해 이야기할 때 **그녀는 나에 대해 이야기하고 있던 것이었다.**

모든 분석가는 분석을 할 때마다 자신이 환자의 전이 대상이 되도록 유도한다. 나는 내가 그녀 아버지의 어떤 모습을 상징한다고 믿도록 스스로를 꾀었다. 그녀의 아버지는 사회적으로 성공을 거뒀고 남을 지배하려 드는 남성으로, 스텔라가 남편에게 보여준 것

• 표준구. 어떠한 작업을 할 때 가장 기본적인 출발점이 될 수 있는 신뢰할 만한 명제.

과 같은 반사적 조바심으로 그녀의 어머니를 대했다. 나는 그녀가 내내 눈을 치뜨며 이야기한 남자, 어떻게 귀 기울이고 어떻게 소통해야 하는지 모르는 남자, 평판은 좋을지 몰라도 그녀에게는 아무짝에도 쓸모없는 남자가, 바로 그 남자가, 그녀가 그를 어떤 이름으로 불렀든 나라는 사실을 알고 싶지 않았다.

이 해석이 지나친 곡해로 들릴지도 모르겠다. 매사를 자신에 대한 것으로 둔갑시키는 정신분석가의 짜증스러운 습관의 일례 같다고 할 수도 있다. 스텔라에게 이 말을 했을 때에야 그녀는 말을 멈추고서 평정심을 회복한 것 같았다. 그녀가 말했다. "음, 그래요. 그 말이 맞는 것 같아요." 그녀가 다시 침묵하다가 입을 열었다. "고장 난 시계도 하루 두 번 어쩌고저쩌고 하는 말처럼요."

…

스텔라의 진료 첫 단계는, 정신분석이 시간의 기이한 매듭에 대해 생각하는 방식임을 설득력 있게 상기시킨다. 프로이트의 개념 중에서 가장 불가사의하고 생산적인 것으로, 특히 1918년 '늑대 인간' 사례에서 발전시킨 '사후성'[●]이 있다.[8] 프로이트의 영어 번역자

● 독일어로는 Nachträglichkeit이며, 저자는 영어로 'afterwardsness'라고 번역한다.

제임스 스트레이치가 이 용어를 '미루어진 활동deferred action'으로 옮긴 것은 오해의 소지가 있다. 의미가 연기되는, 즉 나중에야 이해할 수 있는 사건이나 행동으로 해석되기 때문이다.

꼭 틀린 것은 아니지만 쓸데없이 선형적이다. 마치 앞선 사건의 진짜 의미가 나중에 똑똑히 드러나기를 기다리기만 하면 되는 것처럼 들리니 말이다. 20세기 중엽 프랑스 정신분석은 무엇보다 자크 라캉Jacques Lacan의 영향을 받아 프로이트의 용어에서 더 깊고 심란한 의미를 끄집어내는 데 뛰어난 솜씨를 발휘했다. 그들의 번역어 '아프레쿠après-coup'(사후)는 이제 영어권 정신분석에서조차 널리 쓰이고 있다.

'아프레쿠'는 직역하면 '타격 이후after-blow'인데, 정신분석적 시간의 본질적 비선형성을 포착한다. 회고는 우리 삶의 지난 사건들을 단순히 해명하거나 설명한다는 의미가 아니다. 회고는 시간을 탈구脫臼시켜, 마치 나중 경험이 앞선 경험에 선행하는 것처럼 사건들을 생겨나게 할 수 있다. 오이디푸스가 출생의 진실을 발견하는 것은 단순히 자신의 과거에 대한 새로운 사실을 알게 되는 것이 아니다. 자신의 삶과 자아 전체의 근본적 변화를 겪는 것이다. 경험적 의미에서 볼 때 오이디푸스가 부친을 살해하고 모친과 근친상간을 저지르는 것은 아버지를 죽이고 어머니와 동침한 지 수십 년 뒤의 일이라고 말할 수 있다.

사실 비극이 언제나 아프레쿠 논리에 의해 형성되는 것은 비극에서 묘사되는 인간을 사로잡은 힘을 그 논리가 작용하는 순간에는 이해할 수 없다는 간단한 이유에서다. 이런 까닭에, 이해하고 나면 언제나 이미 늦었다. 오셀로는 아내를 살해한 일로 결국 응보를 받으면서 자신이 이렇게 기억되게 해달라고 요청한다. "현명하지 못하되 지나치게 사랑한 자라 / 하시오. 쉽사리 질투하지 않으나 / 일단 흥분하면 극도로 격앙되[는 자요]."⁹ 오셀로의 아나그노리시스는 이전에 모르던 사실(이아고의 이해할 수 없는 못된 계략)의 발견일 뿐 아니라 스스로에 대한 감당 불가능한 진실의 발견이기도 하다. 그는 자신이 기수 이아고의 조종에 휘둘리기 쉬웠던 이유가 자신의 열정이 자신을 능가하는 탓이었음을 깨닫지만 이미 늦었다. '지나치게' 사랑한다는 것은 너무 너그럽게 사랑하는 것이 아니라 너무 **많이** 사랑하여 급기야 사랑의 주인이 아니라 노예가 된다는 뜻이다.

프로이트가 욕동의 맹렬한 동력을 묘사하기 위해 곧잘 드는 사례인 야생마를 탄 이치히를 떠올려보라. 농부들이 길에서 소리친다. "어디 가는 거요?" 그가 대답한다. "낸들 알겠소? 말에게 물어봐요." 이것은 오셀로의 아프레쿠다. 그는 자신이 어디로 가는지, 무슨 짓을 했는지 보지 못할 만큼 어두운 곳으로 열정에 의해 이끌려 왔음을 문득 알아차린다. 이아고의 악마적 섬세함은 오셀로의 넘치는 사랑을 분노의 질투심으로 바꾸는 데 필요한 의심의 정확한 양을 직감한 데 있다.

가디니의 해석을 따라, 이아고가 오셀로의 열정을 추동하는 에너지를 변화시킨다고 말할 수도 있겠다. 우리가 오셀로를 만날 때 그는 보기 드문 세련된 감정과 정서적 통찰을 발휘하여 자신과 데스데모나가 어떻게 사랑에 빠졌는지 이야기한다. 그는 데스데모나의 아버지 브라반티오의 집에서 전쟁과 야만의 이야기로 그녀를 즐겁게 한다. "내가 겪은 위험 때문에 그녀는 나를 사랑했고 / 그녀의 동정심 때문에 나는 그녀를 사랑했소."[10] 이 구절에서는 내면으로 향하는 목소리, 감정의 삶에 조율되어 섬세한 정서적 교류를 담당하는 목소리가 들린다. 그녀는 그에게 귀 기울이다 사랑에 빠지고, 그는 귀 기울이는 그녀와 사랑에 빠진다. 관계 맺기의 이 미묘하게 개인적인 성격은 리비도 에너지의 특징이다. 이아고는 그 에너지를 포착하여 망친다. 오셀로의 사랑이라는 풍성한 개울에 의심의 독을 풀어 통제 불가능한 맹목적 공격의 과잉으로 둔갑시킨다. 이아고는 오셀로에게 데스데모나를 무자비하게 비인격화하며, 오셀로는 그녀를 샤리아르의 처녀 신부 중 한 명처럼 바라보게 된다. 죽어 마땅한 여성적 악의 본보기요, 교체 가능한 존재로 여기는 것이다.

아프레쿠의 빛을 비추면, 무지는 정신적 삶의 불운한 우연이 아니라 그 본질임이 드러난다. 아이러니하게도 이 무지에 대해 우리는 무지한 상태로 있고 싶어 한다. 자신의 취약함을 맞닥뜨린 루이스 트리벨리언, 샤리아르, 오셀로는 알지 못함의 필연적 고통을 감당하기보다는 거짓 확신의 파멸적 결과를 선택한다.

사랑하는 사람을 신뢰하는 것은 실제로 지독히 위험한 일이다. 신뢰의 의미는 배신의 가능성을 함축하기 때문이다. 이 가능성을 자각한 세 남자는 누구도 이를 받아들이지 못한다. 자신이 사랑하는 여인이 진실한지 모르는 것보다는 그녀가 부정하다는 것을 확신하고 싶어 한다. 이 때문에 개인적 지옥에 떨어지는 한이 있더라도 말이다.

스스로 만든 이 지옥에 떨어진 사람에게 분노는 미더운 친구이자 그를 단단히 감싸는 안심담요comfort blanket(아이가 안도감을 얻기 위해 껴안는 담요)다. 그것은 극단적 고립과 자기증오를 겪을지언정 자신이 옳다는 확신이다. 분노는 의심을 쫓는 부적 역할을 한다. 자신에 대해서든 주변 사람에 대해서든 거의 알지 못한 채 삶을 살아가야 하는 불안감을 막아준다.

트리벨리언과 오셀로에게 아프레쿠는 재앙일 수밖에 없다. 평생 격하게 부정한 진실을 강제로 대면하게 하기 때문이다. 둘의 죽음은 아프레쿠 때문이라고 말할 수도 있다. 그것은 자신의 옳음에 매달리다 자신의 삶과 타인의 삶을 대가로 치르게 되었다는 발견이다.

미지의 욕망에 귀 기울이기

옳음은 공격 에너지를 연료로 삼는다. 방어적이고 자동적이며 자신이나 타인에게 귀 기울이는 위험, 말하자면 욕망에 이끌리는 위험을 감수하지 않는다. 욕망에 이끌리는 것은 리비도 에너지의 흐름을 길잡이로 삼을 때, 즉 몸과 영혼을 생동하게도 하고 불안정하게도 하는 감정을 길잡이로 삼을 때 우리가 얻는 기회다. 자신의 분노를 긍정적이고 유의미하게 경험하는 것이 어떤 의미인지 이해하는 쪽으로 우리가 한발 나아가는 것은 이 지점일 것이다. 공격적 분노는 우리가 자신이 옳음을 이미 안다면 분노 감정에 바싹 다가가 그것이 무슨 말을 하는지, 어떤 미지의 불안과 욕망이 그 뒤에서 은밀히 작용하는지 귀 기울일 필요 없다는 전제를 토대로 삼는다.

리비도적으로 추동된 분노는 어떻게 다를까? 이치히의 비유를 들어 얘기하자면, 이것은 분노의 야생마가 맹목적 행동을 향해 질주하도록 허용하게 하는 것도 아니고, 분노 관리의 채찍을 휘둘러 말을 너무 일찍 멈추게 하는 것도 아니다. 안토니오 다마지오를 재소환하자면 이것은 단순한 정서보다는 감정의 경험이다. 다마지오가 말하는 의미에서 정서는 기본적으로 반발적 자극 반응(공격 에너지의 영역)인 반면에, 감정은 그 직접적 자극을 내면에 대응시켜 분노가 우리에게 건네는 말에 귀 기울이고 이해함으로써 촉발 반응을 더 높은 의식 차원으로 끌어올린다.

그렇다고 해서 감정이 평온하고 사색적이며 올림포스산 정상에서 우리에게 내장된 원초적 반응을 내려다본다는 뜻은 아니다. 감정으로의 이행은 정서가, 반응을 넘어선 표현 방식인 생각과 말에서 발판을 찾는다는 뜻이다. 이런 일은 분노 관리에서는 분노를 느끼는 것을 중단하는 것인 반면에 정신분석에서는 단순히 분노하기보다는 분노를 느끼기 시작하는 것이다.

헐크가 분노임을, 분노 자체임을 떠올려보라. 하지만 이런 방식의 분노 표출에는 자신의 본모습인 말하는 인간으로부터 완전히 분리되는 명시적 대가가 따른다. 말과 생각에 대한 접촉을 모조리 상실한 헐크의 유일한 표현 수단은 폭력적 행동뿐이다. 분노 관리에서는 그에게 진정하라는 명령을 내릴 것이다. 마치 그의 분노가 걸음마쟁이고, 그 아기의 천방지축 움직임은 이성이라고 불리는 부모가 흔드는 손가락의 통제하에 놓여야 한다는 듯 말이다.

이에 반해, 정신분석의 관심사는 헐크를 그가 떨어져나온 사람과 다시 접촉하도록 하는 것이다. 즉, 내부에 분노가 갇혀 있는 남자와 외부에 분노가 갇혀 있는 괴물이 서로에게 목소리를 부여하도록 할 방법을 찾는 것이다. 그를 진정시켜 이성적으로 말하게 하는 것만으로도 그의 분노가 결코 **분노로서**, 느껴지는 경험으로서 들리는 것이 아니라 그가 이제 벗어난 광기의 일시적 조각으로서 들리도록 할 수 있다.

분노를 억압하는 것과 분노에 귀 기울이는 것의 차이는 상담실과 환자의 테두리를 훌쩍 뛰어넘는 의미가 있다. 그 광의의 의미는 우리 정치 지도자들이 시민의 분노에 대응하는 방식에서 뚜렷이 드러난다. 2022년 영국 정부는 '경찰, 범죄, 양형, 법원에 관한 법률Police, Crime, Sentencing and Courts Act, PCSCA'을 통과시켰다. 이 법률은 국가의 시위 진압 권한을 대폭 확대하여 대중 시위를 금지하거나 제한하고, 고속도로나 공공장소를 방해하는 것으로 판단되는 운동가들에게 무거운 벌금과 금고형을 부과할 재량을 경찰에 부여했다.

이듬해 통과된 공공질서법Public Order Act은 PCSCA에 시위 관련 범법 행위를 계획했다는 혐의를 받는 사람에 대한 경찰의 검문검색 권한을 확대하는 조문을 신설했다. 아울러 기후 운동가들이 화석연료 시설과 운송 체계를 방해하려고 동원하는 점거 농성 등의 전술을 구체적으로 범죄로 규정했다.

이 조문에 따라 '저스트 스톱 오일' 운동가 마커스 데커Marcus Decker와 모건 트롤랜드Morgan Trowland는 런던환상고속도로(M25)와 템스강이 만나는 다트퍼드 현수교 케이블에 올라갔다는 이유로 2년형을 선고받았다.[11] 그러니 현 보수당 정부의 목표가 분노뿐 아니라 이 분노에 연료를 공급하는 긴박감과 불안감까지 침묵시키려는 것이라는 의심을 피하기 힘들다. 운송, 에너지, 숲 보호에 대한 주요 환경 공약이 최근 폐기된 것도 우려에 한몫했다. 정부는 기후 비상에 대처하려는 기획을 해체하고 주의를 촉구하는 목소리를 억압하는 동안에도 녹색 약속을 지키고 있다는 가스라이팅 주장을 이어가고 있다.

정부는 청원과 편지 쓰기 같은 다른 항의 수단을 쓸 수 있다고 말한다. 이런 표출 방식은 분노를 가장 좁고 무해한 경로로 몰아넣어 수신자들이 립 서비스를 하거나 아예 무시할 수 있도록 한다. 즉, 정부가 대중 분노에 적대적인 환경을 조성하려 하는 것이다.

하지만 이 적대적 태도는 명백히 선택적이다. 정부가 공공질서법 통과를 준비할 때 보수당 전 대표이자 의원 이언 덩컨 스미스^{Iain Duncan Smith}는 런던 초저배출 구역^{Ultra Low Emission Zone}의 카메라들을 부순 친운전자^{Pro-Motorist} 활동가들을 공식적으로 옹호했다. 이 카메라들은 대기를 오염시키는 차량 배기가스를 감시하기 위한 것이었다.[12] 현재 상황은 화석연료 이익을 떠받치는 시설보다는 화석연료 이익을 저해하는 시설의 방해나 파괴에 훨씬 친화적이다.

앞 장에서 보았듯 현대의 포퓰리즘은 널리 퍼진 분노를 활용하여 기존 질서를 보호하고 변화나 질서 교란의 위협을 차단한다. 이 분노를 만들어내는 것이 공격 에너지다. 이 에너지는 권력을 떠받치고 흔들거나 그것에 의문을 제기하는 모든 목소리를 침묵시키는 행동으로 도약한다. 공격 에너지의 주적인 리비도 에너지의 관심사는 항상성의 편안함을 유지하는 것이 아니라, 우리가 개인적으로나 집단적으로 욕망하는 것이 무엇인지 묻는 것이다. 권력의 관점에서 욕망의 문제는 차려진 것을 거부하고 새로운 것을 요구하도록 부추길 수 있다는 것이다.

...

정신분석이 행동 요법과 다른 점은 무엇보다 (우리 자신과 우리의 삶에 의문을 제기하게 될지언정) 리비도 에너지의 예측 불가능한 흐름에 귀 기울이는 데 있다. 이 의미에서 정신분석은 예술과 근본적 친연성이 있다. 둘 다 우리가 누구이고 무엇을 원하는가에 대한 가정을 뒤흔드는 능력이 있으니 말이다.

아내가 내게 『잃어버린 사랑』을 유난히 급박하게 건넨 것은, 이 책이 한 사람의 내면의 가장 사적이고 취약한 공간에 침투하여 눌러앉는 예술 작품 중 하나임을 알려주려는 의도에서였다. 그녀는 허구와 현실의 경계에서 일종의 소란이 벌어지고 있음을 암시하고 있었다. 그리고 이 소설이 전달하는 진실은 현실에서 감당하기에는 너무 폭력적일지도 모르며 (아무리 친밀하더라도) 평범한 대화의 수단으로는 말할 수 없다는 의미를 전달하고 있었다. 이따금 가장 특이하고 까다로운 감정은 허구의 우회와 전치를 통해서만 우리 자신에게, 또한 서로에게 들릴 수 있다.

페란테의 경우 그 수단은 싸구려 소설이었다. 갈등, 위기, 추문, 욕정으로 가득한 현기증 나는 속도의 이야기에서 그녀는 하이틴 로맨스, 여성지, 아침 드라마 같은 '저급한' 문화 형식의 서사적 쾌락과 무기력함을 공공연하게 차용한다. 하지만 이 하위 장르를 차용하면서도, 그 장르들에서는 결코 드러날 수 없는 은밀한 공포를 찾아내어 극한까지 늘림으로써 그 구조와 통일성을 위협한다.

페란테 소설의 불쏘시개에 불을 당기는 불꽃은 대체로 관계의 파국이다. 이것은 화자의 플롯을 이끌어가는 모터일 뿐 아니라 애초에 그녀가 글을 쓰는 계기가 되는 사건이기도 하다. 말하자면, 이 소설에서 묘사하는 사건의 힘과 의미는 사건을 겪는 사람들의 마음속에 국한되지 않는다. 이것이야말로 이 소설이 아침 드라마를 넘어서는 지점이다. 여기서 극화된 재앙은 상실, 배신, 버림, 폭력의 객관적 경험이라기보다는 그 경험을 표현하는 모든 수단의 붕괴요, 그 경험을 들려줄 수 있는 모든 이야기의 해체다.

이를테면, 『잃어버린 사랑』의 화자이자 주인공 레다는 자신이 한 여자아이에게서 훔친 인형 나니를 두 번째 임신과 연관시킨다. 레다의 마음속에서 첫 임신은 격한 쾌감의 시기였다. "온몸에 묻은 체액과 혈액을 닦아내자 아이는 벌써 지성을 갖춘 인간처럼 보였다. 성장하면서 드러나는 눈먼 잔혹함의 기미가 보이지 않는 "완벽한" 생명을 품는 초월적 경험이었다.[13]

인형은 두 번째 임신이 이 비현실적이고 육체와 분리되다시피 한 경험과 매우 달랐음을 떠올리게 한다. 레다는 무기력한 몸의 깊숙한 곳으로부터 몽글몽글한 갈색 액체의 끈끈한 물줄기를 비우면서 (자신의 딸 마르타가 될) 태아를 품었던 일을 떠올린다.

> 마르타는 내 몸을 공격해 통제 불가능한 상태로 만들어놓았다. 마르타는 비앙카와는 달리 처음부터 마르타가 아니었다. 뱃속에 살아 있는 철 조각이 들어 있는 것 같았다. 임신 기간 내내 몸 전체가 피로만 구성된 액체 덩어리가 된 것 같았다. 그 안에 끈적끈적한 침전물이 있고 그 침전물 속에 난폭한 강장동물 같은 것이 자라나고 있는 것 같았다. 인간과는 거리가 먼 그 물질은 자기가 영양분을 취하고 팽창하기 위해서라면 나를 생명 없는 썩은 시체로 만들어놓을 기세였다. 시꺼먼 침을 뱉어내는 나니의 모습은 둘째를 임신했을 때 내 모습 같았다.[14]

살아 있는 철 조각, 피로만 구성된 액체, 끈적끈적한 침전물, 난폭한 강장동물, 썩은 시체, 시꺼먼 침. 이렇게 쌓인 심상은 '통제 불가능'한 공격에 대한 몸의, 그리고 소설의 망상적 모방이다. '지성을 갖춘 인간처럼 보이'는 소설의 통제된 아름다움은 병적으로 가라앉아 신체 증상과 군더더기 동의어의 형체 없이 겹쳐 있는 덩어리가 된다. 레다가 말한다. "임신의 숭고함을 하나도 찾지 못하자 …… 나는 무너지고 말았다." 임신 자체가 아니라, 임신에 창조적이거나 지적인 형태를 부여하지 못하는 것. 이것이 레다를 괴롭히는 불운이다.

이 구절은 페란테가 '프란투말리아frantumaglia'라고 부르는 영역으로 우리를 데려간다. 이 낱말은 '뒤범벅된 조각들'을 뜻하는 나폴리 방언이다.[15] 페란테에게 이것은 자아가 스스로에게 "무한히 연속되거나 물속에 있는 쓰레기 덩어리"[16]로서, 우리가 세상에 내세우는 독자적이고 통합적인 **나**의 표면 바로 아래에 숨어 있는 순수한 무질서나 비일관성으로서 나타나는 느닷없고 요령부득한 사건이다. 또한 페란테가 쓴 산문의 정확하고 효율적인 표면 아래 숨어 있다가 언제든 뚫고 나올 거라고 위협하는 심리적·언어적 혼돈의 상태이기도 하다.

아내가 내게 『잃어버린 사랑』을 건넨 것은 남편이자 아버지에게, 또 작가에게 건넨 것이지만 (이번에도 모호하긴 하지만) 정신분석가에게 건넨 것이기도 하다. 내가 모호하다고 하는 이유는 아내가 자신이 건네는 책의 성격을 잘 알고 있었기 때문이다. 이 책은 모성 양가성에 대한 가장 기본적인 정신분석적 통찰을 확증하는 듯 보이지만 남자가, 심지어(그리고 특히) 남성 정신분석가조차 그것을 너무 빨리 이해하는 것을 경계해야 하는 책이기도 했다.

"당신이 남편이자 아버지이자 분석가로서 이 책을 읽어야 하는 이유는 가정과 분석 훈련과 일상 업무에서의 삶을 살다 보면 모성이 여성에게 어떤 역할을 하는지 안다고 생각할 수 있고 그것이 심지어 옳다고 생각할 수 있기 때문이야. 하지만 만에 하나 틀렸을 경우에는 치명적인데, 어떤 식으로 틀릴 수 있는가를 이 책이 온전히 보여줄 거야."

사실 페란테가 정신분석에 의심을 두는 것은 바로 이 지점에서다. 즉, "개인에게 어떤 체계를 넘어서서, 어떤 분석을 넘어서서, 순수하고 구체적인 내적 질서, 환원 불가능한 심령체ectoplasm●의 번득임, 어떤 계보도 없이 뒤섞인 조각들로 남아 있는 것을 보편적 표상으로 조직화하"는 경향을 문제 삼는 것이다.¹⁷

간단히 말하자면, 정신분석이 페란테에게 무엇보다 심란한 것은 이해를 지향한다는 점이다. 이는 종종 남편과 아버지와 분석가의 어머니를 향한 지향이 되기도 한다. 페란테는 자신이 프로이트를 사랑하는 이유는 그가 "정신분석이 낭떠러지의 어휘 목록"임을 추종자들보다 더 명료하게 인식했기 때문이라고 말한다. 그 개념

● 혼령과 소통하는 사람의 몸에서 나와 혼령이 형체를 가질 수 있게 해준다는 물체.

들은 너무 위험하고 우리가 알고 이해하려는 노력에 너무 완강히 저항하기 때문에 '전문' 지식에 동화시킬 수 없다.[18] 그렇다면 《파리 리뷰 The Paris Review》와의 2015년 인터뷰에서 페란테가 자신이 처음부터 "그 자체로 불만족한 글을 내놓"았다고 언급하는 것은 놀랄 일이 아니다.[19] 그녀의 화자들과 그들이 들려주는 이야기를 이끌어가는 불만족은 그것을 해소하려는 그 모든 부산하고 궁극적으로 헛된 시도들에 의해 악화할 뿐이다.

불만족은 그녀의 글을 이끄는 원동력이며 그 표현 수단은 분노다. 그녀의 주인공 하나하나는 처음부터 치욕이나 배신 같은 상처에 시달린다. 그들은 상처와 화해하지 못하며 항의하고 저항하고 탄식하다 스스로를 더 깊고 치유 불가능한 분노에 빠뜨린다. 나폴리 4부작은 화자 레누가 절친한 친구 릴라의 결정에 격분하는 장면으로 시작한다. 그 결정이란 "자신이 살아온 66년이라는 세월을 통째로 지워버리"겠다는 것이다.[20] 최근 소설 『어른들의 거짓된 삶 The Lying Life of Adults』에서 화자의 고모 빅토리아는 부글거리는 화산이다. 유부남과의 교제를 오빠가 망친 것 때문에 평생 분을 품고 있다. 페란테의 두 번째 소설 『버려진 사랑 The Days of Abandonment』에서 주인공이자 화자 올가는 설명에, 특히 남편 마리오가 자신을 버리고 훨씬 어린 여성을 찾아 떠나면서 내놓은 진부한 합리화에 점점 분노하는 논객이 된다.

마리오의 동료가 그녀에게 말한다. "나이 탓이에요. 마리오도 이제 마흔이잖아요. 그럴 수 있어요."²¹ 올가가 무엇보다 견디기 힘든 것은 마리오가 예상되는 행동 패턴을 따르고 있을 뿐이라는 얘기를 듣는 것이다. 이 사실을 알기만 하면 버림받고 치욕당해 벌어진 상처가 아물기라도 한다는 듯 말이다. 하지만 체념 섞인 평정을 기대하는 분위기가 그녀 주위에 감돈다. 그녀 자신조차 그런 기대를 한다. "주변 사람들의 이성적인 태도와 평정심을 잃지 않으려는 내 의지가 오히려 나를 더 짜증나게 만들었다."²²

올가는 분노하긴 했지만 마리오의 친구들을 방해하지 않겠다거나 증오를 표출하지 않겠다는 등 착한 행동의 규칙을 스스로에게 부과한다. 이 규칙은 내면의 '요란스러운 삶'을 숨기려는 오래고 깊이 내면화된 명령에서 비롯한다. 세월이 흐르면서 그녀는 부드러운 어조로 말하고 모든 본능적 반응을 사려 깊이 미루는 법을 익혔다. "인내심을 가지고 모든 감정을 속으로 삭이는 데 익숙해져야 했다. 주변 사람들의 이목을 끌지 않기 위해 목소리를 내리깔고 차분한 어조로 말해야 했다."²³

이렇게 묘사하고 보니 정서를 표현하려는 충동과 억제하려는 충동 사이에서 벌어지는 이 투쟁이 본능적 폭력과 문명화된 자기 절제 사이의 직접적 갈등보다 복잡해 보이기 시작한다. 어쨌거나 프로이트가 상기시키듯, 억압은 자신이 짓누르고 싶어 하는 욕정과 분노의 힘으로부터 에너지를 끌어내어 그 욕정과 분노의 폭력성을 그것들에게 휘두른다. 자신이든 타인이든 분노에 사로잡힌 사람에게 침착하라고, 이런 일은 일어나게 마련이라고, 이겨낼 거라고 말하는 것은 안심시키기 공격으로, 그가 느끼는 것에 대한 부정이자 다르게 느끼라는 요구로 느껴질 수 있다.

이 관점에서 읽으면 페란테의 전체 작품에서는 두 종류의 분노 사이에서 벌어지는 똑같은 갈등이 울려퍼지기 시작한다. 첫 번째 분노는 고통받고 무시당하고 배신당한 자의 분노다. 불만과 요구가 억눌려 쌓인 이 분노는『성가신 사랑 Troubling Love』의 델리아, 레다, 올가, 레누, 릴라와『어른들의 거짓된 삶』의 빅토리아의 목소리에서 들리고, 또한 나폴리 4부작에서 일상생활의 격렬한 합창에 끼어드는 착취당하는 공장 노동자들의 항의에서 들린다.

탐색하고, 취약하고, 자신이 원하는 것을 확신하지 못하는 이 분노는 내가 앞에서 묘사한 리비도적 분노와 일맥상통한다. 나란히 살펴보자면, 두 번째 종류의 분노는 이 첫 번째 분노에 대한 두려움에 뿌리를 내리고 있다. 이것은 여성에 대한 남성의 분노, 빈자에 대한 부자의 분노, 일반 시민에 대한 파시스트와 카모라 Camorra• 조직원들의 분노, 딸에 대한 어머니의 분노다. 그리고 개인이, 특히

• 이탈리아의 범죄 조직.

여성이 스스로에 대해 가지는 분노다.

창조적 힘으로의 전환

스텔라는 누구에게 격분했을까? 남편에게 격분한 것은 분명하다. 이따금 자신의 어머니에게도 격분했다. 그리고 앞에서 보았듯 결국 내게 격분했다. 몇 주 동안 그녀는 남편에 대한 자신의 가차 없는 비판과 폄훼를 중단시키지 못했다며 내게 냉담한 분노를 유지했다. 남편이 무한정 버티지 못하리라는 것, 언젠가 그의 밧줄이 닳아 끊어지리라는 것은 분명하지 않았던가?

그녀가 말했다. "저도 알아요. 중립적 태도를 고수하고 제게 방향을 지시하거나 하는 걸 삼가는 게 당신의 직업적 의무라는 걸 안다고요. 하지만 제가 그이에게 그 자신이 쓸모없고 필요 없는 존재라는 느낌을 심어준다고 매일같이 말씀드렸는데도, 선생님은 거기 **앉아서** 마치 자동차가 영문 모르는 가련한 행인을 향해 질주하는데도 고함질러 경고하지 않고 멍하니 쳐다보는 것처럼 계셨어요."

나는 이 비유에서 그녀가 누구인지, 차량 운전자인지 행인인지 물었다.

그녀가 목소리를 높이며 대답했다. "뭐라고요? 이게 문제예요.

제가 다급한 사정을 말씀드리면 선생님에게서는 현학적인 답이 돌아와요. 누가 저인지 제가 어떻게 알아요! 어쩌면 운전자인지도 모르죠. 맥스라면 그렇게 말했을지도 모르겠네요."

"제 질문이 현학적인지는 모르겠군요. 당신의 비유는 생각하시는 것보다 더 의미심장한 것 같아요. 제가 고함질러 경고하지 않은 대상은 당신이었어요. 그러면 당신은 분명히 영문 모르는 행인이 되겠죠."

그녀는 짜증스럽게 "좋아요"라고 말하고는 잠시 침묵하다 다시 입을 열었다. "그러면 운전자는 누구죠? 실제로든 비유적으로든, 누가 차로 저를 들이받은 것 같지는 않아요."

"아마도 당신 말고는 없겠죠."

이어진 침묵에서 충격을 느낄 수 있었다. 마치 그녀가 정말로 비유적 차에 치인 것 같았다. 진료를 시작한 이후 처음으로 나는 그녀의 마음이 어디 있는지 감을 잡은 것 같았다. 나는 우리 둘 다 재앙 앞에서 무력하게 서 있는 장면을 곱씹고 있는 것 같다고 말했다. 그 장면의 등장인물은 차를 멈출 수 없는 운전자, 차가 오는 것을 보지 못하는 행인, 고함질러 경고할 수 없는 목격자였다.

그녀가 한없이 슬프고 조용한 어조로 말했다. "제 삶을 묘사하고 계시네요."

그녀가 성토하던 쓸모없는 남자가 나라는 아프레쿠 깨달음을 언자 질문 하나가 나를 괴롭히기 시작했다. 왜 그녀는 나의 경고를 필요로 했을까? 그녀는 자신이 무슨 일을 저지르고 있는지 분명히 알지 않았나? 임박한 사고 비유는 내게 일종의 답을 제시했다. 그것은 그녀가 운전자**이자** 행인**이자** 목격자인 장면이다. 그녀는 자신이 모는 차에 자신이 깔리는 광경을 목격한다. 달아나지도, 브레이크를 밟지도, 고함질러 경고하지도 못한다. 이제 그녀의 불만은 자신이 목격자일 수 없으니 내가 목격자가 되어야 했다는 것이었다. 크게 고함질러 그녀를 자멸적 분노로부터 벗어나도록 해야 했다는 것이었다.

    정신분석은 환자가 상담실 밖에서 만들어내는 시나리오를 재현하거나 (전문 용어로는) '상연enact'할 때가 많다. 여기서 일어난 일이 이것이다. 스텔라는 나를, 자신이 도움을 얻기 위해 가장 필요한 사람을 무력하게 만들었다. 하지만 이런 식으로 표현하면 내가 그녀의 피해자였다는 잘못된 인상을 주게 된다. 내가 그녀와 공모했다고, 그녀 주위의 수많은 사람들과 마찬가지로 그녀가 자신의 삶을 안전하고 자신감 있게 살아가는 운전자라는 생각에 빠져 있었다고 말하는 것이 더 정확할 것이다. 나는 그녀가 자신의 차에서 빠져나올 수 없으리라는 생각, 자신이 충돌을 향해 질주하는 것을 보면서도 스스로에게 멈추라고 말할 수 없으리라는 생각을 굳이 떠올리지 않았다.

그렇다. 맥스에게 가려진 쓸모없는 사람은 나였다. 하지만 내게 가려진 쓸모없는 사람이자 스텔라의 분노가 향한 궁극적 대상은 그녀 자신이었다. 여기서 '쓸모없다'라는 낱말에는 가슴 저미는 울림이 있다. 기념비적인 1969년 논문 「대상 사용The Use of an Object」에서 D. W. 위니컷은, 생애 최초 시기에 아동이 타인을 사용하는 능력을 길러야 한다고 주장한다.

'타인을 사용한다'는 것은 엄청나게 부정적인 뉘앙스로 들린다. 도구적으로, 심지어 냉소주의적으로 관계를 맺는다는 뜻이기 때문이다. 하지만 위니컷의 요점은 우리가 누군가를 사용할 수 있으려면, 우리에게 그들이 필요하다는 것을 인식해야만 한다는 것이다. 즉, 그들이 제공할 수 있고 우리에게 있지 않은 무언가를 그들에게서 보아야 한다. 그러려면 타인을 (위니컷 말마따나) "투사의 산물"보다는 우리와 분리된 존재로 인식해야 한다.[24]

타인이 한낱 투사의 산물이면 우리는 그들을 우리 자신의 버전으로 축소한다. 그들은 실제 모습대로 보이는 것이 아니라 우리의 불안, 믿음, 욕망이 체화된 존재가 된다. 이것이 스텔라가 처한 곤경이자 그녀가 겪는 불안의 원인이었다. 그녀가 아끼는 사람들은 전부 얼마 안 가서 그녀가 행하는 투사의 산물이 되었다. 그녀가 거울에서 보는 무능하고 실망스러운 자아의 반복이 된 것이다. 그녀의 남편은 실제로 "쓸모없었"지만, 그 이유는 오로지 남편을 사용할 수단이 그녀에게 없었기 때문이다.

생애 초기에 어떤 일이 일어나면 이 능력을 기르지 못하게 될까? 아동이 성인을 사용하는 법을 배울 수 있으려면 성인이 스스로를 사용되도록 할 수 있어야 한다. 스텔라의 어머니는 부드럽고 다정한 페르소나 뒤에 심각한 우울을 감추고 있었다. 스텔라는 처음 나를 찾아온 지 1년 뒤에 어머니에게 자신의 어린 시절에 대해 이야기하기 시작했다. 그녀의 어머니는 처음에는 "과거를 들추는" 것을 꺼렸으나, 그토록 외로운 고립 속에서 경험한 시기에 대해 이야기하면서 위안을 얻는 것처럼 보였다.

스텔라의 어머니가 의사 일을 그만둔 것은 스텔라와 여동생을 키우기 위해서였다. 스텔라의 아버지는 잘나가는 의학 출판사를 경영했는데, 저녁 늦게까지 사무실에 있을 때가 많았다. 그녀의 어머니는 자녀 양육이 쉽고 즐거울 거라 예상했기에, 모성이 자신의 내면에서 지독한 지루함과 불안한 고갈을 끌어내자 충격을 받고 크나큰 죄책감에 시달렸다. 남편은 아내의 부정적 감정이 "자연스럽지 않"고, 그녀에게는 불평할 거리가 전혀 없으며, 자신이 하는 일을 며칠만 해보면 입에서 푸념이 절로 나올 거라고 말함으로써 그녀의 무능감과 자기증오를 오히려 부추겼다.

스텔라가 내게 말했다. "엄마에게 경계심이 들었어요. 엄마가 제게 고함지른 기억은 한 번도 없어요. 드러내놓고 화낸 적도 몇

번 없고요. 하지만 아주 어릴 적부터 엄마가 무너지기 일보직전이라는 걸 알았어요. 언제나 불쌍하게 애원하는 표정을 지으며 우리에게 그만 뛰렴, 그만 웃으렴, 그만 말다툼하렴 하고 간청했어요. 언제나 편두통에 걸리기 직전이거나 목이 멘 것 같아 보였어요." 스텔라는 자신이 어머니 주변에서 끊임없이 까치걸음을 치고 있음을 알게 되었다. 그러는 내내 그녀 자신의 분노와 긴장을 조용히 쌓아가고 억압했다.

이 내력의 흔적을 스텔라의 성인기 성격에서 확인하는 것은 힘들지 않았다. 그녀의 잔인할 정도로 고고한 반어법은 어머니의 곤란과 예민함에 대한 거부에 뿌리를 두고 있었다. 주변 사람들을 모조리 쓸모없는 존재로 치부하여, 결코 그들에게 의존하는 느낌을 받지 않으려 했다. 그녀는 자신의 막강함을 떠받치는 공격적 분노를 길러냈다. 그럼으로써 사랑, 관심, 기쁨, 돌봄 등 자신에게 정말로 필요한 것을 그 누구도 자신에게 주지 못하도록 했다.

그녀가 결혼한 것은 자신에게 남편이 필요하지 않음을 증명하려는 무의식적 소망 때문이었으며, 정신분석을 받기 시작한 것은 자신에게 분석가가 필요하지 않음을 증명하려는 무의식적 소망 때문이었다. 이제 와서 남편을 되찾고 싶고 분석가가 자신을 이해해주길 바란다면, 그때의 그녀는 누구였을까? 그녀는 자신이 아버지의 딸이라고 믿고 싶어 했다. 정서적으로 자립적이고 주변 세상을 뜻대로 좌우할 수 있다고 생각하려 했다. 하지만 어머니의 외롭고 위태로운 내면적 삶을 자신도 살고 말았다.

그렇다면 그녀는 자신이 사용할 수 있는 분노를 어떻게 발견하게 되었을까?

...

모녀 관계는 페란테의 등장인물들에게 분노의 주원인이다. 소설 속 화자-주인공은 대부분 어머니이자 딸이며 위아래 세대에게 협공당하는 신세다. 레다는 어머니가 추위에 떠는 자신을 바다에서 끌고 나오던 광경을 떠올린다.

> 내가 추워서 이를 덜덜 떨면 어머니는 더 화를 내면서 나를 휙 잡아당겨 내 몸을 머리에서 발끝까지 수건으로 박박 문질렀다. 그 기세가 어찌나 난폭하던지 어머니가 정말로 내 건강이 걱정되어서 그러는 것인지, 아니면 오랫동안 마음속에 감추고 있던 나에 대한 분노 때문에 내 피부를 벗기려는 것인지 헷갈렸다.[25]

분노는 사랑과 증오의 경계를 흐릿하게 한다. 레다의 어머니를 그토록 경악할 정도로 자극하는 사랑의 감당 못 할 부담은 맹렬한 분노와 (과중한 요구에서 벗어나고 싶다는) 소망으로서 느껴지며 딸의 피부에 난폭하게 문질러진다. 레다는 자신이 어머니가 되면서 같은 함정에 빠진다.

해변에서 딸을 잃어버린 날을 떠올리는 장면에서, 그녀는 겁에 질린 아이의 관점을 취해 드문 공감적 통찰을 발휘한다. "길을 잃으면 아이는 자기 주변에 변한 것이 하나도 없다고 생각하지만 실은 아무것도 제대로 파악하지 못한다."[26] 하지만 레다가 마침내 딸을 찾자 공감은 금세 분노에 자리를 내어준다. 레다는 딸에게 "너무 화가 나서 악을 썼다. 내 어머니처럼. 어깨를 짓누르는 책임감 때문이었다. 부모와 자식이라는 관계의 숨 막히는 속성이었다. 나는 큰딸을 한쪽 팔로 거칠게 잡아당기며 악을 바락바락 썼다. '비앙카, 너 집에 가서 혼날 줄 알아!'"

레다는 여전히 어머니의 분노 어린 사랑의 타격에 휘청거린다. 자신이 어머니가 되었어도 자기 분노의 헤아릴 수 없는 강도에 어안이 벙벙한 어린아이다. 그 순간 견딜 수 없게 되는 것은 비앙카의 눈물에서 전해지는 상실과 버림받음의 감각이다. 자신의 어릴 적 경험과 괴로울 정도로 비슷한 이 고통을 떨치는 방법은 격분한 위협뿐이다.

페란테가 보기에, 어머니는 자신의 어머니에게서 물려받은 무의식적 자기분열 상태를 자녀에게 전달하는 일을 피할 수 없다. 어릴 적 겪은 궁핍과 학대를 보상받으려는 어머니의 소망은 자신에게 결여된 자유와 가능성을 누리는 딸에 대한 분노와 긴장 관계를 형성한다. 『떠나간 자와 머무른 자Those Who Leave and Those Who Stay』에서 레누의 어머니 임마콜라타는 어릴 적 가난에서 벗어날 탈출구를 교육에서든 상업에서든 모조리 박탈당했다. 작품을 출간한 소설가이며 저명한 젊은 교수와 약혼한 딸에게 "네가 아무리 똑똑해도 너를 낳아준 나보다 똑똑할 수는 없어. 나도 기회만 있었다면 너만큼은 성공했을 거란 말이야, 알겠니?"라며 딸을 윽박지른다.[27]

임마콜라타는 자신이 거부당한 미래를 자녀를 통해 실현하려는 욕망과 싸운다. 프로이트가 자기애에 대한 에세이에서 말하듯 "부모가 이루지 못한 소망적 꿈을 이루려는" 것이다. 나폴리 4부작 마지막 권인 『잃어버린 아이 이야기Those Who Leave and Those Who Stay』에서 임마콜라타는 병상에서 레누에게 자신의 삶을 끝없는 불만의 연속으로 묘사한다. 자신에게 쾌락을 선사한 기억이 한 번도 없는 남자와의 결혼, 레누 다음에 낳은 자식에 대한 감정 결여("어머니는 그 죄 때문에 자신은 지옥에 떨어질 것이라고 했다"[28]), 마지막으로 병적 바람둥이에게 빠져 착한 남편을 버린 추문을 일으킨 레누 자신까지 언급한다.

임마콜라타에게 레누는 장녀이자 유일하게 "친자식으로 생각하는 자식"이며 레누가 태어난 순간은 "살면서 유일하게 기뻤던 순간"이다. 이 때문에 임마콜라타의 자기애적 투사에 대한 레누의 거부는 더더욱 용서받지 못할 짓이 된다. 한편, 레누는 특이한 구속에 처해 있다. 동네의 제약에서 탈출하게 해준 옹고집 분노가 없었다면 그녀는 어머니의 가장 간절한 소망, 말하자면 그녀가 다른 삶, 더 나은 삶을 살길 바라는 소망을 충족할 수 없었을 것이다. 하지만 그 분노는 돌이킬 수 없는 분리로 이어졌으며 어머니는 이에 대해 난폭한 적개심을 느꼈다. 임마콜라타가 품은 분노는 기존 질서를 교란할 만큼 사납지만 기존 질서를 떠받치는 쪽으로 유도되었다. 그렇게 리비도적 분노는 공격적으로 바뀐다.

페란테의 소설들에는 파괴적인 리비도적 분노와 반응적인 공격적 분노 사이의 이런 갈등이 깃들어 있으며, 종종 초토焦土만 남기는 불(결혼 파탄, 세대 충돌, 노동 분규)로 드러난다. 하지만 방향을 전환하여 창조적으로 활용할 수 있는 분노의 실마리도 언뜻언뜻 보인다. 실제로 레누가 릴라와 자신의 이야기를 쓰게 하는 명시적 원동력은 릴라가 흔적을 모조리 없앤 채 사라졌을 때 느낀 분노다. 레누의 분노는 스스로를 지워버리는 것이 아니라 글쓰기에서 보금자리를 찾는다.

나폴리 4부작은 분노를 창조적 에너지의 원천으로 동원할 수 있는 길을 탐구한다. 가장 인상적인 사례는 2권 『새로운 이름의 이야기The Story of a New Name』에서 일어난 사건이다. 릴라는 지역 사업가

이자 카모라 조직원 스테파노 카라치와 불행한 결혼생활을 하다가 예술 작품을 창조함으로써 폭력적 남편에게 맞선다. 릴라는 웨딩드레스와 구두를 멋지게 차려입은 자신의 사진이 실린 옛날 광고를 가져다 예술적으로 변형한다.

릴라의 파괴적 분노는 아이들의 미술실에 있는 재료인 "풀과 가위, 도화지와 물감"[29]을 이용한 놀이를 통해 스스로를 전환하고 탈바꿈시킨다. 검은색 종잇조각을 핀으로 고정하여 사진에서 자신을 지우고 눈, 입, 가슴 일부, 다리의 선, 구두 같은 몸의 흔적만 남긴다. 그 효과는 레누의 다음 글에서 보듯 릴라의 기분에서 나타나는 극적 변화의 인상을 통해 전달된다.

> 작업을 하는 동안 릴라는 행복했고 시간이 갈수록 나를 자신의 강렬한 행복 속에 끌어들이고 있었다. 릴라는 자기도 모르는 사이에 자신에 대한 분노를 표현할 수 있는 기회를 가지게 된 것이다. 난생처음으로 …… 자신을 지워버리고 싶은 욕망을 [다른 곳으로 돌릴 수 있었던] 것이다.

이 순간 분노의 창조적 표현과 파괴적 표현은 사력을 다하는 상호 절멸적인 싸움에서가 아니라, 역설적이고 생산적인 결탁에서 만난다. 릴라는 자신을 지우지만 이 삭제는 초상화가 된다. 사라지고 싶은 소망을 몸에 부여하는 방법인 것이다.

훼손된 사진 이야기는 나폴리 4부작처럼, 페란테의 모든 글처럼, 분노가 예술을 필요로 하는 이유를 우리에게 상기시킨다. 예술에서 분노는 자신을 위한 보금자리를 찾는다. 그곳은 서로에게 유익한 거처로, 집은 불타 무너져내리지 않고 화재도 진압되지 않는다. 책의 선물이 은밀한 분노를 전달하는 방법으로 매우 효과적인 것은 이 때문인지도 모르겠다. 받는 사람의 손에 쥐여진 책은 매서운 열기를 전달하지만 신비하게도 화상을 입히지 않는다.

...

빈정거리기, 분통 터뜨리기, 업신여기기 같은 분노 표출 방법은 분노를 실제로 느끼지 않도록 막아준다. 스텔라가 이 방법들을 마음껏 써먹은 것은 틀림없이 이런 까닭일 것이다. 경멸하는 사람은 자신을 경멸 대상보다 우위에 놓으며, 똑같이 그들을 자신보다도 우위에 놓는다. 타인에 대한 자신의 낮은 평가를 과시하면서도, 자신이 타인 앞에서 얼마나 상처받고 연약하게 느끼는지에 대해서나 그들의 사랑과 돌봄을 얼마나 필요로 하는지에 대해서는 전혀 드러내지 않는다. 그런 필요는 질색이다. 자신이 경멸 대상 못지않게 나약하고 쓸모없다고 느끼게 만들기 때문이다.

맥스가 떠난 지 두어 주가 채 지나지 않아 스텔라는 그가 같은 진료과의 수련의와 사귀었다는 사실을 알게 되었다. 늘 완벽하고 고고한 우월감을 풍기던 그녀가 지난 몇 차례의 진료에서 슬픔이 서린, 심지어 후회의 기미가 서린, 더 평범하고 여러 정서적 층위로 이루어진 분노를 점차 드러내는 것을 감지하면서 나는 일말의 희망을 품었다.

분노가 슬픔과 불안 같은 이웃 감정들과 접촉하는 순간 방어막은 덜 딱딱해진다. 가디니가 암시하듯, 이 시점에 분노는 비개인적 형태의 공격으로 스스로를 표현하는 것에서 벗어나 자신이 느끼는 내면의 삶을 더 리비도적으로 표출한다. 간단히 말해서, 이것은 상대방을 모욕하는 것과 당신이 상대방에 의해 상처받고 분노를 느끼는 이유를 솔직하게 털어놓는 것의 차이다.

맥스가 느닷없이 떠난 뒤 스텔라는 상처와 상실감에 빠져드는 듯했다. 자신이 맥스에게 떠날 이유를 주었다는 것은 똑똑히 알고 있었다. 다만 그에게 그럴 의지가 있었다는 데에 충격을 받았다. "저는 그이가 체념하고 샌드백 신세를 받아들였다고 생각했던 것 같아요. 그이가 어떤 위인이냐면요, 자기가 제게 맞서기를 제가 은밀히 바랐다는 걸 한 번도 알아차리지 못한 사람이에요. 그 대신 이제 달아나버린 거죠."

하지만 불륜 사실을 알게 되자 그녀의 경멸은 폭주로 바뀌었다.

"그 여자가 스물여덟쯤 됐다는 걸 알아냈어요. 잘나가는 중년 의사가 백치 같은 웃음을 짓는 어린 수련의와 사귀다니 얼마나 한심하도록 슬픈 클리셰인가요." 그녀는 콧소리가 섞인 높은 희극적 음성으로 전환하여 말했다. "오, 맥스 선생님, **시이이이일례가 안 된다면** 선생님의 스텐트 시술 상담을 참관해도 괜찮을까요?" 그러고는 원래 모습으로 돌아왔다. "지독히 슬프지만 않았다면 웃겼을 거예요." 그러다 나를 들먹였다. "끝내주게 빨아주고 꽉 조여주는 여자를 만나면 어느 남자라도 가족을 버릴 것 같아요. 당신은 어떤가요, **교수님**? 예쁜 여자애가 당신 무릎 위에 앉으면 당신도 저항하지 못하겠죠?"

처음에는 이 모든 것이 친숙한 언어로의 회귀처럼 들렸다. 하지만 가차 없는 조롱이라는 표면 아래에, 버림받은 데서 오는 분노와 고통, 그리고 정교한 방어 체계가 하릴없이 무너지는 데서 오는 분노와 고통이 있음을 포착하지 못한다는 것은 불가능했다.

그녀의 목소리에서 느껴지는 억제하기 힘든 난폭한 떨림을 떠올리면 『버려진 사랑』의 올가를 생각하지 않을 수 없다. 올가는 남편 마리오가 젊은 애인 카를라와 거리를 거니는 광경을 목격한다. 카를라의 귀에는 한때 올가의 것이던 가보家寶 귀고리가 걸려 있다. 마리오의 얼굴을 유리창에 처박아 그를 바닥에 쓰러뜨리고 발길질을 한 뒤, 올가는 카를라의 귓불에서 귀고리를 뜯어내고 "살점을 찢어내"려 한다.

> 아둔한 년 같으니라고. 그 정도로 내 지위를 박탈할 권리가 있다고 믿다니. 나를 대신할 수 있다고 생각하다니. 더러운 창녀 같으니라고. 귀걸이를 내놔! 귀걸이를 내놔! 나는 그녀의 귀를 뿌리째 뽑아서라도 귀걸이를 빼앗고 싶었다. 그녀의 예쁘장한 얼굴을 벗겨버리고 싶었다. 눈과 코와 입술과 금발머리가 달린 두피와 함께 몽땅 벗겨내고 싶었다. 나는 그녀의 몸에 붙은 살덩이와 부대 자루 같은 젖가슴과 창자를 감싸고 있는 배를 갈고리로 갈가리 찢어내 항문과 황금빛 음모로 둘러싸인 음부 깊은 곳으로부터 오장육부가 쏟아져 나오게 만들고 싶었다.[30]

이와 비슷하게 스텔라에게서도 맥스의 젊은 애인을 향한 격렬한 분노에 대해 들은 적이 있었다. 실제 신체적 공격으로 이어지지는 않았지만, 적어도 며칠간 같은 수위의 공격적 분노가 진료 시간 말고는 배출구가 하나도 없어 그녀 내부에서 끓어오르고 있는 것 같았다. 나는 그녀의 말을 끊지 않고 계속 푸념하도록 내버려두었다. 머리카락이 쭈뼛해지는 페란테식 심상으로 가득한 채 점점 통제를 벗어나는 증오의 산사태로 분노를 배출하도록 했다. "교활한 어린 걸레년이 맥스 같은 한심하고 늙은 배불뚝이 돼지에게 뭘 바랐겠어요? 물론 그녀는 한 손을 그의 팬티 속에 넣어 한눈팔게 하고는 다른 손으로 그의 안주머니에서 신용카드를 꺼냈을 거예요. 그녀의 관심에 다른 동기가 있으리라고 믿다니, 그는 얼마나 보기 좋게 속아넘어간 나르시스트 새끼인 걸까요."

진료는 기운 빠지고 괴로웠다. 틀림없이 그녀에게도 그랬을 것이다. 하지만 꼭 필요한 것이기도 했다. 스텔라는 자신의 공격을 붕괴 지점까지 몰아갔다. 급기야 어느 화요일 아침 30분간 말없이 흐느끼더니 불면과 고통이 배어 있는 목소리로 속삭였다. "저를 버리지 않을 사람이 누가 있겠어요? 저는 최악이에요. 최악 중에 최악이라고요."

그 뒤로 몇 달에 걸쳐 스텔라는 자신이 늘 피해 다닌 내면의 영역에 들어갔다. 무엇보다 어머니의 관심과 눈길을 갈망하다가 지나가버린 어린 시절과 자신의 갈망을 충족시켜주지 못한 어머니에 대한 분노를 대면했다. 그녀는 물리적으로나 정서적으로나 부재한 아버지가 이따금 그녀의 길에 뿌려준 쾌활한 호의의 조각들에도 집착했다. 맥스는 결혼하면서 그녀의 신랄한 공격이 겉모습에 불과하다고 믿었다. 이따금 눈에 띄던 다정함이 결국 승리하리라 생각했다.

사실 스텔라도 비슷한 믿음에서 청혼을 수락했다. 이 다정하고 명석한 젊은 남자의 애정 어린 눈길 아래서라면 자신의 분노가 조금씩 흩어질 줄 알았다. 그가 정서적으로 얼마나 연약한지, 그녀의 공격 앞에서 얼마나 무력한지 알아차렸을 때는 이미 늦었다. "제가 못되게 굴면 그는 부루퉁하고 샐쭉해졌어요. 그러면 더 못되게 굴고 싶어졌지요. 왜 그랬는지 모르겠어요."

내가 말했다. "아실 거예요. '그런 식으로 말하다니, 대체 문제가 뭐야?' 남편이 이렇게 묻길 바라셨잖아요. 당신은 남편이 당신에게 맞서길 바랐어요. 하지만 뭐가 잘못됐는지, 당신이 왜 그렇게 화가 났는지 궁금해하길 바라기도 했죠. 당신은 부모와는 다른 누군가를 원했던 거예요."

"하지만 그건 불공평한 일 같아요. 뭐가 잘못됐는지, 제가 왜 화나 났는지 알아내는 건 그의 임무가 아니었어요."

"물론이죠."

긴 침묵이 이어졌다. "더 일찍 선생님을 만나야 했어요. 그러면 이혼하지 않았을지도 모르겠어요." 그녀는 침묵 끝에 다시 입을 열었다. "아니, 그렇지는 않았겠죠. 우리는 결코 서로에게 어울리지 않았으니까요. 하지만 훨씬 다정하게 이별할 수도 있었을 거예요."

맥스와 헤어지고 6년 뒤, 그녀와 나의 이별은 훨씬 다정했다. 새로운 사랑은 전혀 없었다. 할리우드식 이별도 없었다. 그녀는 장기적 관계를 또 맺어야 할지 확신하지 못했다. 진료가 끝나갈 무렵 그녀가 말했다. "언젠간 저 스스로에게서 달아나는 게 아니라 누군가와 함께 있고 싶어서 그를 선택할 수 있겠죠."

그녀는 종종 의심할 여지 없이 재미있게 짓궂었지만 결코 나에게, 또 다른 누구에게도 맹목적으로 악독하게 행동하지 않았다. 그녀의 분노는 체액을 소각하지 않고 단지 충분한 열을 공급했다. 그녀는 분노가 자신의 감정을 소멸시키기보다는 느끼는 방법일 수 있음을 깨달았다.

마지막 진료가 가까워지면서 그녀는 결혼생활을 소재로 소설을 쓰기 시작했다. 소설은 그녀가 나와 함께 진행한 작업을 이해하는 방법이 될 것이다. "결국 어떻게 될지는 모르겠지만 우리가 여기서 한 일을 온전히 진짜로 만들려면 허구의 가면이 필요한 것 같아요. 까다로운 점은 저를 무고한 사람으로도 괴물로도 만들지 않아야 한다는 거예요."

나는 고개를 끄덕였다. "두 가지 다 손쉬운 해결책이죠."

"그런데 어쩌면 선생님은 이렇게 끝날지도 몰라요. 제게 손쉬운 해결책을 허락하지 않은 교활한 후레자식으로 말이에요."

인종주의와 사랑

프랑스의 작가이자 철학자 모리스 블랑쇼는 인간 대화의 여러 형식을 고찰하면서, 한 화자와 다른 화자 사이의 간격인 휴지休止를 "말이 대화가 되도록 허용하는 유일한" 조건으로 파악한다.[31] 휴지는 대화자의 인식을 나타낸다. 대화자란 나의 말을 듣는 사람이자 내게 말하는 사람이다. 휴지는 내 말의 힘에 작용하는 한계를 나타내며 다른 누군가의 목소리에 대한 기본적 감수성을 나타낸다.

계속해서 블랑쇼는 휴지 없는 말이 최악의 박해 폭력이라는 유령을 불러낸다고 말한다. "히틀러의 끔찍한 독백을 떠올려보자. 모든 국가수반은 유일한 발화자로서의 권력을 향유할 때 오만한 독백의 반복인 '딕타레dictare'(말하다)의 폭력을 동일하게 휘두른다."[32]

영어 '딕테이트dictate'는 직역하면 '혼자서만 말할 수 있는 권력'을 소유한다는 뜻이다. 따라서 다른 목소리의 가능성, 다르게 지각하고 느끼고 생각하는 방식을 배제하고 부정할 수 있다. 이런 의미에서 히틀러는 단순한 예시 이상이다. 그는 말을 휴지로부터, 따라서 듣기로부터 난폭하게 뜯어내는 행위의 최종적인 결과다. 타자의 목소리를 사실상 철폐한다는 점에서 히틀러의 격앙된 독백은 자신의 살인적 의도를 압축적으로 표현한다.

블랑쇼의 관찰은 개인적 태도이자 사회 구조로서 인종주의의 본질을 포착한다는 것이 나의 주장이다. 인종주의는 타자를 대화로부터, 인간적 인식과 접촉의 가능성으로부터 체계적으로 배제하는 방법이다. 히틀러의 독백이 본능적으로 상기시키듯, 인종주의에 의해 부추겨진 분노는 공격과 구별되지 않는다. 심지어 '한낱' 말로서조차도 인종주의의 역할은 타자를 해치고 욕보이고 깔아뭉개는 것이다.

인종주의라는 불운한 계기를 맞아 다양한 현대 저술가와 사상가는 정치적으로 왜곡된 이런 종류의 분노를 이해하는 것뿐 아니라 인종주의를 반대하고 격퇴하는 방법을, 분노를 두려움과 미움이 아닌 사랑과 정의에 활용하는 방법을 생각해야 했다. 미국의 흑인 소설가이자 에세이스트 제임스 볼드윈James Baldwin보다 이 과제를 더 일관되고 견고하게 추구한 사람은 드물다. 볼드윈이 보기에 미국 흑인 대 미국의 관계는 "피억압자 대 억압자, 노예 대 주인"의 관계로 뭉뚱그릴 수 있는 것이 아니었다. 실제로 이 관계를 조금이나마 이해할 수 있는 것은, 그가 1951년 에세이 「수많은 사람들이 사라졌다Many Thousands Gone」에서 쓰듯 "거기에 얼마나 많은 사랑의 힘과 고뇌와 공포가 들어 있는지 우리가 받아들인" 뒤다.³³

여기서 볼드윈은 다른 분노 양식에 이르는 길을 가리킨다. 그 길은 남의 말을 듣지 않는 독백이나 호통 같은 불임不姙의 분노에서 벗어나 분노를 사랑의 영역에 놓는 것이다. 비록 고통과 양면성으로 가득한 사랑일지라도 말이다. 볼드윈이 보기에 문제는, 인종적 불평등과 불의의 암울한 현실이 미국 흑인을 미국 군중심리의 악의적 투사에 가두었다는 것이다. 여기서 미국 흑인은 대개 위험하고 앙심을 품은 째깍거리는 분노의 시한폭탄으로 치부되는 반면에, (그들의 유일한 나라인) 미국에 대한 그들의 고통스럽고 양면적인 사랑은 여전히 인정되지 않는다. 이런 조건에서 미국 흑인과 미국 백인의 관계는 서로에 대한 두려움과 의심을 영속화할 수밖에 없다. 이 점은 볼드윈 못지않게 이름난 동시대인 프란츠 파농의 글에서도 드러난다. 식민주의를 직접 경험하고 알제리 전쟁의 무시무시한 참상을 겪은 알제리의 정신과의사 파농은 인종주의의 병적 효과를 억압자이자 피억압자의 관점에서 해부한다.●

2장에서 보았듯 오늘날 파농은 폭력적 저항을 '정화의 힘'으로서 옹호한 인물로 곧잘 소환된다. 알제리 전쟁이 끝난 직후인 1961년 출간된 그의 기념비적 저작 『대지의 저주받은 사람들』에서 말하듯 정화의 힘은 "원주민에게서 열등감과 좌절, 무기력을 없애주고, 용기와 자존심을 되찾게 해준"다.³⁴ 파농은 언뜻 폭력에 대해 낙관하는 것처럼 보이지만, 그의 글을 둘러싼 전체 맥락을 보면 여기에 의문을 제기할 만하다. 파농에게 폭력은 인종주의의 심리적·제도적 구조에 의해 인간관계가 처음부터 왜곡되는 뿌리 깊은 사회적 질병의 표현으로 나타날 때가 더 많다.

● 프란츠 파농은 프랑스령 서인도 제도에서 태어난 프랑스인이었으나 흑인으로서의 정체성이 강했고 식민주의를 강하게 비판했다.

정신분석을 지향하는 정신과의사로서 파농은 인종주의가 알제리 토착민의 신체적 삶에 어떻게 스며드는지에 특별히 관심을 기울였다. 그는 이렇게 언급했다. "원주민의 꿈은 늘 뛰어난 근육의 힘 …… 행동, 공격에 관한 내용으로 전개된다. 그들은 말한다. '나는 뛰고, 헤엄치고, 달리고, 기어오르는 꿈을 꾼다', '호방한 웃음을 터뜨리는 꿈을 꾼다.'"[35] 신체적 자유가 제약받지 않는 이 무의식적 삶은 "원주민의 근육이 언제나 긴장된" 일상생활과 직접적으로 대조된다.

근육 긴장은 신체가 포위당한 삶을 표현하는 방식이 되고, 동시에 경찰, 군부, 식민주의 질서의 기구 전체가 자아내는 두려움과 그에 저항하기 위해 행동하려는 팽팽한 준비 상태를 표현하는 방식이 된다.[36] "원주민은 억압받는 사람이며, 그의 영원한 꿈은 박해자가 되는 것이다."

『대지의 저주받은 사람들』 후반부에서는 식민주의에 처한 억압자와 피억압자의 병리를 임상적으로 논의하는데, 여기서 파농은 알제리 전쟁이 일어나기 오래전부터 "전반적인 근육 수축"이 알제리 토착민의 뚜렷한 증상이 되었다고 말한다. 그는 이 위축을 "원주민의 완고함과 식민지 당국에 대한 거부감이 근육적인 형태로 표현된 것"으로 묘사한다.[37] 이 현상은 종종 영구적 방출 억제로 귀결한다. 근육이 뻣뻣해져 조금도 이완시킬 수 없게 되는 것이다.

한 환자는 이렇게 말한다. "보시다시피 저는 이미 송장처럼 뻣뻣해져 있어요."[38]

인종주의는 영구적인 내적 경계 태세를 조성한다. 이 정신적·신체적 위축감은 피억압자뿐 아니라 억압자도 짓누른다. 파농은 "늘 모든 사람을 때리고 싶"[39]은 충동에 시달리는 한 경감을 언급한다. 이 충동은 어린 자녀와 아내에게 향하는데, 누구든 자신의 의지에 조금이라도 저항하는 기미가 보이면 발끈한다. 여기서 블랑쇼가 말하는 독재자의 비스듬한 메아리를 듣지 않기는 힘들다. 이것은 자신의 것이 아닌 모든 목소리, 욕망, 의지를 인식하지 않으려는 알레르기적 방어기제이자 자신의 취약함에 대한 난폭한 부정으로, 그가 "20개월 된 아기까지 때리는 특이한 야만성"으로 구체화된다.[40]

여기서 우리는 인종주의가 무엇보다 그 억압적 손아귀에 붙들려 살아가는 사람들의 감정적 삶에 어떤 영향을 미치는지 본다. 저절로 공격 행동에 돌입하는 것은 팽팽하게 죄인 근육계가 용수철 튕기 나기듯 풀려나는 현상으로, 억압자와 피억압자가 공히 겪는 고통, 상처, 굴욕의 감정을 피하는 방법이다. 식민지 경찰관은 자신의 역할에 내재하는 죄책감과 수치심의 과도한 부담을 견딜 수 없어 파농에게 "양심의 가책을 받지 않고도 행동에 전혀 문제가 없이, 그리고 완벽하게 평온한 심정으로 알제리 애국자들을 계속 고

사랑, 정의, 창조성

문하"게 해달라고 사정한다.[41]

파농이 제시하는 또 다른 사례는 열세 살과 열네 살인 알제리 학생 두 명이 같은 학교의 유럽인 학생을 칼로 찔러 죽인 사건이다. 파농이 묻자, 두 학생은 피해 학생이 친구였으며 자기들에게 아무 짓도 하지 않았다고 인정한다. 하지만 둘 다 프랑스인들이 무수한 알제리인들을 살해하고 처벌받지 않은 일을 바로잡은 것이라는 추상적 논리를 들먹인다. 학생 하나가 파농에게 "그들은 아이들도 죽였죠"라고 말하자, 파농은 그것은 결코 친구를 죽일 이유가 못 된다고 대꾸한다. 학생이 맞받는다. "그래요. 걔 내가 죽인 거 맞아요. 아저씨도 하고 싶은 대로 하면 돼요."[42]

식민주의와 인종주의의 정신병리에 대한 이 연구들은 자신과 타인의 정신 상태와 접촉하는 사회의 능력이 썩어 문드러졌음을 보여준다. 이런 조건에서 분노가 취할 수 있는 형태는 순수한 공격 말고는 거의 없다. 가능한 것은 욕망이나 의도와도 분리되고, 상대방을 죽이려는 강박적 압박을 넘어선 어떤 감정과도 분리된 맹목적 행동뿐이다.

볼드윈이 미국 흑인의 정신적 삶을 논의하면서 리처드 라이트 Richard Wright가 1940년에 발표한 기념비적 소설 『미국의 아들 Native Son』을 중심으로 삼는 것은 결코 우연이 아니다. 이 책의 주요 등장인물 비거 토머스는 이런 종류의 해리성 공격에 대한 사례 연구의 본보기다.⁴³ 소설에서 부유한 백인 사회에 대한 분노와 질투에 사로잡힌 극빈자 비거는 자신을 운전기사로 고용한 부유한 백인 가족의 딸을 실수로 죽인 뒤 현장에서 달아난다. 그는 달아나는 과정에서 여자 친구 베시를 강간하고 죽이며 마침내 체포되어 재판에서 사형 선고를 받는다.

볼드윈은 에세이에서 이 소설을 높이 평가하면서도 결국에는 가차 없이 비판한다. 특히 비거의 내면적 삶이 일차원적이라는 점을 문제 삼는다. 백인 인종주의에 대한 가장 해로운 비유를 긍정하는 데 (비록 본의는 아닐지라도) 위험할 정도로 가깝다는 이유에서다. 볼드윈의 주장에 따르면 문제는 라이트의 묘사에 진실이 없는 것은 아니라는 것이다. 그의 설명을 들어보자.

> 미국에 사는 니그로 중에서 짧게든 길게든 증오를 느껴보지 않은 사람은 아무도 없다. 매일같이 마주치는 백인의 얼굴을 짓이기고, 그들의 여자를 가장 잔혹한 복수심에서 겁탈하고, 모든 백인의 몸뚱이를 찢어발겨 비천하게 만들고 싶어 한다. 니그로 자신이 예나 지금이나 짓밟혀 흙이 되어버린 것처럼 백인도 흙처럼 비천한 존재로 전락시키고 싶어 한다.⁴⁴

미국 흑인을 흑인 남성으로 뭉뚱그리는 것을 논외로 하면, 여기서 볼드윈은 비거에게서나 파농의 사례 연구에서 볼 수 있는 해리성 분노에 진실이 있음을 입증한다. 하지만 이것은 진실의 일부에 불과하다. 해리된 분노가 스스로를 무엇으로부터 분리하는지 보지 못하기 때문이다. 말하자면, 분노만 볼 뿐 "사랑의 힘과 고뇌와 공포"를 보지 못한다. 이 고통스러운 사랑도 미국 흑인의 경험에서 동등한 부분을 차지한다. 이것이 보이지 않고 느껴지지 않는 한 비거 같은 사람들은 미국 진보파의 겁에 질린 가슴에 무시무시한 '경고'로서만 존재할 뿐이다. "비거를 경고로서 내세우는 것은 그에 대한 미국인의 죄책감과 두려움을 강화할 뿐이다. …… 그가 어떤 인간적 가치도 가지지 못하는 사회적 공간에 그를 욱여넣는 것이며 그저 그에게 사형을 선고하는 것이다."[45]

라이트의 시선으로 보기에 비거의 분노는 자신과 타인에 대한 증오로 속속들이 물들어 있는 탓에, 용서하지 않고 용서받지 못하는 죽음에 의한 처벌 말고는 어떤 결말의 가능성도 용납하지 않는다. 소설은 인종주의가 그에게서 내면적 삶을 박탈했다고 결론 내리는 듯하다. 내면의 삶이 그를 스스로의 분노와 충분히 접촉하도록 허락했다면, 사랑과 정의감이 일어나도록 독려할 수도 있었을 텐데 말이다. 인종주의 사회는 그에게서 맹목적 살해 욕구를 낳으며, 그렇기에 인종주의 사회는 그를 죽여야 한다.

자신의 후기 저작 『다음에는 불로 The Fire Next Time』(1963)에서 볼드원은 인종주의 세계에 퍼진 이 폭력의 고리에서 어떻게 벗어날 수 있는지 묻는다. 책은 2부로 이루어졌는데, 훨씬 짧은 1부는 자신과 이름이 같은 조카 제임스에게 "노예 해방 100주년에 대해" 보내는 편지다. 제임스는 돌아가신 할아버지(목사인 볼드윈의 아버지)의 침울한 기질을 물려받은 듯하다. 할아버지는 "가슴 깊은 곳에서 백인이 자신에 대해 한 말을 정말로 믿었기 때문에" 낙망한 채 세상을 떠났다.[46]

한쪽은 목사이고 다른 쪽은 비행 청소년이긴 하지만, 이 점에서 볼드윈의 아버지와 비거 사이에는 심란한 연관성이 있다. 둘 다 인종주의 투사投射에 갇혀 있다는 점이다. 이 운명에서 벗어나려면 젊은 제임스는 그들이 보지 못하는 것을 보아야 한다. 그것은 백인들이 제임스에 대해 믿고 있는 것들이 "그의 열등함을 증명하는 게 아니라 비인간적 처우와 두려움을 증명한"다는 사실이다.[47] 이 통찰이 없다면 '수용'과 '통합' 같은 낱말은 무의미하다. 수용과 통합이란 "**그들**[백인]이 **당신**을 받아들여야 한다는 뜬금없는 가정"을 토대로 삼기 때문이다.[48] 볼드윈은 제임스에게 정반대로 조언한다. "**네**가 **그들**을 받아들여야 한다. …… 그들을 사랑으로 받아들여야 한다." 백인을 사랑으로 받아들인다는 것은 무슨 뜻일까? 그것은 볼드윈이 (진심과 반어법을 동시에 구사하여) 그들의 '순진함'이라고 부르는 것을 본다는 뜻이다. 다시 말해, 백인이 자신이 이해하지 못하는 역사라는 함정에 갇혀 있고, 그래서 자신이 우월하다는 뿌리 깊고 맹목적인 믿음에 막무가내로 매여 있다는 사실을 본다는 뜻이다.

미국의 백인과 흑인이 암묵적으로 이 믿음에 공모하는 한 그들은 똑같은 절망적 운명에 매인 신세다. 백인은 흑인 형제자매를 게토에 "감금"하면 "자신들이 안전해질 것"이라는 망상에 여전히 빠져 있을 테고, 흑인은 결코 "백인이 내리는 정의定義의 이면을 들여다보"지 않을 것이다. 이런 방식의 '통합'은 "당신이 백인처럼 되려고 애쓴"다는 것을 의미할 뿐이다.[49]

하지만 통합에는 이와 다른 더 깊은 의미가 있다. 그것은 "사랑으로 우리의 형제들로 하여금 스스로를 있는 그대로 보도록 하고, 현실로부터 달아나는 것을 멈추고 현실을 바꾸기 시작하도록 하"는 것이다.[50] 이 사랑의 과제가 무엇을 뜻하는가는 여러 가지로 해석할 수 있다. 우리에게 가장 부합하는 해석은 '현실로부터 달아나는 것'이 무엇보다 해리 상태임을, 역사로부터뿐 아니라 감정으로부터의 해리 상태임을 인정하는 것이다.

백인 정체성과 이것이 나머지 모든 정체성을 판단하고 측정하는 규범이라는 가정의 토대는 백인들이 부정하고 싶어 하는 폭력과 배제의 역사에 대한 무의식적 의존이다. 이 역사를 인정하는 것은 현실을 심장부에서 뒤흔드는 것이기 때문이다. "흑인은 백인의 세계에서 항성으로서, 움직이지 않는 기둥으로서 역할을 해왔다. 그가 자신의 자리를 벗어나면 하늘과 땅의 기초가 흔들린다."[51]

하지만 이런 규범은 미국 흑인뿐 아니라 미국 백인도 정신적·신체적 대가를 치르게 했다. 백인은 수 세기에 걸친 고통과 분노에, 미국 역사를 형성한 모든 격정에 무감각해져야 했다. 이 무감각insensibility은 낱말 자체에서 암시하듯 백인이 스스로의 관능sensuality과 맺는 관계에 영향을 미쳤다.

볼드윈이 '관능'이라는 말로 불러내는 것은 "파르르 떠는 까만 피부의 처녀나 발기한 검은 종마"처럼 인종적 함의가 짙은 허깨비가 아니라 "훨씬 단순하고 덜 비현실적인 것"이다. "내 생각에 관능적이라는 것은 생명의, 생명 자체의 모든 힘을 존중하고 만끽하는 것이며, 사랑의 노력부터 빵을 자르는 것까지 자신이 하는 모든 일에 **현존**하는 것이다. …… 자신의 반응을 여기서처럼 심각하게 불신하기 시작하고 여기서처럼 기쁨을 잃어버리는 나라의 국민들에게는 매우 불행한 일이 일어난다."[52]

볼드윈은 "미국 백인은 기쁜 노래는 **기쁘고** 슬픈 노래는 **슬프다**고 느끼는 듯하"[53]다고 신랄하게 비꼬는데, 여기서 그가 묘사하는 것은 감정의 경계가 무의식적일지언정 엄격하게 영원히 감시당하는 탓에 하나의 감정을 경험하면 다른 감정은 경험할 수 없게 되는 추상화된 정신 상태다. 이렇게 감정을 다른 감정과 인위적으로 분리하면 감정 자체가 핏기가 없고 얄팍해질 수밖에 없다.

미국 문화에서 흑인의 분노가, 사랑 같은 매우 상반되는 감정들에 전염되지 않은 채 고정된 별개의 힘으로서 돌아다니는 게 문제인 것은 이 때문이다. 이렇게 축소되어 모호하지 않게 인식되는 분노는 '경고'의 지위를 얻는다. 공격과 폭력의 두려운 조짐이기에 무시하거나, 필요할 때는 처벌해야 한다.

이렇게 일차원적인 분노는 내가 이 책에서 설명하려고 노력한 의미에서는 **느낄** 도리가 없다. 이런 분노를 표출하는 사람은 반드시 스스로와의 접촉을 잃기 때문이다. 등장인물로서 버거의 문제는, 그리고 실제로 "그가 가장 미국인다운" 면은 "자신과도, 자신의 삶과도, 자신의 사람들과도, 다른 어떤 사람들과도 실질적 관계를 전혀 맺지 못한"다는 것이다.[54] 그의 분노는 그야말로 관능적이지 않은 것으로, 그것을 느끼는 자신이 접촉하고 귀 기울이기도 전에 공격 행동으로 방출되는 분노다.

앞에서 언급했듯, 공격적 분노는 자아를 비인격화한다. 언어적·신체적 공격 행동은 행위자를 일반화된 감정의 교환 가능한 사례로 전락시키기 일쑤다. 무모하게 우회전하여 끼어든 운전자를 향해 앞유리 너머로 무의미하게 고함지르면서, 나는 의식 가장자리에서 달갑잖게 어른거리는 일시적 굴욕감을 감내하느니 중년 보복 운전자라는 우스꽝스러운 상투적 모습 뒤에 숨으려 하는 스스로를 은밀하고도 비참하게 자각한다.

  말하자면, 내가 그렇게 빨리 대뜸 고함지르지 않았다면 아마 반사적 분노보다 더 많은 감정을 느낄 수밖에 없었을 것이다. 이 반사 작용 이면에는 무력감과 불안감이 숨어 있을 뿐 아니라 다른 운전자, 특히 젊은 남성 운전자가 저토록 쉽게 공격을 저지르는데 나는 반격에 대해 거리감이나 불편함을 느낀다는 사실에 대한 분함, 심지어 질투심까지 숨어 있을 것이다. 내가 더는 젊지 않다는 데 대한 서글픔은 말할 것도 없다.

  내 말을 들을 수 없는 사람에게 고함지르는 좀스럽고 비밀스러운 사건 뒤에조차 풍성하면서도 부정당한 감정의 개인사가 숨어 있다는 것이 나의 주장이다. 볼드윈은 이 통찰을 거대하게 확장하여 우리 모두의 내면에 얼마나 깊고 풍성한 감정의 복잡성이 들리지도 느껴지지도 않는 채 숨어 있는지 보라고 요구한다. 그 깊이가 측정되고 들리고 받아들여질 수 있다면 타 인종에 속한 사람들과의 관계가 얼마나 근본적으로 달라지겠는가?

분노의 시대를 건너기

볼드윈은 이런 만남이 가능하려면 두 가지 조건이 성립해야 한다고 암시한다. 미국 흑인들은 동료 백인 시민들이 현실로부터 달아나지 않고 현실을 받아들이도록 기꺼이 유도해야 한다. 백인들은 독점적 발언권을 가진 독재자처럼 귀를 막을 게 아니라 다른 목소리에 귀를 기울여야 한다.

이런 만남의 이상적 반복이 존재할 수 없는 이유는 양측이 내면에 뒤틀린 인종주의를 품고서 나올 것이기 때문이다. 물론, 애초에 만남이 필요하고 유의미한 것은 이 때문이다. 이 조건을 염두에 두고서, 1930년대 요하네스버그에서 러시아계 유대인 정신분석가와 동짐바브웨 마니이카족 치료사 사이에서 전개된 관계를 살펴보자. 이 이야기는 울프 색스Wulf Sachs가 1947년에 발표한 명저『흑인의 분노Black Anger』에 소개되어 있다. 나는 볼드윈이 상상한 만남의 실마리를 여기서 찾을 수 있으리라 생각한다.

『흑인의 분노』는 10년 전『흑인 햄릿Black Hamlet』이라는 사뭇 다른 제목으로 출간된 책의 개정판이다. 본문 개정과 제목 변경은 책의 목적과 의도에 대한 저자의 이해가 미묘하지만 결정적으로 달라졌다는 증거다.『흑인 햄릿』은 아프리카인을 정신분석적 서사 구조를 통해 독해하라고 하는 반면에,『흑인의 분노』는 그들의 감정적 목소리 자체가 우리 귀에 들리도록 한다.

색스는 1893년 리투아니아에서 태어나 상트페테르부르크에서 이반 파블로프Ivan Pavlov에게 정신신경학을 배웠으며, 쾰른에서 학위를 취득한 뒤 1922년 런던에서 의사 자격을 취득했다. 그 직후 가족과 함께 남아프리카공화국으로 이주하여 그곳에서 정신분석의 개척자가 되었다. 1934년에는 프로이트의 호의적 서문이 달린 정신분석 입문서를 출간했다.

색스는 남아프리카공화국 좌파 정치에 열성적으로 참여했다. 여기에는 그의 유대인 혈통이 큰 몫을 했다. 그는 『흑인의 분노』에서 이렇게 회상한다. "나 자신도 이곳저곳 쉼 없이 내몰리는 민족에 속하지 않았던가?"⁵⁵ 그는 1943년부터 사회주의 잡지 《민주주의자The Democrat》 편집인으로 활동했으며, 1946년에 남아프리카공화국 정신분석훈련연구소 창립에 중요하게 관여하였고 3년 후 1949년에 급사했다.

남아프리카공화국 역사가 솔 뒤바우Saul Dubow가 언급하듯 『흑인의 분노』는 1930년대 초와 제2차 세계대전 사이의 기간을 다루는데, 이 시기에는 인종 분리가 점차 "법과 현실에 확립되"었다. 책의 중심인물인 마니이카족 치료사 존 차바팜비라는 빠르게 팽창하는 도시에서 일자리를 찾는 남부 농촌 아프리카인의 대규모 이주 물결을 따라 도시로 이주했다.

색스와 차바팜비라의 첫 만남에는 서로의 개인적 동기가 결부되어 있었다. 색스는 "여성 인류학자"를 통해 차바팜비라를 소개받았는데, 뒤바우는 그녀를 색스의 정치·지식인 모임에 참여한 동료 엘런 헬먼Ellen Hellmann으로 지목한다. 색스가 차바팜비라와 친분을 쌓는 목적은 정신분석의 문화적 일반화 가능성을 검증하는 방법으로서 "흑인의 마음을 그 정상 상태에서" 이해하는 것이었다.[56] 이를 위해서는 대상자가 규칙적으로 자신을 만나 자유롭게 교류하면서 "다양한 욕망, 갈등, 분투, 모순, 혼란"을 드러내려는 의지가 있어야 했다. 그러지 않고서는 "인간 정신의 깊숙한 곳"을 이해할 가망이 없기 때문이다.[57]

한편 차바팜비라는 유럽인 의사에게서 인간의 몸과 마음을 치료하는 기법을 배워 자신의 '웅강가nganga', 즉 치료사 실력을 발전시키고 싶었다. 색스에 대한 그의 호기심이 양가감정에 의해, 또한 색스의 동기에 대한 (결코 근거가 없지는 않은) 의심에 의해 제약받는 것은 불가피했다. 설상가상으로 색스가 백인이라는 사실은 자유연상free association의 '자유로움'에 부정적 영향을 미쳤다. 자유연상은 어떤 분석에서든 억압이라는 걸림돌을 맞닥뜨리게 마련이지만, 색스는 "존이 나에 대해, 또한 자신이 미워하고 두려워하는 백인에 대해 이야기하는 것이 훨씬 힘들"다는 것을 절감했다.[58]

색스는 통찰력이 있는 인물이어서, 둘 사이의 이 커다란 권력 격차와 문화적·언어적 거리 때문에 차바팜비라에 대한 정통적 분석을 도저히 실시할 수 없음을 안다. 그는 유연성을 발휘하여 진료비, 자기노출 자제, 상담실 밖에서의 만남 제한 등 정신분석 진료의 가장 기본적인 특징들을 임상적으로 생략한다. 그는 차바팜비라의 직업적·가정적 삶과 역사의 모든 장소를 방문하며, 둘의 친밀감이 깊어짐에 따라 자신의 생각과 감정을 나누는 한편, 차바팜비라의 인생 문제와 고민에 점점 구체적으로 개입한다.

색스는 자기반성적이어서 자신에 대한 '토착민' 피험자의 의심에 타당한 근거가 있음을 받아들인다. "그는 백인을 모조리 불신했다. 백인이 언제나 흑인에게서 무언가를 얻어내고 싶어 한다는 것을 잘 알고 있었기 때문이다. 사실 그의 판단은 매우 옳았다. 오랫동안 존은 내게 심리 연구의 대상에 불과했다."[59]

이는 정신분석의 이해 지향성에 대한 페란테의 비판을 예견케 한다(비판은 색스 자신을 향하고 있다). 그것은 내적 삶의 뒤죽박죽 현실을 일관된 서사로 정돈하려는 유혹이다. 차바팜비라를 "심리 연구의 대상"으로밖에 보지 못한다는 색스의 실토는 피험자의 삶을 특정 서사 구조의 한계 안에 욱여넣고 싶은 유혹을 암시한다.

제목이 『흑인 햄릿』에서 『흑인의 분노』로 바뀐 데에도 이러한 실토가 암묵적으로 담겨 있다. 이전 제목은 차바팜비라의 '햄릿스러움Hamletism'을 강조했는데, 이것은 프로이트가 『꿈의 해석The Interpretation of Dreams』에서 제시한 오이디푸스 콤플렉스의 변형이다. 젊은 치료사 차바팜비라는 햄릿과 마찬가지로 삼촌이 아버지를 독살하고 그 자리를 찬탈하려 한다고 의심하여 살인적 분노에 사로잡혀 있으며, 똑같은 "직접 행동이 필요한 상황에서 우유부단과 망설임"에 시달린다.[60] 하지만 이 놀라운 유사성을 빚어내면서 색스는 차바팜비라 이야기가 햄릿 서사의 빡빡한 경계선을 에두르고 넘어서는 여러 대목을 간과한다. 색스는 제목을 바꾸면서 차바팜비라에 대한 색스 자신의 해석에서 차바팜비라 스스로가 느끼는 삶으로, 차바팜비라의 분노에 대한 기성품식 설명에서 분노 자체에 귀 기울이기로 책의 강조점을 옮긴다.

색스가 원래 쓰려던 책은 농촌 '크랄kraal'(마을)에서 대도시로의 이주가 아프리카 치료사에게 미친 정신적 영향에 대한 심리인류학적 분석이었다. 하지만 글을 써나가면서 차바팜비라와의 관계가 자신의 마음에 미치는 변혁적인 영향에 대한 이야기로 방향을 바꾼다. 개념적 거리를 두고서 마음을 관찰하여 "원시적인 무의식적 마음의 작동 원리를 밝히"[61]겠다는 야심은 자신과 차바팜비라가 서로의 관계로 인해 어떻게 변화하는지에 대한 깨달음에 자리를 내어준다.

여기서 결정적 순간은 색스가 차바팜비라의 점점 커져가는 자기파괴 성향과 "난데없이 나와 단절"된 사건(차바팜비라가 자신의 치료법을 정립하면서 둘의 만남은 점점 뜸해졌다) 사이에서 상관관계를 알아차리는 때다. 색스는 전형적인 분석 환자의 경우라면 환자가 "분석가에 대한 이른바 긍정적 전이 상태"에 있는 동안 접촉이 단절될 위험이 있음을 충분히 인식했을 것이라고 말한다. 하지만 차바팜비라에 대해서는 이 위험을 고려하지 못했다. "나는 다시 한번 고백해야 했다. 존은 내게 단지 피험자일 뿐이었으며 전체 분석은 심리 해부의 사례에 지나지 않았다."[62]

차바팜비라는 색스의 정신분석적 직관을 규칙적으로 확인해줌으로써 오랫동안 색스에게 자기애적 만족을 선사하는 풍성한 원천 역할을 했다. 하지만 차바팜비라의 안녕과 안전이 실제로 위험해질 전망을 맞닥뜨리자 색스는 "새로운 인간"의 출현을 알아차리기 시작한다. 그것은 연구의 대상이 아닌 "인간: 진짜 존"이었다.[63]

색스가 인종주의적 관찰법의 모든 편견과 왜곡을 단번에 떨쳐버린 것은 아니다. 사실 그는 늘 의식하지는 못해도 이 편견들을 내비친다. 그는 흑인을 대할 때 도도하고 고고한 태도를 취하며, 유럽인의 지적·심미적 판단이 우월하다는 선입견에 결코 의문을 제기하지 않는다. 차바팜비라가 자신의 '크랄'에 사는 젊은 여인에게 푹 빠지자, 색스는 그녀의 미모를 칭찬하며 "심지어 유럽인 기준에서 판단해도 남달리 아름답"다고 밀힌다.[64]

색스가 자신의 일상에 스며 있는 인종주의에 하릴없이 줄곧 사로잡혀 있다는 사실은 그의 비틀거리는 변신 이야기에서 중요한 요소다. 그는 차르 치하 러시아 말기에 성장한 유대인으로서 반유대주의의 역사적 유산과 남아프리카공화국 백인의 사회적, 경제적, 법적 특권을 둘 다 간직한다. 그는 유대인이기에 흑인 대화 상대들이 백인에게 느끼는 분노와 두려움에 공감한다.

색스는 차바팜비라와 대화하는 수년 동안 자신의 정보 제공자가 들려주는 것에 대해, 무엇보다 흑인 분노에 대해 감수성을 지속적으로 갈고닦는다. 그는 그들의 분노에 표준적 정신분석 틀에 가둘 수 없을 만큼 위력과 강도가 센 무언가가 있음을 알게 된다. 그는 차바팜비라가 옮겨다니는 여러 공동체에 몰입하면서 남아프리카공화국 흑인의 일상생활에서 쌓여가는 분노와 굴욕에 대해 점차 알아간다.

색스가 빈촌 '블랙타운'(소웨토에 있는 올랜도 인근 지역의 가명) 주거 단지에 있는 차바팜비라를 찾아갔을 때 차바팜비라는 그곳의 사람들에게 자신이 열차표를 사기 전에 잠시 휴식을 취하고 싶어서 한 시간 일찍 베노니역에 도착한 이야기를 들려준다. 매표원은 그에게 "너희 카피르^{Kaffir}(깜둥이)는 아무리 쉬어도 모자라지. 게으른 놈들 같으니"라고 말하며 창문을 쾅 닫는다.⁶⁵ 한 시간 뒤에 돌아온 차바팜비라는 백인 승객들이 열차표를 사는 동안 기다리라는 말을 듣고 대기하다 기차를 놓친다.

이 사건과 나란히 놓이는 이야기가 있다. 차바팜비라의 친구 템부(그는 교육을 받은 인물이다)의 이야기다. 색스가 자신을 "아프리카인의 진짜 친구"로 여기느냐고 묻는다. 이 질문에 템부는 부유한 백인 진보 인사의 집에 찾아갔다가 아프리카인에게 남은 마지막 인권의 흔적마저 빼앗는 새원주민법에 반대하는 그의 열변을 들은 이야기를 한다. 성토가 끝나고 템부가 화장실이 어디냐고 묻자 그 백인은 실내 화장실을 지나쳐 하인용 뒷간으로 그를 안내했다. "지저분하고 고약한 냄새가 나는 변소였어요. …… 이거 하나만 물어봅시다. 의사 양반, 우리가 어떻게 생각해야 하죠?"[66]

흑인의 일상생활에서 벌어지는 이런 무신경한 인종주의의 지독한 비정함을 목격하고서 색스는 템부 이야기에 드러난 굴욕이 일회성이라기보다는 구조적임을 알게 된다. 흑인이 열등하다는 통념은 일상생활의 직물에 엮여 있다. 백인은 이것을 의심 없이 받아들이고 흑인은 격분하며 고통받는다.

이런 까닭에 색스는 차바팜비라에 대해 어떤 통상적 의미에서의 분석도 실시하지 못한다. 분석가와 환자의 관계에 내재하는 권력 격차는 상담실 안에서만 작동한다. 정신분석은 두 참여자가 상담실 밖에서는 사회적·법적으로 동등하다고 간주한다. 앞에서 보았듯, 이렇게 가정하지 못하면 자유연상의 가능성과 전이, 즉 외부적 현실이 아니라 정신적 현실을 토대로 분석가에 대해 느끼는 불안, 믿음, 환상이 발전할 가능성이 침식된다.

색스가 차바팜비라를 따라 마니이카랜드에 있는 그의 '크랄'에 갔을 때 침실, 식사, 사교적 방문 같은 "일상생활의 친밀한 행위를 두 주간 공유하"면서 둘 사이의 장벽이 허물어진다. 하지만 요하네스버그로 돌아와 "흑인과 백인의 관계를 규율하는 관습"을 다시 접하자 금세 장벽이 복구된다. 두 사람은 더는 친구일 수 없으며 "정신분석가와 분석 대상"일 수도 없다.[67]

색스는 차바팜비라는 결코 환자가 아니었다고 결론 내린다. 그는 "성격 결함"을 겪는다고 말할 수 없다. "그는 자신이 살아온 사회에서 생겨난 삶의 조건을 송두리째 겪을 뿐이다. 존에게 가장 필요한 것은 억압된 무의식에 대해 더 알아내는 것이 아니라 자신이 살아가는 사회에 대해 아는 것, 사회의 병폐를 인식하는 것, 맞서 싸우는 법을 배우는 것이다."[68]

백인 정신분석가가 쓴 『흑인의 분노』의 핵심 발견은 흑인의 분노를 정신분석적 수단으로는 분석할 수 없다는 것, 그 어마어마한 양과 힘이 정신분석 개념의 틀을 압도한다는 것이다. 색스와 차바팜비라는 마치 16년 뒤 볼드윈이 정립한 고통스럽고 까다로운 과제를 함께 수행한 듯했다. "사랑으로 우리의 형제들로 하여금 스스로를 있는 그대로 보도록 하고, 현실로부터 달아나는 것을 멈추고 현실을 바꾸기 시작하도록 한" 것이다.

...

80년도 더 전에 맺어진 관계의 이 기록에서 어떤 측면이 지금 이토록 공감을 불러일으키는 것일까? 오늘날 편견과 억압은 더는 거추장스러운 법적 장치를 필요로 하지 않는다. 아파르트헤이트는 종식되었고, 민권은 신장되었고, 국가와 제도는 인종주의·식민주의 역사를 느릿느릿 비틀비틀 받아안고 있는 듯하다. 최근의 미투 운동을 아우르는 여성주의 운동의 물결은 성차별의 법적·제도적 토대를 뒤흔들었다. 동성애자와 성전환자 권리 운동에서도 비슷한 성취가 보인다. 지구를 살리기 위한 싸움에 대해서는 말할 것도 없다. 각 운동 분야에서 보듯 분노는 사랑과 정의를 위해 성공적으로 동원되었다.

그럼에도 이 사회적·정치적 진보에 대한 반동적 분노를 세상에 쏟아내려는 힘이 우리의 시민 사회를 새로운 방식으로 찢어발기고 있다. 이른바 포퓰리즘을 표방하는 여러 정당, 후보, 단체는 기존 매체와 소셜 미디어를 동원하여 우리의 주의력을 독점하고는, 기존의 사회적·정치적 체제에 감히 의문을 제기하고 도발하는 적들에 대해 피해망상과 증오를 부추기고 퍼뜨린다.

이 포퓰리즘 운동의 궁극적 목표는 구성원을 다른 목소리로부터 격리하고, 추종자 한 명 한 명이 독재자를 내면화하여 독재자

혼자서만 발언권을 가지도록 하는 것이다. 그 결과는 그들의 단단하고 꿈쩍없는 옳음에 의문을 제기하는 누구에게든, 무엇에든 귀 기울이는 것을 사실상 금지하는 것이다.

이런 분위기에서는, 이을 수 없어 보이는 간극을 넘어 귀 기울이는 사람에게 분노를 이야기하는 것이야말로 우리가 상상할 수 있는 가장 고요하면서도 가장 변혁적인 사건이 될 것이다.

필립 거스턴Philip Guston, 〈화실The Studio〉(1969)

캔버스에 유채
121.9 × 106.7 cm
무사 거스턴 메이어Musa Guston Mayer가 메트로폴리탄미술관에 기증
ⓒThe Estate of Philip Guston, courtesy Hauser & Wirth
사진: 제네비에브 핸슨Genevieve Hanson

이 책을 나가며
두건 아래서

~~~~~~~

2023년 끝자락에 억지로 집을 나서 테이트모던 미술관에서 열리던 필립 거스턴 전시회를 찾았다. 나는 일을 쉬고 있었으며 4주 전 뇌졸중으로 급사한 아버지를 애도하고 있었다. 밖에 나가고 싶지 않았다. 지하철에서 낯선 사람들의 물결에 휩쓸리고, 전시회를 찾은 군중의 호기심 어린 표정이나 좀처럼 숨겨지지 않는 따분한 표정을 보는 것도 싫었다. 집에 처박혀 세상에 대한 원망을 곱씹고만 싶었다.

하지만 며칠 뒤에 직장에 돌아가게 되리라는 것 또한 알고 있었다. 속히 돌아가지 않으면 그리울 것 같았다. 첫 애도 주간에 이런 작은 딜레마 하나하나가 내 안에서 분노의 파도를 일으켰다. 일상생활이 상상력 부족한 부모처럼 나를 인질로 잡고 있는 듯했다. Y를 하지 않으면 **너**한테는 X 안 줘! 나는 **하고 싶지 않아요**라고 소리 지르고 싶었다. 하지만 이제 누구에게 소리 지르나? 그래서 지하철에 올라탔다.

첫 번째 전시실의 추상화 캔버스들은 하나하나가 화가의 격정을 소용돌이처럼 내뿜으며 내게 깊은 주문을 걸었다. 절정은 1960년대 중엽에 제작한 회화들의 유령 머리였다. 머리들은 두껍고 압축된 검은색의 네모난 우리 안에서 나의 어두운 내면을 물끄러미 바라보았다.

이 그림들은 이후 몇 년간 거스턴의 작품에서 비유적 이미지가 폭발적으로 표현되는 길을 닦았다. 하지만 어떤 사전 지식도 내게 색깔과 사물의 이 조용한 법석을, 특히 거스턴의 악명 높은 후드 그림을 맞닥뜨릴 준비를 하게 해주지는 못했다. KKK 망토 차림의 안쓰러운 앞잡이들이 빈둥거리고 운전하고 그림을 그리며 세상을 헤쳐나가는 작품들 말이다. 그들의 악행을 보여주는 얼룩과 조각들이 뒤쪽이나 주변으로 보일락 말락 했다.

소개글을 보니 이 서른세 점의 회화는 1970년 10~11월 뉴욕 말버러 갤러리에서 열린 대규모 전시회에서 선보였다. 마침 내가 태어난 달이었다. 그림들은 마치 내가 세상에 발 디딘 시점에 세상의 상태가 어땠는지 알려주는 일종의 맞춤형 논평 같았다. 때때로 비탄은 자기애의 안개에 싸이는 것처럼 느껴지기도 한다. 그러면 모든 것이 나에 대한 것처럼 보인다.

뉴욕 미술계는 이 그림들에 당황하고 질색했다. 몇몇 예외가 있긴 했지만 미술가와 비평가 들은 만화적 단순화, 야단스러운 색깔, KKK 이미지에 경멸적 불쾌감을 드러내며 거스턴이 10년 전의 숭고한 추상주의에서 어쩌다 색채적·정치적 혼돈의 이런 난장판으로 돌아섰는지 의아해했다. 몇몇 친구들, 그중 대표적으로 전위 작곡가 모턴 펠드먼Morton Feldman은 갤러리를 나선 뒤 그와 완전히 절연했다.

그림 하나가 나의 시선을 사로잡아 발을 떼지 못하게 했다. 〈화실〉이라는 작품이었다. 회색과 흰색이 삐져나와 먹먹해진 특유의 캔디핑크색 벽을 배경으로 화실의 잡동사니에 둘러싸인 채, 두건을 쓴 KKK 단원이 확대된 혈적색血赤色 오른손으로 붓을 캔버스에 대고 누른다. 피인지 물감인지 모를 붉은색 얼룩이 그의 흰 망토 아래쪽에 흩뿌려져 있다. 캔버스에 그려지는 이미지는 화가 자신이다.

이 그림은 미국과 세계가 폭력과 위협으로 가득한 순간으로부터 우리에게 말을 건다. 거스턴이 그림을 그렸을 때 베트남에서는 전쟁이 한창 벌어지고 있었다. 미국 남부에서는 되살아난 KKK가 수십 년째 흑인 공동체를 공포에 질리게 했으며, 전해 4월에는 마틴 루서 킹 2세Martin Luther King Jr가 암살되어 미국 전역 도시에서 폭동이 일어났다. 6월에는 로버트 F. 케네디Robert F. Kennedy가 암살당했고, 8월에는 시카고 민주당 전당대회장 바깥에서 경찰이 군중을 잔혹하게 폭행했다.

그림을 들여다보고 있자니 폭력과 권위주의적 광신을 퍼뜨리는 우리 시대의 진흙땅이 떠올랐다. 지난번과 이번 미국 대통령은 사람들에게 숭배받는 KKK의 상징이다. 그동안은 꿈꾸는 것이 고작이던 백인 우월주의를 주류로 올려놓은 인물이다. 지구 가열화와 전쟁으로 대량 이주의 물결이 더 커지고 급박해지는 지금, 영국과 유럽의 여러 인접국들은 이민자와 난민을 고의로 궁핍화하기 위해 '적대적 환경'을 조성하고 있다.

〈화실〉 시기에 거스턴이 한 말이 또 다른 벽의 안내판에 인쇄되어 있었는데, 그것은 오늘날에도 공감을 자아낸다. "그렇게 1960년대가 되었을 때 나는 정신이 분열된 것처럼 느끼고 있었다. 전쟁, 미국에 일어나는 일, 세계의 잔학상. 집에 들어앉아 잡지를 읽으며 매사에 대해 짜증 섞인 분노를 겪다 화실에 들어가 빨간색을 파란색에 맞추는 나란 인간은 대체 어떤 족속인가."[1]

나란 인간은 대체 어떤 족속인가? 몸이 움직여지지 않았다. 어질어질하면서도 고통스러운 신체적 마비 상태였다. 신체적이자 정서적이자 도덕적인 방향 감각 상실이었다. 그림은 나의 짜증 섞인 분노와 적절한 배출구를 찾지 못하는 무능을 이야기하는 듯했다. 원근법의 무시가 이 무능감을 증폭했다. 세계와 그 속의 내 자리를 지도로 그리지 못하는 난관을 시각적으로 표현한 것 같았다.

프로이트는 무의식에서 두 상충하는 현실이 "상호 간에 아무런 갈등이나 충돌도 내보이지 않"으며 서로 나란히 놓여 있을 수 있다고 말한다. 이 현상은 꿈을 통해 우리에게도 친숙하다. 우리는 한 장소와 다른 장소에 동시에 있을 수 있고, 사람들은 자신이면서 동시에 다른 사람일 수 있다("우리 아빠였는데, 우리 아빠가 아니었을 뿐이야"). 거스턴의 후기 작품은 이 무의식 지형을 찍은 스냅숏처럼 보인다. 한 사물이 다른 사물과 뚜렷이 구별되는 안정된 원근법적 공간 대신 모든 구별이 캔버스의 혼돈스러운 평면으로 허물어진다. 거스턴이 말한다. "그림은 실로 …… 어떤 마침의 조건도 없고, 어떤 끝의 조건도 없고, 오직 무한한 연속의 조건만 존재하는 형이상학적 평면이다."[2]

〈화실〉의 공간에서 전구는 시계 앞과 뒤에 동시에 매달린 것처럼 보인다. 마찬가지로 화가 앞쪽의 회색 담배 연기는 뒤쪽 벽의 얼룩 같기도 하다. 저것은 캔버스 위에 드리운 붉은색 천 커튼일까, 다른 색으로 칠한 벽일 뿐일까? 그림 속 세계의 공간적 체제는 얇고 연약하며 금방이라도 무너질 것처럼 보인다. 세계에 구조와 일관성을 부여하는 체제를 정신분석에서는 '부성적 질서paternal order'라고 부른다.

아버지를 잃은 슬픔이 처음 치밀어오를 때 전시회에 가야 한다면, 바로 이곳이 탁월한 선택이 될 것이었다. 아니 어쩌면, 무슨 수를 써서라도 피해야 할 곳인지도.

작품 속 화가는 캔버스 한가운데에서 고전적 '미장아빔$^{\text{mise en abyme}}$'• 수법으로 그림을 그리는 자신을 그리고 있지만, 자신으로부터 쏟아져나오고 있기도 하다. 이 자화상 화가 사슬의 보이지 않는 첫 번째 고리는 〈화실〉의 화가다. 그림은 그의 시점으로 우리를 데려가 무한한 거울 유희 속에 집어넣는다. 이 장면은 편안한 거리에서는 보이지 않는다. 정말 보고 싶으면 안에 들어가야 한다. 두건 아래••를 보아야 한다.

거스턴은 1980년 인터뷰에서 이렇게 말했다. "처음에는 캔버스가 텅 비어서 뭐든 할 수 있습니다. 그건 가장 무시무시한 경험이죠." 비평가 마크 고드프리$^{\text{Mark Godfrey}}$는 이 발언을 해설하면서 거스턴이 기존 현실의 관찰로부터뿐 아니라 새 현실의 창조자로서도 그림을 그리며 "하느님이 세계의 부분들을 존재하게 만드는 장면을 창세기에서 묘사하듯" 이미지를 현실로 불러낸다고 언급한다.[3]

여기서 요점은 이렇게 창조된 세계를 누빌 때 이미 아는 세계를

• 작품 안에 또 다른 작품이 삽입되는 구성 방식.
•• 'under the hood'는 '표면 아래', '내부의 실상'이라는 의미로, 자동차 후드 아래 엔진과 부품들이 있는 데서 나온 표현이다. 여기서 저자는 'hood'를 KKK 단원의 두건과 중의적으로 사용하고 있다.

참조할 수 없다는 것이다. 그림 자체에 의해 정해진 조건에 따라 세계에 들어설 수밖에 없다. 이렇게 강요된 협정에서 당신은 불편과 분노를 느낀다. 얼마나 많은 그림에서 나는 고개를 돌려 위안을 찾고 싶었던가? 마치 현실 세계가 더 바람직한 것인 양 말이다.

문득 '퇴폐미술Entartete Kunst'이 떠오른다. 이것은 선과 색상을 뒤틀고 일그러뜨린 모더니즘 작품을 일컫는 나치식 용어로, 1937년 그 작품들이 독일 대중에게 전시되었다. 고전적 아리아인의 질서와 도덕성이라는 이상적 올바름이 퇴폐적 유대 정신에 전염되고 오염되면 무슨 일이 일어나는지 경고하기 위해서였다.

이 나치 정신이 나의 시선에도 침투한 것일까? 나는 혐오감을 느끼며 저 퇴폐적 이미지에서 눈을 돌려, 유대인 미술가의 도착적 상상력이 빚은 추한 몰골에 부식된 부성적 질서를 찾으려 하고 있는 걸까? 저것들을 불태우고 싶은 격렬한 충동을 느끼며, 두건 '아래서' 그림들을 보고 있었을까?

거스턴의 1970년작 〈플랫랜드Flatlands〉에서는 두건 형상 두 개가 평평한 흰색 사막 한가운데를 멀뚱멀뚱 떠다닌다. 연작에서 되풀이되는 모티프인 버려진 물건들의 황폐지다. 획일적인 평면에는 아이가 그린 듯한 주황색 태양, 시계, 벽에 걸린 빈 캔버스, 나무 그루터기가 있을 뿐 아니라 절단된 발, 강제 수용소에서 입는 줄무늬 수의囚衣 같은 바지 차림에 구두를 신은 인간 다리도 보인다.

외상을 일으키는 역사적 전거典據에 대중문화 전거가 심란하게 겹쳐 있다. 다리가 만화적 프레임 가장자리에서 가로로 삐져나와 있는데, 이것은 '플롭 테이크plop take'라고 불리며 코미디에서의 몸 개그를 가리킨다. 이것을 보자 배우들이 무대에서 몸을 가누지 못할 정도로 웃는 것을 연극 용어로는 '코프싱corpsing'●이라고 한다는 사실이 떠올랐다. 주위를 둘러볼수록 웃음과 기겁이 점점 뒤섞이는 장면이 눈에 들어왔다.

또 다른 1970년 작품 〈사로잡히다Caught〉에서는 심란하게도 미키 마우스 손처럼 생긴 장갑 낀 손이 하늘에서 내려와 두건을 쓴 채 고물 자동차에 앉은 KKK 단원 두 명을 비난하듯 손가락질한다. 두 단원은 겁에 질린 토끼처럼 손을 바라보고 있으며 작고 붉은 탄환을 닮은 땀방울이 망토 위로 흘러내린다. 〈법정Courtroom〉(1970년)의 프레임 오른쪽 가장자리에서 튀어나온 검은색 팔뚝에도 같은 손이 달려 있다. 심판의 손가락이 KKK 단원을 똑바로 가리키고 있는데, 단원은 피에 물든 망토를 뒤집어쓴 채 "누구? 나?!"라고 말하듯 당혹스럽게 손을 쳐다본다. 그의 뒤에 있는 통에서는 줄무늬 바지를 입은 다리가 거꾸로 삐져나와 있다.

이 익살은 도덕적 공포와 개탄의 진지함을 망친다. 이것은 증오

● 시체 역할을 하는 배우가 웃음을 참지 못해 연극을 망치는 데서 유래한 듯하다. 'corpse'는 시체를 의미한다.

와 살인의 암시가 익살을 망치는 것과 같다(이런 암시가 **실제**로는 익살이라는 것 또한 똑같이 참이긴 하지만 말이다). 거스턴은 차르 치하 러시아에서 살던 유대인 난민의 자녀다. 흑인의 분노에 얽혀들어 이를 해명하고자 한 남아프리카공화국의 정신분석가 울프 색스보다는 20년 뒤에 태어났다.

색스와 마찬가지로(수단은 전혀 다르지만) 거스턴은 스스로에게 비판적 시선을 돌리지 않으면 이 임무에서 어떤 진전도 거두지 못할 것임을 알게 된다. 앞서 말했듯이, 볼드윈은 7년 전에 이렇게 썼다. "미국 백인은 기쁜 노래는 **기쁘고** 슬픈 노래는 **슬프다**고 느끼는 듯하다." 거스턴의 그림은 이런 정서적 안주를 불가능하게 한다.

볼드윈의 공식을 수정하자면, '거스턴은 확실히 자신의 화난 그림이 **화났다**고 느끼지 않는다'라고 말할 수 있겠다. 그는 자신이 옳다는 안락한 앎을 피난처로 삼지 않는다. 이 그림들에서는 배우들을 바라보고 판단할 도덕적 소실점이 전혀 없다. 〈사로잡히다〉와 〈법정〉의 손가락질하는 손은 그림에 연루되는 것을 오만하게 거부하듯 프레임 바깥에서 쳐들어온다. 그것은 우리의 시선을 인도하고 편성하는 힘이 아니라 혼돈의 또 다른 요소일 뿐이다.

이 그림들의 슬랩스틱 KKK 단원들은 순수한 악의 상투적 화신이 아니다. 그들의 몸가짐과 옷차림에는 슬픔, 외로움, 연약함이 묻어난다. 그들의 눈이 있는 곳에 뚫린 검은색 세로 구멍을 쏘아보면 반신반의, 죄책감, 당혹감, 처량함이 당신을 되쏘아보고 있음을 보게 된다.

이 그림들을 보면서 당신은 분명히 분노를 느낄 테지만, 다른 것들도 많이 느낄 것이다. 분노는 다른 감정들을 배제하고 **화났을** 때 가장 경직되며 다른 감정들과 접촉할 용기가 있을 때 가장 생생하고 창조적이다.

그날 오후 테이트모던에서 나는 KKK 단원의 감정들을 보기만 한 게 아니었다. 그 감정들에 깃들었으며 벗을 수 없는 망토처럼 입었다. 나는 내면에 있는 장소들 중에서 내가 피하고 싶은 곳에 나를 노출시켰다는 이유로 그림들에 격분했다. 동시에, 내가 태어난 이후 지금 현재가 될 때까지 아무것도 달라진 일이 없다는 사실에 대한 나의 분노를 이야기해주고, 이 세상을 바로잡지 않고 떠난 아버지에 대한 나의 유아기적 분노를 소리쳐 드러내주었다는 이유로 그림들에 감사했다. 나는 분노로 전율했다. 하지만 웃음을 터뜨리고 눈물을 흘리며 전율하기도 했다. 그 차이가 무엇인지는 말하기 힘들었다.

감사의 글

벨라 레이시에게 감사한다. 이 책을 편집하면서 예리한 정확성과 통찰을 발휘했으며, 어언 20년간 나와 내 글에 어김없이 온기와 격려를 보내주었다. 크리스틴 로, 조지 스탬프, 라모나 엘머를 비롯한 모든 그랜타 팀에게도 감사한다. 저작권 대리인 리베카 카터는 나를 처음 맡은 순간부터 부단히 애썼다. 기적적인 효율성, 다정함, 호기심을 품고서 질문에 답하고 작업 진척에 대응했다. 잭 알렉산더의 교정·교열은 이례적으로 사려 깊고 정통했으며 철저했다.

애비게일 샤마는 늘 그랬듯 사랑스럽고 영감 넘치는 대화 상대이자 독자이며, 이선, 루번, 아이라 코언은 남다르고 놀라운 사랑과 영감을 선사한다. 본젤라에게도 감사한다. 창작에 따르는 어떤 고충도 내 얼굴을 공격적으로 핥아 완화할 수 있다는 '개단단한 dogged' 확신을 보여주었다.

데버러 바움, 피터 포메란체프, 레오 롭슨, 윌 리스, 애덤 필립스,

그리고 임상 토론 그룹 동료인 메건 버튜, 프랑수아 루, 헬런 존스턴과의 숱한 토론과 반응에서 큰 도움을 얻었다. 잡지사 이언의 매리너 벤저민은 이 책의 씨앗이 된 기고문을 내게 청탁하고 전문가의 솜씨로 편집했다. 짐 서로위키는 블라디슬라프 수르코프와 엘레나 페란테에 대한 두 편의 글에 대해 귀중한 편집 의견을 제시했다. 두 글은 이 책에 다소 다른 형식으로 수록되었다. 원고를 청탁하고 게재 허락을 해준 메건 오루크와 《예일 리뷰 The Yale Review》에 감사한다. 《1843》의 조너선 베크먼에게도 감사한다. 그는 수동 공격 대목의 원래 버전을 편집했으며, 이 책에 매우 다른 형식으로 재수록하도록 허락해주었다.

이 책은 아버지 에드워드 코언을 기리며 그에게 바친다. 아버지는 탈고 즈음 세상을 떠났으며, 마지막 대화에서도 (여느 책에 대해서도 그랬듯) 진행 상황을 물었다. 사별의 지독한 아픔과 더불어 내가 했던 모든 일에 보여준 확고한 사랑, 자부심, 호기심에 대한 고마움을 매일같이 느낀다.

주

서론

1 Charles Darwin, *The Expression of the Emotions in Man and Animals* (London: Penguin, 2009), p. 76. 한국어판은 『인간과 동물의 감정 표현』(사이언스북스, 2020) 130쪽.

2 프로이트는 자신의 저작을 통틀어 욕동 이론을 발전시키고 수정하지만, 이 방면의 핵심 저작은 『성욕에 관한 세 편의 에세이』[Three Essays on the Theory of Sexuality] (1905), 「나르시시즘 서론」(1914), 「욕동과 그 변화」(1915), 『쾌락 원칙을 넘어서』[Beyond the Pleasure Principle] (1920)다. 이 책에 인용된 프로이트의 모든 문장은 *The Standard Edition of the Complete Psychological Works of Sigmund Freud*, J. Strachey 옮김, J. Strachey and A. Strachey 엮음(London: Vintage, 2001)에서 발췌했다. 『성욕에 관한 세 편의 에세이』는 7권, 「나르시시즘 서론」은 14권, 『쾌락 원칙을 넘어서』는 18권에 실려 있다.

3 Sigmund Freud, 'The Moses of Michaelangelo' (1914), *Standard Edition*, Volume 13, p. 215. 한국어판은 『예술, 문학, 정신분석』(열린책들, 2013) 298쪽.

4 ibid., p. 215. 한국어판은 같은 책 299쪽.

5 Antonio Damasio, *Looking for Spinoza: Joy, Sorrow and the Feeling Brain* London:

Vintage, 2003), p. 79. 한국어판은 『스피노자의 뇌』(사이언스북스, 2007) 98쪽.

6 ibid., p. 80. 한국어판은 같은 책 99쪽.

7 ibid., p. 68. 한국어판은 같은 책 84~85쪽.

8 ibid., p. 69. 한국어판은 같은 책 85쪽.

9 Hans W. Loewald, 'On Motivation and Instinct Theory' in *Papers on Psychoanalysis* (New Haven: Yale University Press, 1980), p. 132

10 Freud, 'The Moses', p. 232. 한국어판은 『예술, 문학, 정신분석』 323쪽.

11 ibid., p. 233. 한국어판은 같은 책 324쪽.

12 Sigmund Freud and Josef Breuer, 'On the Psychical Mechanism of Hysterical Phenomena: Preliminary Communication', *Standard Edition*, Volume 2, p. 14. 한국어판은 『히스테리 연구』(열린책들, 2020) 28쪽.

13 ibid., p. 14. 한국어판은 같은 책 28쪽.

14 Sigmund Freud, *Project for A Scientific Psychology*, *Standard Edition*, Volume 2, p. 318. 한국어판은 『정신분석의 탄생』(열린책들, 2005) 245쪽.

15 ibid., p. 318. 한국어판은 같은 책 244쪽.

16 Arthur Janov, *The Primal Scream* (1970) (London: Penguin, 1987)을 보라.

17 Gaby Hinsliff, '"Lift the lid and there's a well of rage": why women are mad as hell (and not afraid to show it)', *Guardian*, 2023년 3월 4일, https://www.theguardian.com/lifeandstyle/2023/mar/04/lift-the-lid-and-theres-a-well-of-rage-why-women-are-mad-ashell-and-not-afraid-to-show-it

18 Sigmund Freud, 'Drives and Their Vicissitudes', *Standard Edition*, Volume 14, p. 118. 한국어판은 『정신분석학의 근본 개념』(열린책들, 2020) 101쪽.

19 ibid., p. 122. 한국어판은 105쪽.

20 특히 Jean Laplanche, *Essays on Otherness* (London: Routledge, 1998)를 보라.

21 Sigmund Freud, 'Female Sexuality', *Standard Edition*, Volume 21, p. 231. 한국어판은 『성욕에 관한 세 편의 에세이』(열린책들, 2014) 346쪽.

22 ibid., p. 234. 한국어판은 같은 책 349쪽.
23 ibid., p. 234. 한국어판은 같은 책 349쪽.
24 *Genesis*, Chapter 6, Verse 6, *The Pentateuch and Rashi's Commentary: A Linear Translation into English*, A. Ben Isaiah and B. Sharfman 옮김(New York: S. S. and R. Publishing Company, Inc., 1949), p. 55. 한국어 번역은 다음 책을 참고했다.『개역개정 성경』창세기 6장 6절.
25 ibid., Chapter 6, Verse 7, p. 56. 한국어 번역은 같은 책 6장 7절.
26 ibid., Chapter 18, Verses 24–32, pp. 161–4. 한국어 번역은 같은 책 18장 24~32절.
27 ibid., Chapter 19, Verse 24, p. 175. 한국어 번역은 같은 책 19장 24절.
28 *Numbers*, Chapter 13, Verse 32, *The Pentateuch*. 한국어 번역은 다음 책을 참고했다.『개역개정 성경』민수기 13장 32절.
29 ibid., Chapter 16, Verse 32. 한국어 번역은 같은 책 16장 32절.
30 *Jonah*, Chapter 1, Verse 3, *The Twelve Prophets*, A. Cohen 엮음(London: Soncino Press, 1948), p. 138. 한국어 번역은 다음 책을 참고했다.『개역개정 성경』요나서 1장 3절.
31 ibid., Chapter 3, Verse 9, p. 147. 한국어 번역은 같은 책 3장 9절.
32 ibid., Chapter 4, Verse 2, p. 148. 한국어 번역은 같은 책 4장 2절.
33 ibid., Chapter 4, Verses 9–11, pp. 149–50. 한국어 번역은 같은 책 4장 9~11절.
34 Jon Ronson, *So You've Been Publicly Shamed* (London: Picador, 2015)
35 Homer, *The Iliad*, M. Hammond 옮김(London: Penguin, 1987), p. 51. 한국어판은『일리아스』(숲, 2017) 25쪽.
36 ibid., p. 57. 한국어판은 같은 책 40쪽.
37 ibid., p. 179. 한국어판은 같은 책 282쪽.
38 Peter Sloterdijk, *Rage and Time: A Psychopolitical Investigation* (London: Polity, 2010),

p. 49. 한국어판은 『분노는 세상을 어떻게 지배했는가』(이야기가있는집, 2017) 99쪽.

39 ibid., p. 115. 한국어판은 같은 책 215쪽.

40 D. W. Winnicott, 'Mind and Its Relationship to Psyche-Soma', *Through Paediatrics to Psychoanalysis: Collected Papers* (London: Routledge, 1975), p. 244

41 ibid., p. 244

42 ibid., p. 251

43 Joyce McDougall, *Theatres of the Body* (London: Karnac, 1989), p. 94

44 ibid., p. 96

45 Will Davies, *Nervous States: How Feeling Took Over the World* (London: Jonathan Cape, 2018), p. 20

1장 의로운 분노

1 Agnes Callard, 'On Anger', *On Anger*, Agnes Callard 엮음(Boston: MIT Press, 2020), p. 18

2 Devorah Baum, *On Marriage* (London: Hamish Hamilton, 2023)

3 Joel Aschenbach, 'All the Rage: The Hulk in Us All', *Washington Post*, 2003년 6월 19일, https://www.washingtonpost.com/archive/lifestyle/2003/06/19/all-the-rage-the-hulk-in-us-all/fbf12212-e7da-4406 b78a-c8aa05a7a838/

4 Judith Butler, *The Force of Non-Violence* (London: Verso, 2020), p. 14. 한국어판은 『비폭력의 힘』(문학동네, 2021) 27쪽.

5 Hannah Arendt, 'Truth and Politics' (1967), *Between Past and Future* (London: Penguin, 2006), p. 247. 한국어판은 『과거와 미래 사이』(한길사, 2023) 441쪽.

6   Will Davies, *Nervous States*, p. 24
7   Sigmund Freud, 'On Narcissism', *Standard Edition*, Volume 14, p. 82. 한국어판은 『정신분석학의 근본 개념』 56쪽.
8   Anthony Trollope, *He Knew He Was Right* (London: Penguin, 1994), p. 15
9   ibid., p. 16
10 Herman Melville, *Moby-Dick* (1851) (London: Penguin, 1986), p. 672. 한국어판은 『모비 딕』(작가정신, 2011) 667쪽.
11 ibid., p. 672. 한국어판은 같은 책 667쪽.
12 Trollope, *He Knew He Was Right*, p. 48
13 ibid., p. 378
14 William Shakespeare, *Othello*, Act 3, Scene IV, *The Works of William Shakespeare*, Volume 6 (New York: Peebles International Press, 1970), p. 284. 한국어판은 『셰익스피어 전집』(문학과지성사, 2016) 570쪽.
15 ibid., p. 284. 한국어판은 같은 책 570쪽.
16 Trollope, *He Knew He Was Right*, p. 163
17 ibid., p. 279
18 ibid., p. 243
19 ibid., p. 660
20 ibid., p. 816
21 ibid., p. 579
22 ibid., p. 579
23 Hannah Arendt, *On Revolution* (1963) (London: Penguin, 1990), p. 92. 한국어판은 『혁명론』(한길사, 2004) 176쪽.
24 Jacques Roux, 'Manifesto of the Enragés'. 이 책에 인용된 루의 「앙라제 선언」의 모든 문장은 https:www.marxists.org/history/france/revolution/roux/1793/enrages01.htm에서 발췌했다.

25 Hannah Arendt, *On Revolution*, p. 110. 한국어판은 『혁명론』 198쪽.
26 ibid., p. 111. 한국어판은 같은 책 199~200쪽.
27 ibid., p. 114. 한국어판은 같은 책 203쪽.
28 가격 통제에 대한 앙라제 정책을 신랄하게 비판한 글로는 Simon Schama, *Citizens: A Chronicle of the French Revolution* (London: Random House, 1989), pp. 710–14를 보라.
29 Laura Bates, *Men Who Hate Women: The Extremism Nobody is Talking About* (London: Simon and Schuster, 2020), p. 39. 한국어판은 『인셀 테러』(위즈덤하우스, 2023) 64~65쪽.
30 ibid., p. 44. 한국어판은 같은 책 70쪽.
31 ibid., p. 46. 한국어판은 같은 책 73쪽.
32 Sigmund Freud, 'Analysis Terminable and Interminable', *Standard Edition*, Volume 23, p. 250. 한국어판은 『끝이 있는 분석과 끝이 없는 분석』(열린책들, 2005) 280쪽.
33 Yehuda Amichai, 'The Place Where We Are Right', *The Selected Poetry of Yehuda Amichai* (Berkeley: University of California Press, 1996), p. 34

2장 실패한 분노

1 Robert Antelme, *The Human Race* (Evanston: Northwestern University Press, 1998), p. 219. 한국어판은 『인류』(그린비, 2015) 338쪽.
2 Aristotle, *The Art of Rhetoric*, J. H. Freese 옮김(Cambridge, MA: Harvard University Press, 1967), p. 179. 한국어판은 『수사학/시학』(숲, 2017) 132쪽.
3 Michael Eigen, *Rage* (Middletown, CT: Wesleyan University Press, 2002), p. 4
4 Sigmund Freud, *Civilization and Its Discontents*, *Standard Edition*, Volume 22, pp.

57-60. 한국어판은 『문명 속의 불만』(열린책들, 2020).

5 Barbara Ehrenreich, *Smile or Die: How Positive Thinking Fooled America and the World* (London: Granta, 2009), p. 55. 한국어판은 『긍정의 배신』(부키, 2011) 87쪽, 88쪽.

6 'Control anger before it controls you', APA website, https://www.apa.org/topics/anger/control

7 Timothy Morton, *Humankind: Solidarity with Nonhuman People* (London: Verso, 2017), p. 73. 한국어판은 『인류』(부산대학교출판문화원, 2021) 121쪽.

8 Seneca, *De Ira*, trans. A. Stewart (London: G. Bell and Sons, 1900), Book 1, Section I, https:/en.wikisource.org/wiki/Of_Anger/Book_I. 한국어판은 『화에 대하여』(사이, 2015) 30~31쪽.

9 ibid., Book 3, Section XIII. 한국어판은 같은 책 186쪽.

10 ibid., Book 2, Section XXXV. 한국어판은 같은 책 150~151쪽.

11 ibid., Book 1, Section III. 한국어판은 같은 책 36쪽.

12 Arlie Russell Hochschild, *The Managed Heart: Commercialization of Human Feeling* (Berkeley: University of California Press, 2003), p. 270. 한국어판은 『감정 노동』(이매진, 2010) 323쪽.

13 ibid., p. 25. 한국어판은 같은 책 42쪽.

14 ibid., p. 196. 한국어판은 같은 책 247쪽.

15 William Davies, *The Happiness Industry: How the Government and Big Business Sold Us Well-Being* (London: Verso, 2015), p. 111. 한국어판은 『행복산업』(동녘, 2015) 130쪽.

16 Wilhelm Reich, *Character Analysis* (London: Vision Press, 1950), p. 342. 한국어판은 『성격분석 2』(문학들, 2024) 74~75쪽.

17 'Tensions rise after Dominic Raab claims he was targeted by "unionised officials"', *Guardian*, 2023년 4월 21일, https://www.theguardian.com/

politics/2023/apr/21/tensions-rise-after-dominic-raab-claims-he-was-targeted-by-unionised-officials

18 이를테면 'Passions and Their Vicissitudes', *On Private Madness* (London: Karnac, 1986), pp. 247–9를 보라.
19 Andreas Malm, *How to Blow Up a Pipeline* (London: Verso, 2021), p. 159
20 Peter Sloterdijk, *Rage and Time*, p. 7. 한국어판은 『분노는 세상을 어떻게 지배했는가』(이야기가있는집, 2017) 21쪽.
21 ibid., p. 60. 한국어판은 같은 책 118쪽.
22 ibid., p. 62. 한국어판은 같은 책 123쪽.
23 ibid., p. 56. 한국어판은 같은 책 111쪽.
24 ibid., p. 135. 한국어판은 같은 책 252쪽.
25 ibid., p. 206. 한국어판은 같은 책 379쪽.
26 George Monbiot, 'I back saboteurs who have acted with courage and coherence, but I won't blow up a pipeline. Here's why', *Guardian*, 2023년 4월 28일, https:www.theguardian.com/commentisfree/2023/apr/28/saboteurs-how-to-blow-up-a-pipeline-climate-crisis-direct-action
27 Sigmund Freud, 'On the Universal Tendency to Debasement in the Sphere of Love', *Standard Edition*, Volume 11, pp. 188–9. 한국어판은 『성욕에 관한 세 편의 에세이』(열린책들, 2014) 234쪽.
28 Andreas Malm, *How to Blow Up a Pipeline*, p. 115

3장 냉소적 분노

1 D. W. Winnicott, 'Birth Memories, Birth Trauma and Anxiety' (1949), *Through Paediatrics to Psychoanalysis*, p. 188

2   Niccolo Machiavelli, *The Prince*, G. Bull 옮김(London: Penguin, 2003). 한국어판은 『군주론』(까치글방, 2011).

3   Hannah Arendt, 'What Is Authority?', *Between Past and Future*, p. 97. 한국어판은 『과거와 미래 사이』(한길사, 2023).

4   Alison Rourke, 'Greta Thunberg responds to Asperger's critics: "It's a superpower"', *Guardian*, 2019년 9월 2일, https:www.theguardian.com/environment/2019/sep/02/greta-thunberg-responds-to-aspergers-critics-its-a-superpower

5   Massimo Recalcati, *The Telemachus Complex* (London: Polity Press, 2019)

6   Isaac Stephen Herschkopf, *Hello Darkness, My Old Friend: Embracing Anger to Heal Your Life* (New York: Xlibris, 2003), p. 119

7   ibid., p. 167

8   ibid., p. 120

9   Daniel Lagache, 'Aggressivity' (1960), *The Work of Daniel Lagache: Selected Writings*, E. Holder 옮김(London: Karnac, 1993), p. 212

10 *The Cynic Philosophers: From Diogenes to Julian*, R. Dobbin 엮고 옮김(London: Penguin, 2012), p. 31.

11 ibid., p. 41.

12 ibid., p. 18.

13 Damina Carrington, '"Blah blah blah": Greta Thunberg lambasts leaders over climate crisis', *Guardian*, 2021년 9월 28일, https: www.theguardian.com/environment/2021/sep/28/blah-greta-thunberg-leaders-climate-crisis-co2-emissions

14 Maurice Blanchot, 'Literature and the Right to Death', *The Work of Fire*, L. Davis 옮김(Stanford: University of Stanford Press, 1995), p. 319. 한국어판은 『카프카에서 카프카로』(그린비출판사, 2013) 37쪽.

15 Peter Pomerantsev, *Nothing Is True and Everything Is Possible: Adventures in Modern Russia* (London: Faber, 2017), p. 77

16 Henry Foy, 'Vladislav Surkov: "An overdose of freedom is lethal to a state"', *Financial Times*, 2021년 6월 18일, https:www.ft.com/content/1324acbb-f475-47ab-a914-4a96a9d14bac

17 Vladislav Surkov, *Almost Zero*, N. Gojiashvili and N. Valentine 옮김(New York: Inpatient Press, 2017), p. 29

18 Timothy Snyder, *The Road to Unfreedom: Russia, Europe, America* (London: Vintage, 2018), p. 137

19 Vladislav Surkov, 'Where has chaos gone? Unboxing stability', *Актуальные комментарии*, 2021년 11월 20일, http:lobo.lu/unboxing-stability/

20 Laura Bates, *Men Who Hate Women*, p. 199. 한국어판은 『인셀 테러』(위즈덤하우스, 2023) 288쪽.

21 Andrew Marantz, *Antisocial: How Online Extremists Broke America* (London: Picador, 2020) p. 39

22 ibid., p. 36

23 Timothy Snyder, *The Road to Unfreedom*, p. 137. 한국어판은 『가짜 민주주의가 온다』(부키, 2019) 187쪽.

24 Alexander Dugin, *The Great Awakening vs The Great Reset* (Budapest: Arktos Media, 2021), p. 13

25 Laura Bates, *Men Who Hate Women*, p. 217. 한국어판은 『인셀 테러』 313쪽.

4장 유용한 분노

1 *The One Thousand and One Nights*, E. W. Lane, ed. E. S. Lane-Poole 옮김

(London: Chatto and Windus, 1912), https:/www.gutenberg.org/files/34206/34206-h/34206-h.htm. 한국어판은 『천일야화』(열린책들, 2010).

2   Laura Potter, 'Punch a pillow, hug your pet, write to your MP: 22 ways to deal with your anger', *Guardian*, 2023년 12월 8일, https:www.theguardian.com/lifeandstyle/2023/dec/08/how-to-deal-with-anger-expert-tips-techniques

3   Eugenio Gaddini, 'Aggression and the Pleasure Principle', *A Psychoanalytic Theory of Infantile Experience*, S. G. Morelli 옮김(London: Routledge, 1992), p. 37

4   ibid., p. 37

5   ibid., p. 37

6   ibid., p. 40

7   D. W. Winnicott, 'Communicating and Not Communicating Leading to a Study of Certain Opposites', *The Maturational Process and the Facilitating Environment* (London: Routledge, 1984)를 보라.

8   Sigmund Freud, *From the History of an Infantile Neurosis*, *Standard Edition*, Volume 17, pp. 57–60. 한국어판은 『늑대 인간』(열린책들, 2020) 246쪽.

9   William Shakespeare, *Othello*, Act 5, Scene II. 한국어판은 『셰익스피어 전집』 590쪽.

10 ibid., Act 1, Scene III. 한국어판은 같은 책 549쪽.

11 Damian Gayle, 'Just Stop Oil protestors' jail sentences potentially breach international law, UN expert says', *Guardian*, 2023년 11월 20일, https:www.theguardian.com/environment/2023/nov/20/just-stop-oil-protesters-jail-terms-potentially-breach-international-law-un-expert-says

12 Rachel Burford, 'City Hall faces wave of ULEZ camera destruction as Tory MP says he "understands frustration" at fines', *The Standard*, 2023년 8월 30일, https:www.standard.co.uk/news/politics/london-ulez-camera-tory-mp-vandalism-police-iain-duncan-smith-b1103720.html

13 Elena Ferrante, *The Lost Daughter*, A. Goldstein 옮김(London: Europa Editions, 2008), p. 122. 한국어판은 『잃어버린 사랑』(한길사, 2019) 224쪽.
14 ibid., p. 123. 한국어판은 같은 책 225쪽.
15 Elena Ferrante, *Frantumaglia*, A. Goldstein 옮김(London: Europa, 2016), p. 99
16 ibid., p. 100
17 ibid., pp. 123-24
18 ibid., p. 122
19 ibid., p. 286
20 Elena Ferrante, *My Brilliant Friend*, A. Goldstein 옮김(London: Europa, 2012), p. 23. 한국어판은 『나의 눈부신 친구』(한길사, 2016) 20쪽.
21 Elena Ferrante, *The Days of Abandonment*, A. Goldstein 옮김(London: Europa, 2005), p. 25. 한국어판은 『버려진 사랑』(한길사, 2019) 40쪽.
22 ibid., pp. 25-6. 한국어판은 같은 책 41쪽.
23 ibid., p. 12. 한국어판은 같은 책 13쪽.
24 D. W. Winnicott, 'The Use of an Object and Relating Through Identifications', *Playing and Reality* (London: Routledge, 1991), p. 88. 한국어판은 『놀이와 현실』(한국심리치료연구소, 1997) 143쪽.
25 Elena Ferrante, *The Lost Daughter*, p. 39. 한국어판은 『잃어버린 사랑』 64쪽.
26 ibid., pp. 41-2. 한국어판은 같은 책 69쪽.
27 Elena Ferrante, *Those Who Leave and Those Who Stay*, A. Goldstein 옮김(London: Europa, 2014), p. 47. 한국어판은 『떠나간 자와 머무른 자』(한길사, 2017) 52쪽.
28 Elena Ferrante, *The Story of the Lost Child* (London: Europa, 2015), p. 151. 한국어판은 『잃어버린 아이 이야기』(한길사, 2018) 203쪽.
29 Elena Ferrante, *The Story of A New Name*, A. Goldstein 옮김(London: Europa, 2013), p. 122. 한국어판은 『새로운 이름의 이야기』(한길사, 2016) 165쪽.
30 Elena Ferrante, *The Days of Abandonment*, p. 71. 한국어판은 『버려진 사랑』

134~135쪽.

31 Maurice Blanchot, 'Interruption as on a Riemann Surface', *The Infinite Conversation*, S. Hanson 옮김(Minneapolis: University of Minnesota Press, 1993), p. 75
32 ibid., p. 75
33 James Baldwin, 'Many Thousands Gone', *Notes of a Native Son* (London: Penguin, 2012), p. 42
34 Franz Fanon, *The Wretched of the Earth*, C. Farrington 옮김(London: Penguin, 2001), p. 74. 한국어판은 『대지의 저주받은 사람들』(그린비, 2009) 118쪽.
35 ibid., p. 40. 한국어판은 같은 책 72~73쪽.
36 ibid., p. 41. 한국어판은 같은 책 74쪽.
37 ibid., p. 235. 한국어판은 같은 책 329쪽.
38 ibid., p. 235. 한국어판은 같은 책 330쪽.
39 ibid., p. 215. 한국어판은 같은 책 302쪽.
40 ibid., p. 215. 한국어판은 같은 책 302쪽.
41 ibid., p. 217. 한국어판은 같은 책 304쪽.
42 ibid., p. 219. 한국어판은 같은 책 308쪽.
43 Richard Wright, *Native Son* (London: Penguin, 2000). 한국어판은 『미국의 아들』(창비, 2012).
44 James Baldwin, *Notes of a Native Son*, p. 39
45 ibid., p. 41
46 James Baldwin, *The Fire Next Time* (London: Penguin, 1963), p. 13
47 ibid., p. 16
48 ibid., p. 16
49 ibid., p.17
50 ibid., p. 17
51 ibid., p. 17

52 ibid., p. 43

53 ibid., p. 42

54 James Baldwin, *Notes of a Native Son*, p. 35

55 Wulf Sachs, *Black Anger* (New York: Evergreen, 1969), p. 220

56 ibid., p. 3

57 ibid., p. 4

58 ibid., p. 129

59 ibid., p. 69

60 ibid., p. 170

61 ibid., p. 221

62 ibid., p. 221

63 ibid., p. 222

64 ibid., p. 247

65 ibid., p. 297

66 ibid., p. 223

67 ibid., p. 275

68 ibid., p. 275

이 책을 나가며

1 Harry Cooper, Mark Godfrey, Alison de Lima Greene, Kate Nesin and Jennifer Roberts, *Philip Guston* (London: Tate Publishing, 2023), p. 117

2 Kate Nesin, 'On Edge and At Sea', *Philip Guston*, p. 213

3 Mark Godfrey, 'Jewish Image-Maker', *Philip Guston*, p. 199

분노 중독

초판 1쇄 발행 2025년 3월 6일

지은이 조시 코언
옮긴이 노승영

발행인 이봉주 **단행본사업본부장** 신동해
편집장 김경림 **책임편집** 이민경
교정교열 유지현 **디자인** [★]규
마케팅 최혜진 이은미 **홍보** 반여진 허지호 송임선
국제업무 김은정 김지민 **제작** 정석훈

브랜드 웅진지식하우스
주소 경기도 파주시 회동길 20
문의전화 031-956-7430(편집) 02-3670-1123(마케팅)
홈페이지 www.wjbooks.co.kr
인스타그램 www.instagram.com/woongjin_readers
페이스북 www.facebook.com/woongjinreaders
블로그 blog.naver.com/wj_booking

발행처 ㈜웅진씽크빅
출판신고 1980년 3월 29일 제406-2007-000046호

한국어판 출판권 © ㈜웅진씽크빅, 2025
ISBN 978-89-01-29360-8 (03180)

- 웅진지식하우스는 ㈜웅진씽크빅 단행본사업본부의 브랜드입니다.
- 이 책은 저작권법에 의해 한국 내에서 보호를 받는 저작물이므로 무단 전재와 복제를 금합니다.
- 이 책 내용의 전부 또는 일부를 이용하려면 반드시 저작권자와 ㈜웅진씽크빅의 서면 동의를 받아야 합니다.
- 책값은 뒤표지에 있습니다.
- 잘못된 책은 구입하신 곳에서 바꾸어드립니다.